ARTUS – KÖNIG VON CAMELOT

Wilfried Westphal

ARTUS

KÖNIG VON CAMELOT

Wahrheit und Legende

Seehamer Verlag

© 2000 Seehamer Verlag GmbH,Weyarn
Titel der Originalausgabe: „Einst wird kommen ein König...“
Gestaltung: Gerd Glücker
Titelgestaltung: Bine Cordes, Weyarn
Titelabbildung: Archiv für Kunst und Geschichte, Berlin
Printed in Austria
ISBN 3-934058-41-8

Es wäre umsonst, genau zu fragen, wann König Artus gelebt habe. Aber den Grund, die Geschichte und Wirkungen dieser Sagen und Dichtungen durch alle Nationen und Jahrhunderte, in denen sie geblüht, zu untersuchen und als ein Phänomen der Menschheit ins Licht zu stellen, dies wäre nach den schönen Vorarbeiten dazu ein ruhmwürdiges Abenteuer, so angenehm als belehrend.

JOHANN GOTTFRIED HERDER

Inhalt

Von der Schwierigkeit zu reisen, oder: Warum ich nach Tintagel ging

Abenteuer erwartete ich nicht, als ich mich entschloß, den Versuch zu wagen, das Geheimnis um König Artus zu lüften. Ich dachte, es ginge im wesentlichen darum, Quellen zu sichten, Gedanken zu ordnen und das Ergebnis niederzuschreiben – eine Arbeit am Schreibtisch, das tägliche Einerlei eines Historikers, der zwischen verstaubten Folianten und unleserlichen Notizen dahinvegetiert.

Da hatte ich wahrlich schon ganz anderes erlebt: Ruinen im Dschungel ausgegraben, von der Zivilisation unberührte Indianerstämme besucht, mit Guerillas und Revolutionären sympathisiert. Ich hatte mich mit Entwicklungshilfe und Dritte-Welt-Politik herumgeschlagen, und alles war aufregend, fordernd, ein hektisches Leben. Was konnte mir da König Artus bedeuten?

Ich glaube, es gibt zwei Gründe: Zum einen hatte ich das Glück, in einer Gegend aufzuwachsen, die von Wäldern und Burgen geprägt war. Ich brauchte nur unser Haus, das an einer belebten Straße stand, hinter mir zu lassen, und schon umfing mich eine Welt der Feen und Ritter, Hexen und Magier; Stimmen raunten, Schatten huschten, Farben lockten. Zum andern hatte mich dieser Blick für das Ferne, für die Vergangenheit hinaus in die Welt getragen; ich schaute Dinge, die mich verzauberten – und erschreckten, und ich erkannte, daß es nicht das war, was ich gesucht hatte.

Mit König Artus bin ich zurückgekehrt, an meinen Ausgangspunkt. Bereue ich es, daß ich ihm untreu wurde, die Welt, die Weite, das Chaos seinem Licht, seiner Stimme, der Stille vorgezogen hatte? Ich bereue es nicht, denn er war es, der mich hinauszog, und wenn ich zurückkehre, dann deshalb, weil man nicht ewig wandern kann. Man braucht eine Pause, um zu verschnaufen, sich zu sammeln, neue Kraft zu schöpfen. Denn die Aufgabe, die Verantwortung, die Erkenntnis ist geblieben. Nur, sie nutzt einen ab, laugt aus, und am Ende bleibt eine leere Schale. Man fühlt sich eins mit dem, das man doch ausfüllen wollte. Es droht, einen aufzusaugen.

Dem also wollte ich entfliehen. Was es mir leichter machte, darin eine neue Herausforderung zu sehen, war die Erfahrung, daß auch andere sich zurückzogen, »ausstiegen«, sich in das Wesen ihres Seins, in die Mystik des Universums versenkten. Sie waren »fed up«; es stand ihnen bis zum Halse, die Hast, die Leere, die Gewalt, die Gier, die Heuchelei, das Elend. Sie hatten ihren Teil gegeben, Pflichten erfüllt, Ideale gehegt, Opfer gebracht. In nimmermüdem Ringen, zähem Bemühen, aber irgendwo ist das Ende: der Moloch ist stärker, und soll er einen nicht verschlingen, so bleibt einem nur die Flucht.

Flucht wohin? In eine Welt der Träume, eine Anti-Welt, die nichts gemein hat mit der, in der wir leben. In der es warm ist, man sich geborgen fühlt; in der es Gut und Böse gibt, man das eine vom anderen unterscheiden kann; in welcher der Mensch sich den Kräften der Natur gegenübersieht, vor ihrer magischen Botschaft erschauert, sich selbst erkennt und zu sich selbst zurückfindet. Es ist ein Weg voller Suchen, voller Zweifel, und niemand ist sicher, ob er das Heil tatsächlich findet.

Es hat dieses Suchen, dieses Sehnen schon einmal gegeben. Man nannte es das Zeitalter der Romantik, und es war eine Folge der Aufklärung. Eine zweite Welle dieser »vernunftgeordneten« Welt hatte uns überrollt; das technische Zeitalter feierte seine höchsten Triumphe, und wie es die Grenzen der Ratio bis zu ihrer letzten Konsequenz ausdehnte, so blieb als Reaktion darauf nur die Umkehr in die Irrationalität. Unter dem Schlagwort »Fantasy« ist dieses Aufbegehren gegen die Vernunft heute in aller Munde, und niemand füllt diese Welt der Phantasie mehr aus als König Artus und seine Ritter der Tafelrunde.

Das allerdings bedarf einer Erklärung. Flucht schlechthin, in eine Welt der Träume, ergibt sich aus dem allgemeinen Ungemach. Warum aber die Fixierung auf König Artus? Eine Sagengestalt, aus dem Mittelalter, halb Legende, halb Historie? Eben weil er Fiktion ist, das Produkt unseres Träumens und Sehnens, das dennoch die Hoffnung nicht enttäuscht, es ihm gleichzutun, seine Welt wiederauferstehen zu lassen; denn er lebte ja, die Legende geht auf einen wahren Kern zurück, und folglich können wir es ihm nachtun. Er war ein Mensch aus Fleisch und Blut.

Dennoch, warum nicht Alexander, Napoleon, Buddha oder Jesus? Weil die einen im Grunde nichts anderes als Krieger waren, Barbaren, die eine Welt schufen, welche der glich, von der man sich abwendet. Und die andern? Weil sie zu bekannt, suspekt geworden sind. Der eine als Symbol einer Subkultur, die – bei all der Friedfertigkeit, die er ausstrahlte – der Rebellion, der Gewalt doch zu nahestand. Der andere zu abgegriffen, seines Mythos entkleidet, zu alltäglich, den Menschen nicht mehr inspirierend, seinen Geist, seine Vorstellungskraft nicht mehr fordernd. Nein, es muß etwas Neues sein, etwas Fremdes und Geheimnisvolles, etwas, das uns zugleich beflügelt und erschauern läßt, etwas, mit dem wir uns identifizieren können und das dennoch stets so entrückt, so schattenhaft bleibt, daß wir es niemals genauer erfassen können. Denn dann hätte es all seine Macht über uns, seinen Zauber eingebüßt.

Und doch sind Fantasy und König Artus nicht nur unserem eigenen Sehnen entsprungen. Die Welt, zu der sie im Gegensatz stehen, ist so clever, daß sie selbst noch damit Geschäfte zu machen weiß. Theater und Film, Songs und Bestseller verherrlichen den sagenhaften König, schaffen immer neue Legenden, füttern die Gläubigen mit immer neuem Schund – und bringen sie ab vom Weg, dem sie doch noch immer zu folgen glauben.

König Artus ist »in«. Aber schon ist er nicht mehr das, was er war. Doch bevor er abtritt, einem neuen Boom Platz macht, wollen wir einen Augenblick verweilen und versuchen, das Gestrüpp von Geschäft und Legende zu durchdringen und zu seinem eigentlichen Wesen vorzustoßen. Vielleicht war er tatsächlich nur ein Traum, seine Botschaft am Ende doch nur eine Täuschung. Doch es könnte auch sein, daß er uns sehr wohl etwas zu sagen hat, daß sein Wirken zeitlos ist und ebenso für das Heute wie für das Gestern gilt. Dann wäre er eben doch keine Modeerscheinung und könnte uns als Schild dienen, die Kräfte, die ihn auszulöschen drohen, doch noch abzuwehren. Es lohnt sich zumindest, den Versuch zu unternehmen.

Also doch ein Abenteuer? In dem Sinne, daß es eine Herausforderung ist, letztlich doch ein Kampf gegen den Moloch unserer Zeit, ist es tatsächlich eine Art Kreuzzug. Kreuzzug und Pilgerfahrt zugleich. Denn auch das ist mit der Wiederentdeckung König Artus' verbunden: die Suche nach seinem

Leben und Wirken, auf seinen Spuren zu wandeln, sich in
seine Zeit, seine Welt zu versenken und aus diesem Erleben
jene Einsicht und Kraft zu gewinnen, die es uns ermöglichen,
aus dem Irrweg der Gegenwart herauszufinden.

Es reicht eben nicht, nur Bücher zu wälzen, Dokumente zu
sichten. Man muß sich ein wenig verlieren, Abstand von dem
gewinnen, das den Blick verzerrt, und sich jener Welt öffnen,
die es zu entdecken gilt. Doch es ist nicht leicht, Schweigen
zu finden, wo uns Trommelfeuer umgibt.

Das erfuhr ich gleich zu Anfang meiner Reise. London ist
gewiß nicht der geeignete Ort, sich in die Stille der Vergangenheit zu versenken. Wohl wird in dieser Stadt, in der schon
die Römer weilten, der Tradition gedacht. Die Queen und ihr
Hof verstehen es noch immer, der Stadt – und dem Land –
eine Aura der Zeitlosigkeit zu geben. Auch der Bowler und
die Times erinnern noch an einstige Größe, lassen jene Würde und Selbstsicherheit erkennen, mit der England einst die
Welt regierte.

Doch das Bild der Stadt ist heute durch jenes »Swinging
London« bestimmt, das die Tugenden und Exzentrizitäten
des Engländers in ihren Grundfesten erschütterte. Kein Mini
zu kurz, kein Schädel zu kahl – je starrer die Konventionen,
desto provozierender die Rebellion.

Mit Büchern eingedeckt – dem Hauptgrund, weshalb London am Anfang meiner Reiseroute stand, lesen die Engländer doch nicht nur die Times und zeigen sich im Mohikaner-
Look, auch bei ihnen grassiert das Artusfieber, was sich in einer Vielzahl nostalgischer Rückblicke auf ihre Geschichte
auswirkt –, bestieg ich einen Bus, der mich zu meinem ersten
Ziel bringen sollte: die Felsenfeste Tintagel.

Bus oder Bahn? Ich entschied mich für ersteres, was ein
Fehler war. Nicht daß die Stewardeß, die Drinks und Snacks
verteilte, es nicht verstanden hätte, die Reisenden aufzu-
muntern. Aber daß man uns auch noch mit Video berieselte,
war dann doch der eigentlichen Wallfahrt abträglich;
schließlich wollte ich mich auf die Landschaft einstellen, die
wir durchmaßen, wollte hier einen Römer, da einen Ritter
vor meinem geistigen Auge erstehen sehen.

Erst in Plymouth wurde es besser, hier wurde der Super-
Cruiser gegen einen kleinen Überlandbus ausgetauscht. Die
Dimensionen wurden menschlicher, nicht mehr von oben,
der zweiten Etage des Doppeldeckers, schaute ich auf die
Welt hinab; und das Gefährt, das über heckenbegrenzte

Wege holperte, hielt an jeder Ecke, hier einem Herrenhaus, das wie ein verwunschenes Schloß aussah, da einem Dorf, die Häuser aus rohen, grauen Steinen errichtet. Eine Welt, die mich an Thomas Hardy erinnerte.

Und dann die Küste, Cornwall. Tintagel ein kleiner Ort.

Ich weiß nicht, was ich erwartet hatte. Eine Bucht, ein Fort, windschiefe Hütten und Schweigen. Nur das Rauschen des Meeres, die Stimmen der Vergangenheit.

Aber auch Tintagel ist das nicht mehr. Es dauerte übrigens einige Zeit, bis ich lernte, dieses Wort richtig auszusprechen; es klingt etwa wie »Tintédschel«, was weniger melodiös ist als die Aussprache, die ich mir zurechtgelegt hatte. Wenn man die Straße, die hinunter zu den Ruinen führt, entlanggeht, trifft man zuerst auf ein Schild mit der Aufschrift »Tintagel Motors«. Darunter stehen ein paar abgewrackte Autos. Wenig später kommt man zur »Hall of Chivalry«. Das sieht aus wie Hollywood, und ich verkniff mir zunächst einmal hineinzugehen, was ich fast bereut hätte. Denn als ich den »Rittersaal« später doch betrat, war ich überrascht, was sich hinter der kitschigen Fassade verbarg: ein kleines Museum, das die Welt König Artus' in Gemälden und bunten Glasfenstern wiedererstehen ließ. Am Ende der Straße liegt »King Arthur's Castle Book Shop« und gegenüber »King Arthur's Café«. Irgendwo fand ich auch noch den Hinweis, daß es einen Shop mit »Avalon Crafts« gäbe. Ich nahm schleunigst Reißaus und schlug den kleinen Weg ein, der – von Steinwällen gesäumt und von Obstbäumen überschattet – hinunter zur Küste führt.

Nun wußte ich natürlich von Abbildungen, daß Tintagel kein Schloß mit großartigen, erhaltenen Ruinen ist. Es liegt auf einer Landzunge, auf einem Hügel, durch einen schmalen Pfad mit dem Festland verbunden. Zuerst zahlt man Eintritt, dann klettert man eine steile Holztreppe hinauf, durchmißt ein Tor, das – so verkündet eine Aufschrift – aus dem vorigen Jahrhundert stammt, und dann steht man sozusagen in der großen Halle, von der nicht viel mehr als die Grundmauern erhalten sind.

Nun ja, man sieht das Meer, und hier und da gibt es noch einige andere unscheinbare Gebäudereste. Aber das ist alles – eigentlich hatte man sich doch ein wenig mehr erhofft.

Das Wetter ist auch ziemlich grau, dichter Nebel liegt über dem Meer. Dennoch tritt man den Weg zur Kuppe des Hügels an. Auch hier Fundamente, steinerne Einfriedungen, die einst – so belehren die Schilder, die sie überragen – zu einem Kloster, einer Kapelle gehörten. Der Höhepunkt, das, was den Felsen von Tintagel krönt, ein keltisches Heiligtum. Nicht die Burg, das Schloß. Keine Ritter, kein König Artus. Alles ein wenig leer, ohne Leben, ohne Inhalt.

Aber dann, als ich vom Berg herunterklettere, den Strand entlanggehe, mich einer Höhle nähere, in der die Feuchtigkeit des Meeres glitzert, Nebel, weiß wie ein Schleier, von den nassen Felsen aufsteigt, vermeine ich, eine Stimme zu hören, eine schattenhafte Gestalt zu gewahren. Dies ist die Höhle Merlins, des Zauberers.

Und dann klettere ich die Felswand, die dem Hügel mit dem Fort gegenüberliegt, empor, schreite über Wiesen mit bunten, gelben und roten Blumen und setze mich am Ende des Kamms, schaue auf das Meer hinaus, von dem der Nebel sich hebt und das nun blau wie ein See, ein magischer Spiegel erscheint, und höre wieder diese Stimmen, sehe Bilder, die aus dem Spiegel ragen, und erinnere mich ...

Erster Teil

Die Ankunft des Königs

List und Lust des Drachen Uther

Der König war damit einverstanden und hörte aufmerksam zu, was man ihm auftrug. Er überließ die Belagerung seinen Untergebenen, nahm die Zaubermittel, die Merlin ihm gab, und verwandelte sich in das Abbild Gorlois'. Ulfin nahm die Gestalt Jordans an und Merlin die eines Mannes, der Britaelis hieß, und niemand konnte sagen, wie sie vorher ausgesehen hatten. Und so machten sie sich auf nach Tintagel und erreichten die Burg bei Einbruch der Dämmerung. Dem Wächter erzählten sie, daß sein Herr sich nähere, und so öffnete er das Tor und ließ die Männer herein. Wer auch hätte etwas ahnen können, dachten doch alle, daß Gorlois selbst zurückgekommen war. Der König aber verbrachte die Nacht mit Ygerna und befriedigte seine Sinne, indem er bei ihr lag. Er täuschte sie mit der Verkleidung, die er angelegt hatte. Und er täuschte sie, indem er ihr Lügen erzählte, Geschichten, die er sich sorgsam zurechtgelegt hatte. Er sagte, daß er sich heimlich von seinem bedrängten Lager entfernt habe, um zu sehen, ob sie auch wirklich in Sicherheit sei, da er sie doch so innig liebe, und ob die Burg auch standhielte. Sie glaubte natürlich all das, was er sagte, und verwehrte ihm nichts, was er forderte. Und so geschah es, daß sie in dieser Nacht Artus empfing, den tapfersten aller Krieger, der einmal großen Ruhm erlangen sollte.«[1]

Der, welcher zum Inbegriff von Tugend und Tapferkeit werden sollte, hatte eine recht zweifelhafte Herkunft. Derart, daß man es im vorigen Jahrhundert, als Königin Viktoria den Ton angab, vorzog, dem Ursprung des sagenhaften Königs eine andere Version zu geben. Lord Tennyson, der Hofpoet Ihrer Majestät, verschwieg zwar nicht das schändliche Gerücht, kommt aber zu einem anderen Schluß. In seinem Nationalepos *Idylls of the King*, in dem er die Taten König Artus' besang, schrieb er:

»,Aber laßt mich nun eine andere Geschichte erzählen:
Bleys, unseres Merlins Meister, wie man sagt,
starb vor nicht langer Zeit, und er ließ mich rufen,
auf daß ich ihm lausche,
bevor er aus dem Leben schied.
Zusammengeschrumpft wie ein Zwerg
lag der Magier auf seiner Statt;
Und als ich eintrat, erzählte er mir,
daß er und Merlin unentwegt König Uther umsorgten,
bevor er starb; und in der Nacht,
als Uther in Tintagel verschied,
mit dem Ruf nach einem Erben auf den Lippen,
ließen die beiden ab von dem toten König
und traten hinaus, um frische Luft zu schöpfen,
und als sie dort am Tor standen
und durch die Nacht in den tiefen Abgrund schauten –
eine Nacht, in der die Grenzen
von Himmel und Erde verschmolzen –,
gewahrten sie, so hoch über der tosenden Tiefe,
daß es im Himmel schien, ein Schiff,
der Form nach wie ein geflügelter Drachen
und vom Bug bis Heck hell erleuchtet,
mit Menschen auf dem Deck,
doch schon entschwunden, kaum daß sie es gesehen.
Und die beiden stiegen in die Bucht hinab
und schauten die mächtige See,
wie sie Welle um Welle,
eine höher als die andere, hereinbrach,
bis schließlich eine, die das halbe Meer aufwühlte
und wie von einem Chor begleitet,
sich langsam hob und tosend gegen das Ufer rollte
und in Flammen zerbarst:
Und aus dieser Welle und den Flammen ward geboren
ein Kind, nackt und bloß,
und schwamm zu Merlins Füßen,
der sich bückte, es aufhob und rief:
› Der König! Ein Erbe für Uther!‹
Und die Zungen des mächtigen Brechers,
der den Strand übergoß, schlugen gegen den Zauberer,
als er die Worte sprach,
und verwandelten alles um ihn in Feuer,
so daß er und das Kind
wie in Flammen gekleidet schienen.

Und alsbald trat Stille ein, der Himmel öffnete sich,
und die Sterne leuchteten.
› Und dieses Kind ‹, sagte er, ›ist nun der Herrscher;
nicht in Frieden konnte ich gehen,
ehe ich davon berichtet.‹
Und als der Seher das gesagt hatte,
durchmaß er geradenwegs
den schrecklichen Paß des Todes,
und niemand kann ihn mehr befragen,
es sei denn, auf der anderen Seite.‹«[2]

So sprach Bellicent, Königin von Orkney, die Schwester
des Artus, und überzeugte Leodogran, den König von
Cameliard, dem Ansinnen ihres Bruders, der den König aus
höchster Not befreit hatte, zu entsprechen und ihm seine
Tochter Guinevere zur Frau zu geben. Doch damit greifen
wir vor.

Zunächst einmal ist zu klären, wie denn die Welt aussah, in
die Artus – auf welche Weise auch immer – hineingeboren
wurde. Geoffrey of Monmouth, auf den die Legende um
König Artus zurückgeht, berichtet sehr ausführlich über die
Umstände, die zum Aufstieg des Heldenkönigs führten. Er
verfolgt die Geschichte Britanniens zurück bis zur Antike,
denn – so weiß er zu berichten – die Vorfahren des König
Artus waren keine Geringeren als Äneas und seine Mannen.
Zwar wurde der griechische Sagenheld aus Troja vertrieben,
doch es gelang ihm, in Italien ein neues Reich zu gründen.
Das ging so lange gut, bis ein Urenkel des seligen Äneas, ein
Mann namens Brutus, seinen Vater bei einem Jagdunfall tötete und außer Landes getrieben wurde. Nach einer Irrfahrt,
die ihn zurück nach Troja brachte, wo er den Ruf seiner
Ahnen wiederherstellte, entschloß er sich zu neuen Abenteuern und landete auf einer Insel, die Leogetia hieß. Die Insel war verlassen; Piraten hatten sie heimgesucht. Aber es
gab einen Tempel, der Göttin Diana geweiht, und Brutus
meinte, es könne nichts schaden, ihren Rat zu erfragen. Er
opferte dem Götterbild und legte sich vor dem Altar schlafen. Alsbald erschien die Dame und sagte: »Brutus, dort, wo
die Sonne untergeht, jenseits der Königreiche von Gallien,
liegt eine Insel im Meer, die einst von Riesen bewohnt war.
Sie ist nun leer und harret deiner. Du wirst sehen, es ist ein
Ort, der dir und deinem Volk gefallen wird. Ihr werdet ein
zweites Troja finden, und ein Königsgeschlecht wird aus

*Standbild des
König Artus nach
dem Vorbild eines
deutschen Kaisers,
um 1400.*

deinen Lenden erwachsen, das einmal die ganze Welt beherrschen wird.«

Gesagt, getan. Brutus packt seine Sachen und nimmt Kurs auf die Säulen des Herkules. Dabei steuert er, der Zufall will es, auf ein Reich der Trojaner zu, die in Spanien Zuflucht gefunden haben. Ihr Anführer heißt Corineus, ein tapferer Krieger, der sich sogleich dem Abenteuer anschließt. Ihm zu Ehren wird einmal jenes Land seinen Namen erhalten, wo der illustre Sprößling des Hauses Brutus das Licht der Welt erblickt: Cornwall.

Zunächst aber statten Brutus und Corineus Gallien einen Besuch ab. Dort herrschen die Pikten, Barbaren, mit denen man kurzen Prozeß macht (sie sollen sich dafür noch einmal bitter rächen). Reich mit Beute beladen, treten die Trojaner nun die Reise nach Albion an:

»Zu dieser Zeit nannte man die Insel Britannien Albion. Sie war unbewohnt, abgesehen von einigen Riesen. Es war jedoch eine sehr schöne Insel, gab es doch reizvolle Gegenden, Wälder und eine große Anzahl von Flüssen, in denen es nur so von Fischen wimmelte; und Brutus und seine Gefährten spürten das Verlangen, dort zu leben. Als sie das Land erkundet hatten, trieben sie die Riesen, auf die sie gestoßen waren, in die Berge zurück, wo sie sich in Höhlen verkrochen. Dann teilten sie das Land unter sich auf und begannen, die Felder zu bestellen und Häuser zu bauen, so daß es nicht lange dauerte und man hätte meinen können, das Land sei schon immer bewohnt gewesen.«[3]

Ihre neue Heimat nannten die Trojaner fortan Britannien und sich selbst Briten. Damit war ihrem Führer Genüge getan, und er sah davon ab, auch noch die Hauptstadt des Reiches, die er an den Ufern der Themse errichtete, nach seinem Namen zu benennen. Man taufte sie vielmehr Troia Nova, womit man dennoch ein Andenken an die Heimat bewahrte. Erst einem späteren König, Lud, zu Ehren nannte man den Ort Kaerlud oder auch Kaerlundein, woraus schließlich London entstand.

Brutus regierte 23 Jahre und hinterließ drei Söhne. Sie teilten sich das Reich: der eine bekam Wales, der andere Schottland und der dritte den Rest. Er war damit der eigentliche König und hätte es sich leisten können, neben der Königin auch noch eine Konkubine auszuhalten. Doch er machte die Rechnung ohne Corineus, vielmehr dessen Tochter Gwendolen, mit der er verheiratet war. Sie war nicht minder furchtlos als ihr Vater, der immerhin den größten aller Riesen, ein Ungeheuer namens Gogmagog, das Eichen wie Farnkraut aus dem Boden riß, einfach auf die Schulter nahm und von der Höhe eines Felsens ins Meer warf, wo es auf den Klippen aufschlug und in tausend Stücke zerbarst.

Locrinus, so hieß der geplagte Ehemann, hätte also wissen müssen, worauf er sich einließ, als er Estrildis nachstellte, der Tochter eines Germanenkönigs, die er aus der Gefangenschaft der Hunnen befreite, die in Britannien einfielen. Doch, wie Geoffrey of Monmouth schreibt, war sie von solcher Schönheit, »daß es wohl schwer gewesen wäre, ein junges Mädchen zu finden, das ihrer Erscheinung gleichgekommen wäre. Kein noch so kostbares Elfenbein, kein Schnee, der eben die Erde benetzt, nicht einmal eine Lilie hätte die Blässe ihrer Haut übertreffen können.«

Locrinus war »ganz überwältigt von seiner Leidenschaft«, und so geschah es, daß er gleich zwei Nachkommen auf einmal erwartete. Als zudem noch Corineus das Zeitliche segnete und Locrinus dies zum Anlaß nahm, seiner Schneekönigin auch offiziell den Vortritt zu geben, indem er sie ehelichte und die rechtmäßige Königin abschob, war für Gwendolen der Augenblick der Vergeltung gekommen. Sie zog ein Heer zusammen, das aus den Getreuen ihres Vaters bestand, und lieferte Locrinus eine Schlacht, im Verlauf derer er von einem Pfeil getroffen wurde und, wie Geoffrey vermerkt, »somit aus den Freuden des Lebens schied«.

Estrildis, die Rivalin, wurde samt ihrer Tochter, die sie dem Verblichenen beschieden hatte, in einen Fluß geworfen, wo sie jämmerlich ertranken. Gwendolen übernahm die Regierungsgeschäfte und vererbte schließlich ihrem Sohn Maddan das Reich. Damit war alles wieder im rechten Lot.

Dennoch, die Nachfahren der Trojaner hatten noch so manchen Sturm zu meistern, bis sich jene Verheißung erfüllte, die einst Diana dem Brutus verkündet. Da gab es Einfälle fremder Völker, Zwist in den eigenen Reihen. Töchter aus königlichem Geblüt erhoben sich gegen ihren Vater, Könige zeugten ganze Heerscharen, Irland wurde besetzt, Gallien und die Dänen unterworfen. Ja, selbst Rom stürzte unter dem Ansturm der Barbaren.

Bis sich das Blatt wendete: Cäsar fiel in Britannien ein, Tribute wurden erhoben, und ein neuer Glauben machte sich breit, vertrieb das Heidentum und wurde seinerseits Opfer blutiger Verfolgung. Die Briten sanken auf die Stufe von

Vasallen herab, büßten Kampfkraft und Freiheit ein und waren schließlich, als die Römer wieder abzogen, nicht mehr in der Lage, einen neuen Einfall, diesmal aus dem Norden und Osten, abzuwehren. Pikten und Hunnen, Norweger und Dänen fielen über das Land her, und es gab niemanden, der ihrem Vordringen Einhalt gebieten konnte.

Da nahm sich Guithelinus, der Erzbischof von London, ein Herz und rief den König von Kleinbritannien um Hilfe, der schließlich, auch wenn er nur über einen Ableger des eigentlichen Britannien herrschte, mit den Briten verwandt war, die sich im Laufe der Zeit auf dem Festland – dem Gebiet der heutigen Bretagne – breitgemacht hatten. Aldroenus, der König, schickte seinen Bruder Constantin, und dieser schaffte es, mit einem Heer von 2000 Kriegern im Lande seiner Väter wieder Ordnung zu schaffen. Bis er – nach zehnjähriger Herrschaft – ermordet wurde und Unruhen um die Thronfolge ausbrachen.

Constantin hatte drei Söhne: Constans, Aurelius Ambrosius und Uther Pendragon. Ersterer, der Älteste, hatte die Mönchskutte genommen und damit eigentlich allen weltlichen Dingen entsagt. Darin sah Vortigern, ein ehrgeiziger Fürst des Stammes der Gewisser, die in Wales siedelten, eine Chance und ließ den Mönch zum König ausrufen, um hinter seinem Rücken regieren zu können. Als er derart seine Stellung gefestigt hatte, ließ er die Marionette beseitigen und machte sich selbst zum König. Aurelius und Uther, die um ihr Leben fürchteten, flohen in die Bretagne.

Vortigern sah sich zunächst einem Aufstand der Pikten gegenüber, und da er ihrer allein nicht Herr wurde, griff er auf das Angebot der Sachsen zurück, die ihrerseits ihren Machtbereich auf Britannien auszudehnen suchten, und schlug mit ihrer Hilfe die Pikten zurück. Als er sich dann auch noch mit Renwein, der Tochter des sächsischen Heerführers Hengist, vermählt, ist seine Zeit abgelaufen: die Briten, die um ihre Freiheit fürchten, setzen Vortigern ab und inthronisieren seinen Sohn Vortimer, von dem sie sich mehr versprechen. Zwar gelingt es diesem auch, die Sachsen zu schlagen, aber Renwein, die Stiefmutter des neuen Königs, vergilt ihm den Sieg über ihr Volk, indem sie ihn vergiftet.

Damit ist der Weg für den Alten wieder frei: Vortigern ruft kurzerhand die Sachsen zurück, die schließlich mit einer Streitmacht von 300 000 Mann anrücken, und beraumt eine Friedenskonferenz an, um seine Macht gegenüber den Briten zu bestätigen. Doch der Plan mißlingt: Zwar erscheinen die Anführer der Briten, dem Aufruf ihres Königs Folge leistend, doch die Sachsen, die sich so eine Chance nicht entgehen lassen, fallen über die Briten her und ermorden ihre Anführer. 460 ist die Zahl derer, die bei diesem Verrat ums Leben kamen.

Da überkommt auch Vortigern das Grauen: er flieht und verschanzt sich in Wales, wo er einen Turm zu bauen gedenkt, der ihm Schutz vor seinen Verfolgern bieten soll. Aber auch damit hat er kein Glück. Die Mauern sinken ein, und der Bau zerfällt. Da raten ihm die Wahrsager, die ihn zu diesem Werk veranlaßt haben, nach einem Kind zu suchen, das vaterlos sei. Mit seinem Blut solle er die Mauern und die Fundamente beschmieren, dann werde das Werk vollendet.

Vortigern schickt also Boten aus, die auch tatsächlich einen Jungen finden, dem seine Freunde nachsagen, daß er keinen Vater habe. Der Junge heißt Merlin. Seine Mutter ist die Tochter des Königs von Demetia und lebt im Kloster von Kaermerdin, dem Ort, an dem Merlin aufwächst.

Vortigern läßt sie und den Jungen zu sich kommen und fragt die Königin, wer der Vater des Kindes sei. Sie antwortet: »‚Bei meiner Seele, o Herr … Ich habe kein Verhältnis mit einem Mann gehabt, um dieses Kind zur Welt zu bringen. Ich weiß nur soviel: daß ich mit meinen Gefährtinnen in meinen klösterlichen Gemächern wohnte und mich daselbst jemand zu besuchen pflegte, der die Gestalt eines stattlichen Jünglings hatte. Er nahm mich oft in die Arme und küßte mich. Und wenn er dann einige Zeit bei mir geweilt hatte, verschwand er wieder und ward nirgends gesehen. Manchmal, wenn ich allein war, redete er mit mir, ohne daß ich ihn sehen konnte; und wenn wir uns auf diese Weise trafen, liebten wir uns, so wie es zwischen Mann und Frau geschieht, und so wurde ich schwanger. Ihr müßt entscheiden, in all Eurer Weisheit, o Herr, wer der Vater dieses Kindes war, denn abgesehen von dem, was ich Euch berichtete, habe ich niemals ein Verhältnis mit einem Mann gehabt.‘«[4]

Vortigern traute dem Frieden nicht, und er ließ einen seiner Seher kommen, auf daß er ihm das Wunder erkläre. Maugantius, so hieß der Mann, war um eine Erklärung nicht verlegen: »In den Büchern der Weisen«, so sagte er zu Vortigern, »und in vielen historischen Erzählungen ist davon die Rede, daß nicht wenige auf diese Weise geboren wurden. Wie Apuleius in seinem *De deo Socratis* versichert, gibt es zwischen Mond und Erde Geister, die wir Kobolde und Dämonen nennen. Sie sind halb Mensch, halb Engel, und manchmal nehmen sie die Gestalt von Sterblichen an und haben geschlechtlichen Verkehr mit Frauen. Es ist möglich, daß eines dieser Wesen diese Frau aufsuchte und das Kind zeugte.«

Vortigern in seiner Not stellte keine weiteren Fragen, doch das Opfer war keineswegs gewillt, sich dem Rat der Wahrsager zu fügen. Merlin behauptete vielmehr, daß sie Stümper seien, denn der Turm, in dem er sich verschanzen wolle, versinke nur deshalb, weil der Boden sumpfig sei. Man solle ihn trockenlegen und werde eine weitere Überraschung erleben.

Vortigern, nun gänzlich verunsichert, folgte dem Rat, und wahrlich, Merlin hatte nicht übertrieben:

»Als Vortigern, der König der Briten, noch immer am Ufer des Sumpfes saß, den man entwässert hatte, tauchten zwei Drachen aus der Tiefe auf, der eine weiß, der andere rot. Und sobald sie einander ansichtig wurden, fuhren sie aufeinander los und spien sich mit Feuer an. Der Weiße Drachen gewann die Oberhand und drängte den Roten an den Rand des Sumpfes.

Da stieß der Rote Drachen ein jämmerliches Klagen aus, daß er aus seinem Revier vertrieben wurde, und griff den Weißen mit solcher Wut an, daß er ihn seinerseits zurückdrängte. Und als sie so miteinander kämpften, ließ der König Merlin rufen und fragte ihn, was dieser Kampf zwischen den Drachen für eine Bedeutung habe.«[5]

Ohne es zu ahnen, hatte Vortigern den Kern der Sache angesprochen. Denn was der Seher Merlin nun prophezeite, betraf nicht nur den König. Er sagte die Zukunft des Landes voraus – und kündete jenen als Retter an, der die Welt von allem Übel befreien sollte. In Trance verfallend, verkündete Merlin:

»›O weh, das Ende des Roten Drachen ist nahe! In seiner Höhlenwohnung wird sich der Weiße Drachen einnisten, hinter dem sich nichts anderes verbirgt als die Sachsen, die du hergeholt hast. Der Rote Drachen steht für das Volk der Briten, die der Weiße Drachen besiegen wird: denn die Berge und Täler Britanniens werden ineinanderfallen und die Bäche und Flüsse sich in Blut verwandeln.
Die Gotteshäuser werden in Schutt und Asche fallen, und die Zeugen der Zerstörung werden weithin sichtbar sein.

Das Volk, das unterdrückt ist, wird am Ende siegen, denn es wird der Barbarei der Angreifer standhalten.
Der Eber von Cornwall wird die Eindringlinge zurückschlagen; er wird seinen Fuß auf ihren Nacken setzen.
Die Inseln des Ozeans werden ihm anheimfallen, und über die Wälder Galliens wird er gebieten.
Das Haus Romulus wird unter der Macht des Ebers erzittern, und das Ende des Ebers wird von Geheimnis umhüllt sein.
Der Eber wird in aller Munde sein, und seine Taten werden wie Speise und Trank für alle die sein, die davon berichten.‘«[6]

Vortigern wußte, daß sein Ende nahe war, und so fragte er Merlin, wie es geschehen würde. Merlin nahm kein Blatt vor den Mund: »Lauf!« so riet er ihm. »Denn die Rache ist nah! In diesem Augenblick rüsten sich die Söhne Constantins zum Kampf. Schon stechen ihre Schiffe in See. Sie werden die Sachsen verdrängen und an dir Vergeltung üben. In dem Turm, den du errichtet, wirst du lebendig verbrennen!«

Und so geschah es: Aurelius Ambrosius sammelte eine Streitmacht in der Bretagne, setzte nach Britannien über, trieb die Sachsen nach Schottland und ließ den Usurpator verbrennen. Dann setzte er sich selbst die Krone auf, ordnete das Reich und gedachte, denen zu Ehren, die dem Verrat der Sachsen zum Opfer gefallen waren, ein gebührendes Denkmal zu errichten. Er befragte Merlin, der mittlerweile im Ruf eines weisen Mannes stand, und dieser riet ihm, die »Steine der Riesen«, die auf dem Berg Killaraus in Irland standen, dafür zu verwenden.

Also schickte man eine Expedition aus, der sich neben Merlin auch Uther, der Bruder des Königs, anschloß, und wollte sich schließlich ans Werk machen. Doch so sehr man sich auch anstrengte, es war alles vergebens:

»Wie ihnen Merlin befohlen, begannen sie mit der Arbeit und versuchten, mit allen möglichen Hilfsmitteln den Ring auseinanderzunehmen. Sie legten Seile und Trossen an und stellten Sturmleitern auf; ein jeder nahm das zur Hand, was ihm am nützlichsten schien. Doch nichts, was sie versuchten, brachte sie auch nur einen Deut weiter.
Als Merlin sah, was für einen Unfug sie trieben, brach er in schallendes Gelächter aus. Er wählte die richtigen Geräte aus und zerlegte die Steine mit einer Leichtigkeit, daß man es nicht hätte für möglich halten können. Als sie alle am Boden lagen, ließ er sie ans Ufer bringen und auf die Schiffe ver-

laden; dann setzten sie die Segel und kehrten wohlgemut nach Britannien zurück.«[7]

Der König ließ alle Großen des Reiches zusammenkommen und veranstaltete ein Fest, um die Gedenkstätte gebührend einzuweihen. Dabei ehrte er freilich nicht nur die Toten, sondern belohnte auch seine Getreuen, die er mit Pfründen und Ämtern ausstattete. So wurde der Ambrosiusberg, wo Merlin die neue Grabstätte errichtete, zugleich zum Geburtsort eines neuen Britannien.

Doch die Feinde, die von jenseits der Grenzen das Reich bedrohten, gaben sich nicht geschlagen. Da war zunächst Paschent, ein Sohn Vortigerns, der nach Germanien geflohen war. Dann die Sachsen, die zwar zurückgedrängt, aber nicht besiegt waren. Und schließlich Irland, dessen König Gillomanius die Briten verärgert hatten, als sie ihm den »Ring der Riesen« entwendet hatten.

Mit vereinten Kräften ging man gegen Aurelius vor und vergiftete ihn; auch sein Nachfolger Uther wurde schwer bedrängt. Zwar gelang es ihm, Paschent und auch Gillomanius zu schlagen, doch zogen die Sachsen ein neues Heer zusammen und brachten den Briten eine schwere Niederlage bei. Sich auf einem Hügel verschanzend, beriet Uther mit seinen Getreuen, was zu tun sei. Nur ein Überraschungsangriff, so meinte Gorlois, der Herzog von Cornwall, könne sie retten. Noch in der Nacht sollten sie den Vorstoß wagen.

Es war ein Rat, den er noch bereuen sollte. Denn nicht nur gewannen die Briten die Entscheidungsschlacht, Uther war damit auch unumschränkter Herrscher, dessen Wille und Laune sich zu widersetzen einem Verrat gleichkam. Das zeigte sich sogleich, als der König seine Gefolgsleute nach London einlud, um mit ihnen den Sieg zu feiern.

Aus allen Teilen des Landes kamen sie herbei, brachten Frauen und Töchter mit und waren guter Dinge. Bis das Auge des Königs auf Ygerna fiel, die Frau des Herzogs von Cornwall:

»Unter den Gästen war auch Gorlois, Herzog von Cornwall, mit seinem Weib Ygerna, die die schönste Frau in ganz Britannien war. Als der König sie nun unter all den anderen Frauen sah, verspürte er sogleich Verlangen nach ihr, so daß er alles andere vergaß und seine Aufmerksamkeit nur noch ihr zuwandte. Ihr und nur ihr allein ließ er Teller mit Speisen auftragen, und sein eigener Mundschenk brachte ihr einen goldenen Kelch mit Wein. Immerfort lächelte er sie an und plauderte mit ihr in munterer Weise. Als Ygernas Mann das sah, war er so verärgert, daß er den Palast verließ, ohne sich zu verabschieden. Niemand von den Anwesenden konnte ihn davon abhalten, denn er fürchtete, das zu verlieren, was ihm mehr als alles andere bedeutete. Uther wurde wütend und verlangte von Gorlois, daß er zurückkomme und sich bei ihm für die Schmach, die er ihm zugefügt habe, entschuldige. Gorlois lehnte ab, und der König war so erbost, daß er schwor, Gorlois' Ländereien zu verwüsten, wenn er seinem Befehl nicht unverzüglich Genüge leiste.«[8]

Gorlois zog sich nach Cornwall zurück, brachte seine Frau nach Tintagel, wo er sie in Sicherheit wähnte, und bezog selbst Stellung in einem befestigten Lager, mit dem er den König aufzuhalten gedachte. Und in der Tat zog sich der Kampf eine Woche lang hin, ohne daß der Krieg entschieden wurde. Da hielt es der König nicht mehr länger aus, und er vertraute sich einem seiner Gefolgsleute an:

»Schließlich, als eine Woche vergangen war, wurde des Königs Verlangen nach Ygerna so groß, daß er es nicht mehr ertragen konnte. Er ließ Ulfin von Ridcaradoch, einen seiner Soldaten und engen Vertrauten, zu sich kommen und erzählte ihm, was ihn bewegte.

,Ich bin schrecklich verliebt in Ygerna', sagte Uther, ,und wenn ich sie nicht haben kann, werde ich noch krank. Du mußt mir sagen, wie ich mein Verlangen nach ihr befriedigen kann, denn sonst werde ich an der Leidenschaft, die mich verzehrt, zugrunde gehen.'

,Wer könnte Euch schon raten', antwortete Ulfin, ,wenn es keine Macht der Erde gibt, die es uns ermöglicht, zu ihr in die Festung Tintagel zu gelangen? Das Schloß liegt hoch über dem Meer und ist auf allen Seiten von Wasser umgeben, und es gibt nur einen Zugang über eine schmale Felsenzunge. Drei bewaffnete Männer reichen aus, um ihn zu verteidigen, und rückte man auch mit dem ganzen Königreich an. Wenn nur der Weise Merlin einmal über die Sache nachdenken würde, dann, so glaube ich, würdet Ihr erreichen, was Ihr wollt.' Der König befolgte den Rat Ulfins und ließ Merlin herbeiholen, denn auch er war zu der Belagerung erschienen.«[9]

Als Merlin sieht, wie sehr der König leidet, ist er nicht wenig überrascht. Aber er hat in der Tat ein probates Mittel – »von dem noch niemand gehört«, wie er stolz verkündet –, und mit diesem Mittel, einem Zaubertrank, verschafft er dem König den ersehnten Zugang. In der Gestalt des Gorlois gewinnt er Einlaß, täuscht selbst Ygerna – und zeugt mit ihr den, welchen bereits Diana dem Brutus verkündet.

Während sich so im Schloß von Tintagel das Schicksal erfüllt, fällt auch auf dem Schlachtfeld die Entscheidung: die Belagerer greifen an, die Eingeschlossenen wagen einen Ausfall, und unter den ersten, die fallen, ist Gorlois.

Damit ist der Weg frei, und es bleibt nur noch, daß der König seine alte Gestalt wieder annimmt und Ygerna zu seiner rechtmäßigen Frau macht:

»Der König machte sich auf und kehrte in sein Lager zurück, wo er seine Verkleidung ablegte und von neuem Uther Pendragon ward. Als er erfuhr, was alles sich zugetragen hatte, betrauerte er den Tod des Gorlois; aber er war doch auch glücklich, daß Ygerna von ihrer ehelichen Bindung befreit war. Und so kehrte er nach Schloß Tintagel zurück, ließ es besetzen und bemächtigte sich zugleich Ygernas, was seine eigentliche Absicht gewesen war. Und von dem Tag lebten sie als Paar, das die Liebe füreinander einte; und sie hatten einen Sohn und eine Tochter. Der Sohn hieß Artus und die Tochter Anna.«[10]

Das Rätsel von Stonehenge

Das Schloß wurde um 1145 von Reginald, Earl of
Cornwall, einem unehelichen Sohn Heinrichs I., erbaut. Es stand auf der Landenge, die zu jener Zeit
das Vorgebirge mit dem Festland verband und seitdem zu
einem großen Teil vom Meer hinweggespült worden ist. Die
erhalten gebliebenen Bauten, die auf Reginald zurückgehen,
sind die Große Halle und die Kapelle auf der Insel. Der Teil
der Großen Halle, der dem Land zugekehrt war, ist verschwunden, aber die äußere Mauer, die von Strebepfeilern
späteren Datums gestützt wird, steht noch und erreicht eine
Höhe von drei Metern. Die Innenseite und der jenseitige Teil
sind nur wenige Zoll hoch.« [11]

So der Bericht des Archäologen Radford, der die Ruinen
von Tintagel in den zwanziger und dreißiger Jahren untersuchte. Auf den ersten Blick scheint diese Aussage die entsprechende Überlieferung von Geoffrey of Monmouth zu
bestätigen. Doch bei näherem Hinsehen ergibt sich eine
grundlegende Diskrepanz: Artus, der nach der Überlieferung Geoffreys in der Zeit zwischen dem Abzug der Römer
und der Eroberung durch die Sachsen lebte, wurde mehr als
ein halbes Jahrtausend *vor* der Erbauung von Tintagel geboren. Zu der Zeit aber, so stellt Radford unmißverständlich
fest, gab es noch keine Burg. Er schreibt: »Der Name Tintagel wird zum ersten Mal im 12. Jahrhundert erwähnt, einer
Zeit, in die die ältesten Spuren der Burg zu datieren sind.«

Das ist unsere erste Enttäuschung: Artus lebte *nicht*, wie
wir alle vermuten, im Zeitalter der Ritter. Es gab weder Burgen noch Schlösser, als er gegen die Sachsen kämpfte, und
die Zeit, die durch den Umbruch von der Antike zum Mittelalter gekennzeichnet ist, wird allgemein mit dem Begriff
Dark Ages, die »dunklen Jahrhunderte«, bezeichnet.

Wie aber kam es dann dazu, daß man den legendären König mit der Felsenfeste Tintagel in Verbindung brachte?
Geoffrey, auf den diese Vorstellung zurückgeht, behauptete

immerhin, eine *Geschichte* der britischen Könige geschrieben zu haben. Hören wir dazu den Kommentar des Historikers Lewis Thorpe, der Geoffreys Arbeit herausgegeben hat: »Wir stehen demnach vor einem schier unlösbaren Rätsel. Ob der Verfasser der *Historia Regum Britanniae* Geoffrey of Monmouth selbst war oder irgendein Pseudo-Geoffrey, Tatsache bleibt, daß vieles, wenn nicht das meiste seines Stoffes, als Geschichte unannehmbar ist; und doch, Geschichte lugt fortwährend aus dem Erdichteten hervor.«[12]

Wer war dieser Geoffrey oder gar sein Doppelgänger? Wir wissen nicht viel über Geoffrey of Monmouth, immerhin aber so viel, daß wir ihn zeitlich genau einordnen können. Er lebte im 12. Jahrhundert, zu der Zeit also, als Tintagel erbaut wurde. Monmouth, der Ort, mit dem er seinen Namen schmückte, weist auf Wales, wo es sozusagen an der Grenze zum eigentlichen England liegt. Wahrscheinlich wurde Geoffrey hier geboren; jedenfalls verrät seine *Historia* ein starkes nationalistisches Element. Ja, es ist nicht ganz abwegig – und für die Beantwortung der Frage, wer denn nun Artus war, keineswegs ohne Bedeutung –, in der *Geschichte der britischen Könige* eine Art Spiegel zu sehen, den Geoffrey seinem Volk wie auch den fremden Eroberern, die inzwischen Normannen waren, vor Augen hielt. Schrieb er doch in der Einleitung zu seinem Werk:

»Wann immer ich über die Geschichte der Könige Britanniens nachdachte oder mir derlei Dinge durch den Kopf gingen, fiel mir auf, daß, abgesehen von dem, was Gildas und Bede in ihren glänzenden Berichten darüber schreiben, es absolut nichts über die Könige zu erfahren gibt, die hier vor der Fleischwerdung Christi lebten, oder auch nur über Artus und all die anderen, die ihnen nach der Fleischwerdung folgten. Und dennoch, die Taten dieser Männer waren derart, daß sie es verdienen, für alle Zeiten gepriesen zu werden. Mehr noch, diese Taten wurden freudig von vielen Leuten, die sich nur auf ihre Erinnerung stützen konnten, mündlich weitergegeben, gerade so, als ob sie niedergeschrieben worden wären.«[13]

Der Chronist hatte also einen Zweck, eine bestimmte Absicht, wenn er sich daranmachte und das Versäumte nachholte: er wollte die Taten seiner Väter für die Nachwelt erhalten und damit seinem Volk, das – im Gegensatz zu den Normannen – britischer, also autochthoner Abstammung war, ein würdiges Denkmal setzen.

Das ist ein durchaus legitimes Anliegen. Nur, mit dem un-
parteilichen Bericht eines Historikers hat das nichts zu tun.
Geoffrey war Propagandist, kein Wissenschaftler, folglich
ist das, was er schrieb, von vornherein mit dem Makel der
Subjektivität behaftet.

Dennoch, wie Thorpe schreibt: »Niemand, der das Beweis-
material sorgfältig geprüft hat, wird jemals wagen können zu
behaupten, daß Geoffrey of Monmouth oder der Pseudo-
Geoffrey seinen Stoff einfach erfunden hat.«

Geoffrey selbst nennt einige seiner Quellen. Die weitaus
wichtigste, nach seinen Worten, ist ein Werk, das ihm ein
Geistlicher in Oxford überließ: »Zu der Zeit«, schreibt
Geoffrey, »als ich über diese Dinge ernsthafter nachdachte,
zeigte mir Walter, Archidiakon von Oxford, ein Mann, der
ein großer Redner und wohlbelesen in der Geschichte fremder Länder war, ein gewisses, sehr altes Buch, das in der
Sprache der Briten geschrieben war.«

In diesem Buch, so berichtet Geoffrey weiter, war die Geschichte der Briten aufgezeichnet, von Brutus, ihrem ersten
König, bis Cadwallader, dem letzten ihrer Herrscher. Geoffrey, der offenbar längere Zeit in Oxford lebte, worauf eine
Anzahl datierter Dokumente hinweist, die seine Unter-
schrift tragen, sollte nichts weiter tun, als dieses Buch ins
Lateinische zu übersetzen. Doch er gesteht unumwunden,
daß er, wiewohl er dem Wunsche des Archidiakon entsprach, es nach seinem eigenen Geschmack geändert habe.
Wenngleich er damit auch nur stilistische Eingriffe meinte,
so ist doch nicht auszuschließen, daß er auch im Inhalt
Änderungen vornahm. Und das könnte sich gerade auf den
Teil seiner Arbeit beziehen, der uns besonders am Herzen
liegt: denn nicht nur ist das Original, von dem er angeblich
übersetzte, bis heute unauffindbar geblieben, auch die anderen Quellen, auf die er sich bezieht, sind im Falle Artus' eher
schweigsam. Lediglich Nennius, ein Mönch, der zu Beginn
des 9. Jahrhunderts eine *Geschichte der Briten* schrieb,
erwähnt den legendären König mit Namen. Sein Vorläufer
Gildas, der gleichermaßen eine Chronik hinterließ, die
jedoch den Vorteil hat, zeitgleich mit den Ereignissen um
König Artus zu sein, erwähnt ihn mit keinem Wort.

So mag es sehr wohl sein, stellt man das nationalistische
Anliegen in Rechnung, daß Geoffrey »seinen« Artus ein wenig aufpoliert hat, derart, daß er sozusagen den Höhepunkt
nicht nur der Geschichte Britanniens, sondern auch des

Werkes, das er darüber schrieb, darstellt. Artus bildet den Mittelpunkt der *Historia;* alles, was seiner Zeit voraufgeht, führt zu ihm hin, alles, was folgt, ist nur noch ein Abgesang.

Eines aber ist sicher: Geoffrey hat Artus nicht »erfunden«. Es gab einen Herrscher oder Heerführer beziehungsweise die Erinnerung an ihn, *vor* seiner Zeit. Nicht nur die mündlichen Überlieferungen, von denen Geoffrey spricht, auch die *Historia* des Nennius beweist es. Die Frage ist, ob er tatsächlich – und zwar schon damals – jene Berühmtheit erlangt hatte, die ihn zu einer Art Heiland werden ließ.

Um diese Frage zu beantworten, muß man einen Blick auf die frühe Geschichte Britanniens werfen. Dabei können wir uns – im Gegensatz zu Geoffrey – auf die Ergebnisse exakter Wissenschaft stützen. An ihr können wir zugleich messen, inwieweit Geoffreys Geschichte der tatsächlichen Entwicklung entspricht. Dies wiederum erlaubt uns, Rückschlüsse darüber zu ziehen, wie verläßlich seine Aussagen sind, auch und gerade im Hinblick auf Artus.

Geoffrey führt die Geschichte Englands auf Troja zurück. Vor der Ankunft des Brutus sei Albion, wie er es nennt, unbewohnt gewesen. Troja – was er freilich nicht wissen konnte – wurde um 1200 v. Chr. zerstört. Das haben archäologische Forschungen ergeben. Zu dieser Zeit war England bereits seit langem besiedelt. Die frühesten Funde reichen bis in die Altsteinzeit zurück, sind also in eine Zeit um mindestens 10 000 v. Chr. zu datieren. Weitere Einwanderungen erfolgten im Mesolithikum, der mittleren Steinzeit, und setzten sich in verstärktem Maß in der Jungsteinzeit fort. Für diese Periode, die – soweit es England betrifft – in die Zeit zwischen 2500 und 1500 v. Chr. fällt, lassen sich mehrere Einwanderungwellen nachweisen. Sie erfolgten anfänglich aus dem Mittelmeergebiet, brachten den Ackerbau, die Keramik und die sogenannte Megalithkultur. Damit bestätigt sich in auffallender Weise die Aussage Geoffreys: eine höhere Kultur, welche die der Jäger und Sammler ablöste, kam tatsächlich aus dem mediterranen Raum. Nur war es nicht Troja, das den Anstoß gab, sondern Kreta und später Mykenä.

Selbst wenn es Aufzeichnungen aus römischer Zeit gab, auf die sich Geoffrey stützte, war darüber hinaus die Erinnerung an eine ferne Wiege der Kultur über zweitausend Jahre erhalten geblieben. Das ist im höchsten Grade erstaunlich und gibt der Aussage Geoffreys, daß er sich – neben der mysteriösen Quelle, die er zitiert – auf mündliche Überlieferungen

Die britischen Inseln
mit den wichtigsten Schauplätzen der Artuslegende

o Heutige Orte
▲ Ruinen

stützt, ein besonderes Gewicht. Im Hinblick auf Artus, der angeblich kaum mehr als ein *halbes* Jahrtausend vor Geoffrey lebte, ist dieser Befund um so bedeutsamer.

Doch nicht nur das Wissen um den Ursprung der englischen Kultur, auch die Art, wie sie sich entfaltete, blieb in der Vorstellung nachfolgender Generationen erhalten. Da ist die Rede von Riesen, die mit Steinen werfen, Gräbern, die Fürsten und Könige ehren, und monumentalen Denkmälern, die durch Zauberei entstanden sind. Dies alles weist auf jene Megalithkultur hin, die im östlichen Mittelmeer ihren Anfang nahm und über Spanien nach Nordeuropa gelangte. Ja, selbst in Nordafrika erlangte sie eine besondere Bedeutung, und es war dies der Ausgangspunkt, von dem die Megalithkultur nach Europa hinübergelangte.

Das – so unwahrscheinlich es klingt – war schon Merlin bekannt. Geoffrey läßt ihn auf die Zweifel des Königs Aurelius Ambrosius antworten:

»Macht Euch nicht lustig wie ein Narr, Majestät. Was ich sage, hat nichts Lächerliches. Diese Steine stehen in Zusammenhang mit gewissen geheimnisvollen religiösen Riten, und sie haben verschiedene Eigenschaften, die medizinisch wirksam sind. Vor langer Zeit brachten Riesen sie aus den entferntesten Winkeln Afrikas und stellten sie in Irland auf, als sie das Land besiedelten. Ihre Absicht war, daß, wann immer sie sich krank fühlten, Bäder am Grunde dieser Steine hergerichtet werden sollten; denn sie pflegten Wasser über sie zu gießen und dieses Wasser in Bäder zu leiten, in denen ihre Kranken geheilt wurden. Mehr noch, sie gaben dem Wasser einen Kräutersud bei und heilten so ihre Wunden. Nicht einer dieser Steine ist ohne diese medizinische Wirkung.«[14]

Merlin – wir erinnern uns – machte Aurelius den Vorschlag, die Gedenkstätte zu Ehren der Toten, mit dem »Ring der Riesen« zu schmücken. Und dieser Vorschlag wurde auch ausgeführt. Merlin holte die Steine aus dem fernen Irland und richtete sie auf dem Ambrosiusberg in einem Kreis, der die Gräber der Helden einschloß, wieder auf.

Der Ambrosiusberg liegt, so erklärt Geoffrey, in der Nähe von Salisbury. Später, fügt der Chronist an anderer Stelle hinzu, wurde die Gedenkstätte, der englischen, nicht mehr britischen, Sprache gemäß, in *Stonehenge* umbenannt. Er ist zwar nicht der erste, der diesen Ort erwähnt, aber sein Bericht über die Umstände, die zum Bau des Denkmals führten, kommt der Wahrheit am nächsten. So schreibt der Archäologe Atkinson, der an den Ausgrabungen in Stonehenge beteiligt war:

»Lange Zeit betrachtete man die Geschichte über das Herbeischaffen der Steine von Stonehenge aus Irland als reine Phantasie. Aber die wachsende Vermutung, daß die Blausteine von einem weitentfernten Ort kamen, der schließlich 1923 als Pembrokeshire identifiziert wurde, und die hohe Wahrscheinlichkeit, daß sie von dort den größten Teil des Weges auf dem Wasser transportiert wurden, werfen ein völlig neues Licht auf die Geschichte. Die Übereinstimmung zwischen Legende und Wirklichkeit ist so auffallend, daß sie nicht als bloßer Zufall abgetan werden kann; denn wenn man das täte, würde es zumindest ebenso die Glaubwürdigkeit beeinträchtigen wie die Annahme, daß dieser Geschichte eine tatsächliche Erinnerung überlieferter Ereignisse zugrunde liegt. Professor Stuart Piggott, der die Quellen, die Geoffrey of Monmouth benutzte, in allen Einzelheiten untersucht hat, kommt zu dem Schluß, daß dieser möglicherweise Zugang zu schriftlichen oder mündlichen Überlieferungen hatte, die heute verschwunden sind, aber damals noch in Wales in Umlauf waren und die Geschichte, wie die Blausteine von Prescelly nach Stonehenge gebracht wurden, beinhalteten. Unter den vielen ausgefallenen Hypothesen, die Stonehenge betreffen, ist diese keineswegs die unglaubwürdigste. Denn die Geschichte über die Beförderung so vieler Steine über eine so große Entfernung wäre der Aufmerksamkeit und Erinnerung sogar im Mittelalter wert gewesen, weit mehr aber noch bei den schriftlosen Völkern prähistorischer Zeit, bei denen die mündliche Überlieferung von Sagen und Heldentaten gang und gäbe war.«[15]

Stonehenge entstand in mehreren Bauphasen: Zunächst wurde ein Erdwall aufgeworfen, der von einem Graben umgeben war; dann erfolgte die Errichtung jener Blausteine, die angeblich über das Meer herbeigeschafft wurden; in der dritten Phase endlich trat an die Stelle der früheren Steinsetzung eine neue, die aus Sandsteinen der Umgebung bestand. Aufgrund von Radiokarbondaten und Keramikanalysen ist der Bau insgesamt in die Zeit zwischen 2000 und 1200 v. Chr. zu datieren, wobei jene Blausteine, die uns interessieren, etwa in der Zeit um 1700 v. Chr. errichtet wurden. Das Volk, das diesen ersten eigentlichen Bau schuf, gehörte der sogenannten Glockenbecherkultur an, deren Name von charakteristischen, glockenförmigen Trinkgefäßen hergeleitet wird und die – wiewohl sie sie nicht begründete – wesentlich zur Verbreitung der Megalithkultur beitrug.

Die Träger der Glockenbecherkultur brachten die erste Kenntnis der Metallverarbeitung mit und drangen auf der Suche nach Rohstoffen bis nach Irland vor. So ist es verständlich – da es sozusagen auf dem Wege lag –, daß sie im südlichen Wales, wo heute Pembroke liegt, auf jenes Gestein stießen, das sie für den Bau ihres Denkmals erwählten. Blausteine, eine volkstümliche Bezeichnung für gefleckten Dolerit, kommen nur hier vor, und diesem Umstand und der Möglichkeit, diesem Gestein, einer Basaltform, tatsächlich heilende Wirkung zuzusprechen, mag es sehr wohl zuzuschreiben sein, daß sie die Mühe auf sich nahmen, die schweren Steinblöcke »über das Meer«, den Bristolkanal, an seinen entfernten Bestimmungsort zu transportieren.

Wer auf diesen Gedanken kam, wird natürlich niemals zu erfahren sein. Aber ein Mann wie Merlin, der weniger über große Kräfte als über besonderes Wissen verfügte, also ein Priester, Gelehrter oder gar Baumeister war, wird auch in einer Zeit, als die Ägypter schon längst ihre Pyramiden errichtet hatten, ein solches Werk vollbracht haben können. Geoffrey of Monmouth setzte ihm ein Denkmal, indem er ihn zum Hort der Weisheit schlechthin machte.

Wer der eigentliche Merlin war, der, dessen Werk und Wirken er überliefert, ist eine Frage, die wir noch zurückstellen wollen. Zunächst gilt es, den weiteren Verlauf der Ereignisse zu verfolgen, denn ehe der große Weise auftritt (und sich seine Prophezeiung erfüllte), tauchte ein anderes Volk auf der Bühne auf, das die eigentliche Grundlage für die Geschichte Merlins (und seines Schutzbefohlenen) schuf: die Kelten.

Sie waren ein Volk, das sich im Laufe des ersten Jahrtausends v. Chr. über ein weites Gebiet, das von den Britischen Inseln bis Kleinasien reichte, verbreitete. Autoren der klassischen Antike vermitteln ein sehr anschauliches Bild von ihnen; aber auch sie selbst haben in Werken der Kunst, die zu den bedeutendsten Schöpfungen europäischer Kultur gehören, ein eindrucksvolles Zeugnis hinterlassen, das Auskunft über ihre Erscheinung und ihr Wesen gibt. Schließlich – und das ist in unserem Zusammenhang besonders bedeutsam – waren die Kelten große Geschichtenerzähler; das Wort Barde ist ihrer Sprache entnommen. Von wenigen Ausnahmen abgesehen, gibt es keine schriftlichen Aufzeichnungen, die sie selbst hinterließen; die keltische Literatur, die sich erst nach der eigentlichen Blüte der Kelten in Irland entwickelte, ist ein Sonderfall. Aber die Kunst der Rede – und daraus abgeleitet die mündliche Überlieferung – nahm bei ihnen eine hervorragende Stellung ein. Zeugnisse dieser Kunst wurden später aufgezeichnet; sie finden im *Mabinogion*, einer Sammlung keltischer Erzählungen aus Wales, ihre höchste Vollendung.

So heißt es in *Peredur, Sohn des Evrawg*, einer Geschichte, die als Vorlage des späteren *Parzival* diente:

»Peredur ritt weiter, bis er in ein Flußtal kam, das von Wäldern gesäumt war, während sich zu beiden Seiten des Flusses Wiesen erstreckten. Auf dem einen Ufer graste eine Herde weißer Schafe und auf dem anderen eine Herde schwarzer Schafe. Jedesmal, wenn ein weißes Schaf blökte, kam ein schwarzes Schaf über den Fluß und verwandelte sich in ein weißes Schaf, und wenn ein schwarzes Schaf blökte, kam ein weißes Schaf über den Fluß und verwandelte sich in ein schwarzes Schaf.

Am Ufer des Flusses sah er einen hohen Baum: von der Wurzel bis zur Krone stand die eine Hälfte in Flammen und die andere in grünem Blätterkleid. Dahinter saß ein junger Edelmann auf einem Hügel, begleitet von zwei weißgescheckten Windhunden, die er an der Leine hielt; Peredur hatte noch nie einen so königlich erscheinenden Jüngling gesehen. Aus dem Wald gegenüber drang das Bellen von Jagdhunden herüber, die ein Rudel Hirsche verfolgten. Da grüßte er den Edelmann, und der Edelmann grüßte zurück. Er sah drei Pfade, die von dem Hügel wegführten, zwei Landstraßen und einen kleineren Weg, und er fragte, wohin sie führten. ‚Der eine führt zu meinem Schloß, und ich schlage vor, daß du entweder weitergehst, bis du zu meinem Weibe kommst, oder hierbleibst, um zu sehen, wie die Hunde das erschöpfte Wild aus dem Wald und auf die Lichtung treiben – es sind die besten Wildhunde, die du je gesehen hast, und so stark, daß sie die Hirsche am Fluß erlegen werden. Wenn es Zeit wird zu essen, wird mir mein Knecht mein Pferd bringen, und du wirst uns heute nacht willkommen sein.‘ – ‚Gott vergelte es Euch! Aber ich werde nicht bleiben, sondern weiterziehen.‘ – ‚Der zweite Weg führt zu einer Burg, wo man Speise und Trank erhalten kann; der dritte, schmalere Weg führt zur Höhle des Ungeheuers.‘ – ‚Wenn Ihr erlaubt, Herr, werde ich dahin gehen.‘«[16]

Geschichten dieser Art, auch wenn sie durch spätere Ergänzungen beeinträchtigt wurden, sind ein Spiegel der keltischen Welt. Sie bilden den Ausgangspunkt für die Artuslegende.

Aber auch geheimes Wissen, wie es Merlin kennzeichnete, geht auf die Kelten zurück. Es war das Vorrecht der Druiden, einer Priesterkaste, die zugleich auch politische Bedeutung hatte. Waren es doch die Druiden, die den Kampf gegen die Römer führten, die gleichfalls ihre Macht über Britannien auszudehnen suchten. Nachdem bereits Cäsar im Verlaufe seines Krieges gegen die Gallier, die ein Teilstamm der Kelten waren, zwei Vorstöße nach England unternommen hatte, die jedoch beide fehlgeschlagen waren, gelang es den Römern hundert Jahre später, das Land der Briten endgültig zu unterwerfen. »Briten« war inzwischen synonym mit »Kelten«, wiewohl sich dahinter nur ein Teil der nach England eingewanderten Kelten verbarg. Sie verteilten sich auf das eigentliche England, also den Südosten der Insel, Cornwall und Wales, während ein anderer Zweig, die Gälen, sich in Irland und Schottland festsetzte.

Die Druiden verloren den Kampf, zogen sich in unwegsame Gebiete zurück, wo sie einen Teil ihres Wissens bewahrten, und für vier Jahrhunderte gab Rom den Ton in Britannien an. Es war eine Zeit, die die Römer selbst gern als *Pax Romana* bezeichneten, und in der Tat erlebte das Land einen Aufschwung, der es zu einem der bedeutendsten Provinzen des Römischen Reiches machte. Städte entstanden, eine geordnete Verwaltung wurde eingeführt, Handel und Künste blühten, und sogar das Christentum hielt seinen Einzug. Britannien, das bislang auf der Stufe einer bäuerlichen, tribalen Gesellschaft gestanden hatte, erreichte den Grad städtischer Zivilisation.

Doch der Friede herrschte nur innerhalb der Grenzen jenes Walles, den Hadrian erbauen ließ. Jenseits lebten Völker, allen voran die Pikten und Skoten, die sich ihre angestammte Lebensweise bewahrt hatten und nur auf eine Chance warteten, über die fremden Besatzer herzufallen. Diese Chance ergab sich, als Barbaren wie sie auch in anderen Teilen des Reiches ihre Hand erhoben. Mordend und plündernd fielen sie in Italien ein, drangen bis zum Zentrum der Macht vor und eroberten die Metropole. Rom sank in Verfall und Vergessen.

Die Briten, die unter dem Schutz des Reiches gestanden hatten, waren nun wehrlos dem Angriff ihrer einstigen Brüder ausgesetzt, und in ihrer Not griffen sie zu einem Mittel, das sie vom Regen in die Traufe brachte: Sie riefen die Angeln und Sachsen ins Land.

Der, der damit ihren Niedergang einleitete (und damit Artus auf den Plan rief), war jener Vortigern, den auch Geoffrey, obwohl er angeblich seiner Heimat Wales entstammte, als Verräter bezeichnet. Vortigern, der möglicherweise einen legitimen Herrscher ersetzte – Ambrosius den Älteren, da dieser mit dem Einfall der Grenzvölker nicht fertig wurde –, handelte zunächst durchaus folgerichtig: Nach dem Abzug der römischen Legionen war das Land praktisch wehrlos, da die Briten, die sich mit den Römern arrangiert hatten, mittlerweile verlernt hatten, für ihre Verteidigung selbst aufzukommen. Es blieb nur ein Rückgriff auf jene germanischen Stämme, die – wie einst die Kelten – ihrerseits nach neuen Gefilden Ausschau hielten. Neben den Angeln und den Sachsen waren das auch die Jüten, und gemeinsam setzte man zum großen Sprung an, der mit einer neuerlichen Unterwerfung Britanniens enden sollte.

Mit Hilfe der Verbündeten gelang es Vortigern, die einfallenden Pikten und Skoten zurückzudrängen. Doch er versäumte es, zugleich auch die Barbaren vom Festland in ihre Heimat zurückzuschicken. Dafür hatte er freilich einen besonderen Grund: »In einem der Kriegsboote befand sich Hengists Tochter, ein sehr schönes Mädchen.« Hengist war der Anführer der Sachsen, schlau und verschlagen, der die Schwäche seines Widersachers sofort erkannte: »Hengist ließ für Vortigern, seine Krieger und seinen Dolmetscher, der Ceretic hieß, ein Festmahl herrichten.« Man feierte und betrank sich, »und der Teufel nistete sich in Vortigerns Herz ein, so daß er sich in das Mädchen verliebte. Durch seinen Dolmetscher bat er ihren Vater um ihre Hand und sagte: ,Verlange von mir, was du willst; sogar mein Reich will ich dir zur Hälfte geben.'«

Hengist ließ sich das nicht zweimal sagen: »Und so wurde das Mädchen mit Vortigern vermählt, und er schlief mit ihr und liebte sie innig.« Nennius, der dieses Ereignis überliefert, fügt hinzu: »Und so holte Hengist mehr und mehr Kriegsboote herüber, bis die Inseln, von denen sie kamen, entvölkert waren, und sein Volk, das sich in Canterbury niederließ, an Zahl und Stärke wuchs.«

Die Partei des Ambrosius schlug Alarm, und ein Bürgerkrieg brach aus, der schließlich in jenem Blutbad endete, dem zur Erinnerung man angeblich Stonehenge errichtete: »Die Versammlung [die einen Frieden aushandeln sollte] wurde einberufen, und die Sachsen, freundlich mit Worten, aber wie Wölfe in ihrem Herzen und in ihrer Tat, nahmen ihre Plätze ein, ein jeder neben einem Briten. Da stieß Hengist, wie es abgemacht war, einen Schrei aus, und all die dreihundert Adligen, die mit Vortigern gekommen waren, wurden getötet; allein der König blieb verschont und wurde gefangengesetzt. Um sein Leben zu retten, trat er mehrere Gebiete ab, nämlich Essex und Sussex.«

Die Überlebenden flüchteten, die einen nach Wales und Cornwall, die anderen nach Gallien, in die Bretagne, wo ihre Nachfahren noch heute leben. An die Stelle Vortigerns, der – wiewohl er an dem Massaker unschuldig war – nun endgültig ausgespielt hatte, trat nun Ambrosius Aurelianus, der als rechtmäßiger Erbe seinem Vater auf den Thron folgte. Er ließ – angeblich – das Denkmal für die Gefallenen errichten, und damit wären wir bei Merlin und Uther.

Der eine wies sich als Baumeister aus, der andere als sein Gehilfe. Er war außerdem, so vermerkt Geoffrey, der Bruder des Königs, dessen Nachfolge er schließlich antrat. Leider gibt es dafür keine weitere verläßliche Quelle, wiewohl der Name Uther auch an anderer Stelle auftaucht. Er hieß eigentlich – wir entsinnen uns – Uther Pendragon, wohinter sich ein Hinweis auf jene Prophezeiung verbirgt, die Merlin dem todgeweihten Vortigern kundtut: der Rote und der Weiße Drachen kämpfen miteinander, und erst der Eber wird den Kampf entscheiden. Dieser Eber aber, der »Eber von Cornwall«, ist kein anderer als Artus.

Cornwall als die Geburts- und Wirkungsstätte dessen, der die Welt wieder ins rechte Lot bringen wird, ist neben Wales der einzige Ort, von dem aus eine Rückeroberung Britanniens erfolgen konnte. Hier hatten auch schon zu Zeiten der Römer die Kelten ihre Eigenständigkeit bewahrt. Und Merlin war kein anderer als einer jener Druiden, die die Weisheit ihres Volkes behüteten.

So ist der Gedanke nicht abwegig, daß ein Mann wie Merlin tatsächlich die treibende Kraft hinter dem Widerstand der Briten war: Er bestimmte ein Kind, das angeblich übernatürlicher Abstammung war – also die Projektion seiner eigenen Geburt, so wie sie Geoffrey überliefert, auf den, welchen die Welt als Heiland erwartet –, und flößte ihm sein Wissen und Ränkespiel ein, auf daß er seiner Aufgabe gerecht werde. Von einem Drachen gezeugt, zu einem Eber erzogen, das entspricht keltischer Vorstellungswelt: »Ob der Held einen irdischen Vater hat oder nicht, er wird gewöhnlich von einem anderen gezeugt – einem König, einem Mann anderer Rasse oder einem übernatürlichen Wesen.« So schreiben Rees und Rees in einer Untersuchung über *Das keltische Erbe*. Und weiter: »Der Held wird in den meisten Fällen ‚illegitim‘ empfangen.« Das heißt: »Wenn die Mutter verheiratet ist, wird er in einer Weise gezeugt, die man normalerweise als Ehebruch bezeichnen würde, und die Ungesetzmäßigkeit der Verbindung wird oft noch betont durch Gewalt und Betrug.«

Auf diese Weise mit dem rechten Image ausgestattet, konnte der Retter auf die Treue und Gefolgschaft seiner Untergebenen zählen. Für die Zeitgenossen des Artus, die der keltischen Tradition verhaftet waren, mag das ausgereicht haben. Aber in einer späteren Zeit, als man die Taten des legendären Königs als Ideal des Rittertums darstellte, dachte man anders darüber. So heißt es in einer Fassung des *Parzival* aus dem 13. Jahrhundert: »König Uther Pendragon hatte Merlin bei sich, von dem ihr gehört habt; er war ein gerissener Bursche. Er verwandelte ihn in das Abbild des König Gorlois, so daß er mit der listenreichen Hilfe Merlins hineingelangte und in jener Nacht bei der Königin lag und so König Artus in einer großen Halle zeugte, die dicht neben der Mauer stand, wo sich dieser Abgrund befindet. Und wegen dieser Sünde ist das Land in dieser Weise eingesunken.«

Der entrüstete Dichter bezieht sich auf die Landenge, die Tintagel mit dem Festland verbindet. Sie ist in der Tat eingesunken, und die große Halle, in der sich das verwerfliche Ereignis zutrug, ist wirklich an ihrem äußeren Ende zerstört. Nur, jene Burg, in der angeblich König Artus seinen Anfang nahm, war wie gesagt zu der Zeit, als es geschah, noch gar kein Gedanke. Ambrosius, und wer immer ihm nachfolgte, lebte im 5. Jahrhundert; Tintagel, so wie wir es heute finden, datiert aus dem 12. bis 14. Jahrhundert. Wie konnte Geoffrey – und auf ihn geht die Geschichte zurück – Artus (und seine Welt) mit Tintagel (und dem Rittertum) in Verbindung bringen?

Im einzelnen, und zwar was den historischen Rahmen anbetrifft, werden wir auf diese Frage noch zurückkommen. An dieser Stelle wollen wir uns auf den Ort des eigentlichen Geschehens beschränken. Offensichtlich ist, daß Geoffrey

Tintagel nicht zufällig erwähnt. Denn zu der Zeit, als er seine Geschichte über die britischen Könige schrieb, rückte auch Tintagel in den Blickpunkt der Öffentlichkeit, denn Reginald, der mit dem Herzogtum von Cornwall belehnt worden war, begann mit dem Bau der Feste. Geoffrey mag davon durch Robert, Earl of Gloucester, der wie Reginald ein unehelicher Sohn von Heinrich I. war und Geoffrey offenbar förderte, denn er widmet ihm seine Arbeit, erfahren haben. Es ist aber auch nicht ausgeschlossen – und die genaue Beschreibung der Örtlichkeit, wie Geoffrey sie gibt, läßt das vermuten –, daß Geoffrey auch selbst Tintagel besuchte. Dabei muß ihm freilich aufgefallen sein, daß sein Held hier schwerlich seinen Ursprung haben konnte, denn bevor Reginald mit seinem Bau begann, war hier nichts. Oder?

»Auf der Höhe der Insel, in der Nähe der normannischen Kapelle, und auf der nordöstlichen Seite des Felsens befindet sich eine Reihe rechteckiger, aus einfachen Steinen erbauter Kammern. Einige davon wurden zerstört, als die Kapelle im 12. Jahrhundert erbaut wurde, und datieren somit aus einer Zeit, die vor der ersten Normannischen Periode liegt. Mehrere in den Felsen gehauene Gräber in der Nähe der Kapelle stammen aus derselben Epoche. Die Gegenstände, die in diesen Ruinen gefunden wurden, deuten darauf hin, daß es sich hierbei um eine keltische Mönchssiedlung handelte, in der Art, wie sie aus Irland und Wales bekannt sind.«[17]

Radford, der diese Entdeckung machte, datierte die Klosteranlage in die Periode zwischen 350 und 850 n. Chr. Das ist zwar ausreichend, um darin auch Artus unterzubringen, der in die Zeit um 500 n. Chr. zu datieren ist; doch wird er schwerlich in einem Kloster geboren worden sein, geschweige denn an einem solchen Ort in Sünde empfangen. Immerhin, Geoffrey kommt der Sache ziemlich nahe, und die Reste der klösterlichen Anlage, die damals sicher noch besser als heute erhalten waren, mögen ihn letztlich dazu veranlaßt haben, zumal er ihre ursprüngliche Bedeutung ja nicht kannte, an diesem Ort, der immerhin mit dem Nimbus des Geheimnisvollen und Bedeutsamen behaftet war, das große Ereignis anzusiedeln.

Was er nicht wußte – und was auch Radford, der vor einem halben Jahrhundert in Tintagel grub, verborgen blieb –, ist die Tatsache, daß die »Gegenstände«, die im Bereich des Klosters gefunden wurden und bei denen es sich um eine bestimmte Keramikart handelte, *nicht* dasselbe Alter wie die klösterliche Anlage haben. Sie werden vielmehr aufgrund neuerer Untersuchungen mit einer Hügelfeste in Verbindung gebracht, die früher als das Kloster dort gestanden haben muß. Da dieses in die Endphase der von Radford genannten Periode fällt, bleibt für die Feste genau der Zeitpunkt, an dem Artus das Licht der Welt erblickte. Kann es sein, daß Geoffrey doch von einer alten Überlieferung wußte?

Ein göttliches Zeichen

Nach dem Tode Uther Pendragons versammelten sich die Führer der Briten aus den verschiedenen Provinzen in der Stadt Silchester und schlugen dort Dubricius vor, dem Erzbischof der Legionenstadt, daß er Artus, den Sohn Uthers, zum König krönen sollte. Es geschah dies aus einer Notwendigkeit heraus, denn sobald die Sachsen vom Tode König Uthers erfuhren, holten sie ihre Landsleute aus Germanien herüber, ernannten Colgrin zu ihrem Führer und setzten alles daran, die Briten auszumerzen. Sie hatten bereits den ganzen Teil der Insel überrannt, der sich vom Humber bis zum Meer von Caithness erstreckt.«[18]

Uther starb im fünfzehnten Lebensjahr des Artus. In der Zwischenzeit hatte es ständig Krieg gegeben, wiewohl es Uther schließlich gelang, die Sachsen zurückzuschlagen. Aber selbst dann gaben die Eindringlinge nicht auf: Sie schickten Verräter an den Hof des Königs, die versuchen sollten, ihn zu töten, was ihnen auch gelang, indem sie einen Brunnen vergifteten, aus dem der König zu trinken pflegte. Er wurde im »Ring der Riesen« beigesetzt.

Artus war in der Zwischenzeit für seine zukünftige Aufgabe sorgfältig vorbereitet worden. Geoffrey allerdings macht darüber keine Angaben. Er schreibt lediglich: »Artus war erst fünfzehn Jahre alt; aber er zeichnete sich durch überragende Tapferkeit und Edelmut aus, und seine natürliche Güte verlieh ihm eine solche Anmut, daß ihn fast alle gern hatten.« Aufschlußreicher ist Malory, wiewohl er aus der Perspektive des Hohen Mittelalters schreibt:

»Da kam Merlin und sagte zum König: ‚Herr, Ihr müßt für die Aufzucht Eures Kindes sorgen.‘ – ‚Ihr habt Recht‘, sagte der König. ‚Was ist zu tun?‘ – ‚Nun‘, sagte Merlin, ‚ich kenne einen Edelmann aus Eurem Reich, der sich durch außerordentliche Treue und Rechtschaffenheit auszeichnet; ihm solltet Ihr Euer Kind anvertrauen. Sein Name ist Sir Ector, und er ist Gebieter über große Ländereien in England und Wales. Laßt ihn rufen und sprecht mit ihm, und da er Euch ergeben ist, bittet ihn, daß er sein eigenes Kind in die Obhut einer anderen Frau gibt und daß sein Weib Eures nährt. Und wenn das Kind geboren wird, laßt es mir an der Hintertür aushändigen, noch ehe es getauft ist.'«[19]

Und wie Merlin dem König empfohlen, geschah es:

»Als die Königin entbunden wurde, trug der König zwei Rittern und zwei Edelfräulein auf, das Kind in ein goldgewirktes Tuch zu wickeln und ‚es jenem alten Mann, den ihr am hinteren Ausgang des Schlosses trefft, auszuhändigen'. So wurde das Kind Merlin übergeben, und er brachte es Sir Ector und ließ es durch einen heiligen Mann taufen und gab ihm den Namen Artus; und Sir Ectors Weib nährte das Kind mit ihrer eigenen Milch.«[20]

Als der König nun aus dem Leben schied und große Unruhe über das Land kam, machte sich Merlin auf, damit die Verheißung, von der er wußte, in Erfüllung gehe:

»Lange Zeit stand das Reich in großer Gefahr, denn ein jeder sammelte Leute um sich und gar mancher wollte König werden. Da ging Merlin zum Erzbischof von Canterbury und riet ihm, all die Großen des Reiches und alle Ritter zusammenzurufen, auf daß sie zur Weihnacht nach London kämen, und wenn sie nicht kämen, sie mit dem Bann zu belegen; und sie sollten aus folgendem Grunde kommen: daß Jesus, der in dieser Nacht geboren ward, in seiner Gnade ihnen ein Wunder offenbare. So wie ER einst König über die Menschheit geworden war, so wolle er zeigen, wer rechtmäßig König über dieses Reich sei. Und so ließ der Erzbischof auf den Rat Merlins hin alle Fürsten und Herren herbeirufen, auf daß sie sich am Heiligabend in London einfänden. Und gar mancher reinigte seine Seele, damit seine Gebete Gott wohlgefällig seien.«[21]

Die Großen und Mächtigen, wiewohl sie untereinander zerstritten waren, gehorchten dennoch einer, der höchsten Macht und strömten herbei, voller Hoffnung und Neugier zu sehen, was es mit dem Wunder wohl auf sich habe:

»So versammelten sich alle schon früh am Morgen in der größten Kirche Londons … Und als das Morgengebet und die erste Messe vorüber waren, gewahrte man im Hof, neben dem Hochaltar, einen großen viereckigen Stein, der einem Marmorblock glich; darauf befand sich in der Mitte eine Erhöhung aus Eisen wie ein Amboß, und darin steckte mit bloßer Klinge ein prächtiges Schwert, und Worte waren in Gold darauf geschrieben, die lauteten: ‚Wer dieses Schwert aus diesem Stein und Amboß zieht, der ist nach Geburt und Abstammung der rechtmäßige König von England!' Als die Versammelten das sahen, wunderten sie sich sehr und gingen sogleich zum Erzbischof.«[22]

Der weist sie zurecht und bedeutet ihnen, sich nicht vom Fleck zu bewegen: »Ihr bleibt in der Kirche und betet still zu Gott! Daß mir keiner das Schwert berührt, ehe das Hochamt zu Ende ist!«

Er kannte seine Schäfchen, denn obwohl sie alle brav in die Kirche kamen und sogar ihren Sünden abgeschworen hatten, waren sie im Grunde doch nur an einem interessiert: Wer von ihnen würde König werden?

Doch niemand wagte, sich dem Gebot des wackeren Hirten zu widersetzen, und so harrte man denn geduldig aus, bis auch die letzte Messe gelesen war, ehe man sich dem eigentlichen Anliegen zuwandte:

»Und als alle Messen vorüber waren, machten sich die Fürsten auf, um den Stein und das Schwert zu betrachten. Und wie es die Inschrift verhieß, versuchten sie ihr Glück, um zu sehen, wer König sein würde. Aber niemand konnte das Schwert bewegen, geschweige denn, es herausziehen.«[23]

Der Erzbischof riet ihnen zu warten; es sei wohl keiner unter ihnen, der das Zeug zum König hätte. Man solle ein Turnier veranstalten, zu dem alle Ritter geladen werden sollten. Sicher werde einer dabei sein, auf den die Wahl Gottes fiele.

Und so geschah es: am Neujahrstag versammelten sich alle Ritter vor den Toren der Stadt. Auch Sir Ector war unter ihnen, mit seinen beiden Söhnen, Sir Kay und Artus. Ersterer, der kürzlich zum Ritter geschlagen worden war, hatte unglücklicherweise sein Schwert vergessen, und so erbot sich Artus, es für ihn zu holen.

Aber in der Stadt, wo Sir Ector ein stattliches Anwesen besaß, traf Artus keine Seele. Alle waren auf den Turnierplatz geströmt, um dem illustren Schauspiel beizuwohnen.

»Da war Artus gar ärgerlich und sagte sich: ‚Ich werde zur Kirche reiten und das Schwert holen, das in dem Stein steckt, damit mein Bruder Sir Kay nicht auf sein Schwert verzichten muß.' Und als er in den Kirchhof kam, saß er ab und band sein Pferd an einen Pfosten. Niemand war da, der das Schwert bewachte, denn sie waren alle beim Turnier. Da faßte er das Schwert am Griff und zog es mit einem kräftigen

Ruck heraus. Dann bestieg er sein Pferd und ritt zu seinem Bruder Kay und übergab ihm das Schwert.«[24]

Sir Kay erkannte sogleich, daß es das wundersame Schwert war, und zierte sich nicht, sich als zukünftiger König zu brüsten. Sir Ector, der dem Frieden nicht traute, nahm seine beiden Söhne und ging mit ihnen in die Kirche. Dort mußte Kay die Hand auf die Bibel legen und die Wahrheit sagen.

Noch immer nicht zufrieden, führte er seine Sprößlinge hinaus auf den Hof, auf daß er mit eigenen Augen sehe, was sie ihm erzählten. Nachdem sie das Schwert wieder hinein-

Turnierszene aus einer französischen Artus-Dichtung. Die Damen sitzen auf der Tribüne und hoffen, daß ihrem jeweiligen Favoriten nichts zustößt. Die Turniere wurden im 14. Jahrhundert mehr und mehr von den Tjosten abgelöst, die in der Regel nicht tödlich ausgingen.

gesteckt hatten, versuchte er es zunächst selbst: das Schwert bewegte sich nicht. Dann Kay, auch er hatte kein Glück.

»›Nun versuch du es‹, sagte Sir Ector zu Artus. ›Gut‹, sagte Artus und zog es ohne Mühe heraus. Da kniete Sir Ector vor ihm nieder, und auch Sir Kay.«[25]

Die anderen aber, die Fürsten und Herzöge, gaben sich so schnell nicht geschlagen. Schließlich, wer war denn dieser Artus?

»Da gingen sie [Sir Ector und seine Söhne] zum Erzbischof und erzählten ihm, wie sie zum Schwert gekommen seien und wem sie es verdankten. Und als der Dreikönigstag kam, versammelten sich all die Fürsten und Edelleute, um zu sehen, wer denn nun das Schwert bezwingen würde. Aber niemand schaffte es außer Artus, was gar viele verärgerte; denn, so meinten sie, es sei eine große Schande für sie alle und das Reich, von einem Jüngling regiert zu werden, der von keiner hohen Abkunft sei, und sie stritten miteinander und beschlossen, die Sache bis Lichtmeß zu vertagen.«[26]

Daß er der Sohn König Uthers war, wußte keiner. Selbst Artus erfuhr es erst, als der, den er bislang für seinen Vater gehalten hatte, vor ihm niederkniete und ihm die Wahrheit beichtete. Worauf Artus »in großes Wehklagen ausbrach«.

Die Fürsten, die zwar das Zeichen, das als Wunder galt, gesehen hatten, es dennoch aber nicht anerkannten, kamen also erneut zum Fest der Lichter zusammen. Aber auch diesmal war Artus der einzige, der die Prüfung bestand. »Ostern!« riefen einige. »Ostern treffen wir uns wieder!«

Und so wartete man bis Ostern, mit dem gleichen Ergebnis. Wieder war Artus der Sieger, und noch immer gab man sich nicht zufrieden. Der nächste Termin war Pfingsten.

Da meinte Merlin, das sei zu riskant. In der Zwischenzeit könne so allerhand geschehen, da schließlich die Wunder immer die gleichen seien. So ließ er denn Artus Tag und Nacht bewachen, von den treuesten Rittern, die schon Uther gedient hatten. Und so wurde es denn Pfingsten:

»Und als das Pfingstfest kam, versammelten sich aller Art Leute, um zu versuchen, ob sie das Schwert herausziehen könnten. Aber niemandem gelang es außer Artus, der es vor allen, den Fürsten und Gemeinen, herauszog, worauf das Volk rief: ›Wir wollen Artus zu unserem König! Wir werden ihn nicht mehr hindern, denn wir sehen darin alle Gottes Wille, daß er unser König wird, und wer sich dem widersetzt, den erschlagen wir.‹ Und als sie das gesagt hatten, knieten sie alle nieder, Reich und Arm, und baten Artus um Vergebung, daß sie ihn so lange verkannt hatten. Und Artus vergab ihnen und nahm das Schwert mit beiden Händen, hielt es hoch und weihte es dem Altar, wo der Erzbischof stand, und wurde so zum Ritter geschlagen, von dem höchsten aller, die dort versammelt waren.«[27]

Und damit es sich keiner noch einmal anders überlegte, wurde Artus gleich auch noch zum König gekrönt:

»Und sogleich wurde die Krönung vollzogen. Und er mußte schwören, Adel und Gemeinen ein wahrer König zu sein und ihnen mit Gerechtigkeit bis zum Tode zu dienen.«[28]

Excalibur

Die Inthronisierung Artus' erfolgte also nicht ohne Widerstand, und es erhebt sich die Frage, warum sein Thronrecht nicht anerkannt wurde. Malory hat es bereits kurz angedeutet: es wußte niemand, außer Sir Ector und Merlin, daß Artus der Sohn König Uthers war. Man bezichtigte ihn niederer Herkunft und war im übrigen nicht geneigt, sich einem Jüngling unterzuordnen.

Aus den Quellen geht nicht eindeutig hervor, warum Artus sozusagen bei Nacht und Nebel von der Bildfläche verschwand. Geoffrey of Monmouth erwähnt ihn zunächst gar nicht mehr; bei ihm taucht er nach dem Bericht über seine Zeugung erst wieder bei seiner Krönung auf. Allerdings ist es hier der Wunsch der Briten, Artus auf den Schild zu heben, denn die Gefahr droht nicht so sehr von innen, sondern von außen: Die Sachsen stehen erneut vor der Tür. Dies kommt – wie wir noch sehen werden – den historischen Tatsachen näher, wiewohl es durchaus auch Streitigkeiten in den eigenen Reihen gegeben haben mag, die jedoch durch die größere Gefahr überschattet wurden.

Malory stellt die Uneinigkeit unter den Briten in den Vordergrund und schlichtet den Streit durch die wundersame Ernennung Artus'. Wie Geoffrey, der die Tradition seiner Heimat Wales gegen das Vordringen des Normannentums verteidigen wollte, so verfolgte auch Malory mit seinem Werk, das er *Morte d'Arthur* nennt, ein politisches Ziel: Er lebte in der Zeit der Rosenkriege, eines blutigen Bürgerkrieges, der England an den Rand des Abgrundes brachte. Wie einst in der Sage vom Kampf der Drachen standen sich auch diesmal zwei Symbole gegenüber: die Rote Rose, die das Haus von Lancaster bezeichnete, und die Weiße Rose, die jenes von York darstellte. Es ging um die Thronfolge, auf die beide Häuser Anspruch hatten, und der Kampf wurde erst nach dreißigjährigem Ringen entschieden.

Auch hier also die Suche, die Sehnsucht nach einer heilen Welt, nach einem Retter, Erlöser, der aus dem Chaos des Krieges eine neue Ordnung schafft. Dies ist die Bedeutung, welche die Legende um König Artus schon damals hatte, sozusagen eine Transponierung der wahren, historischen Gestalt in den Kontext des 15. Jahrhunderts, nicht anders, als es in unseren Tagen geschieht.

Damit erfährt die Legende eine weitere Verzerrung: Sie wird in den Dienst einer politischen Ideologie gestellt, zugleich aber auch, damit sie um so wirksamer ist, dem Geschmack der Zeit angepaßt. Das heißt – und das gilt auch für Geoffrey, wiewohl er dem ursprünglichen Geschehen näherstand –, daß König Artus und seine Ritter eigentlich nicht Vertreter des frühen, sondern des hohen oder gar späten Mittelalters sind. So wird verständlich, daß von »Burg« und »Schloß« die Rede ist, von »Turnieren« und »Edelfräulein«, obwohl es all dies, das wir mit dem Wesen des Rittertums schlechthin verbinden, in der Zeit, als König Artus lebte, noch gar nicht gab. Am Beispiel Tintagels wurde das bereits deutlich, die Umstände, die angeblich zur Krönung von Artus führten, sind ein weiteres Indiz.

Dennoch, die späteren Ergänzungen, Ausschmückungen und Abwandlungen zu verschweigen, hieße der Legende, so wie sie auf uns gekommen ist, nicht gerecht werden. Denn Artus und seine Welt sind nun einmal, in unserer Vorstellung, durch das Rittertum geprägt, und würden wir uns nur auf die Aussage von Geoffrey – und die, auf die er sich stützte – verlassen, hätten wir zwar einen authentischeren Artus vor Augen, nicht aber den, den wir eigentlich meinen. Dieser, unser Artus ist ein Ritter, in der vollen Pracht seiner Rüstung, gottgeweiht und dem Volke dienend. Kein Krieger, kein Barbar, der im finstersten Mittelalter kämpfte.

Es gilt also festzuhalten, daß Artus, so wie er uns erscheint, eine komplexe Gestalt ist, die sich aus mehreren Bildern, die verschiedenen Traditionen entstammen, zusammengesetzt ist, und daß wir den *wahren* Artus eigentlich gar nicht meinen. Denn er wäre eine Enttäuschung, wie wir noch sehen werden.

Vor diesem Hintergrund wird es uns leichter fallen, unsere eingangs gestellte Frage zu beantworten. Was geschah mit Artus, als er Merlin heimlich übergeben wurde? Einmal – und das deutet Malory an – bestand die Gefahr, daß die Geburt des Kindes so kurz nach dem Tode Gorlois' einen

Schatten auf seine Herkunft werfen könnte: schließlich war er schon *vor* der Hochzeit, die auf den Tod Gorlois' folgte, gezeugt worden, und selbst Ygerna, die Mutter des Kindes, war sich nicht sicher, wer denn nun eigentlich der Vater sei. Auf die Frage Uthers, wem sie es verdanke, daß sie »von Tag zu Tag größer wurde«, wußte sie nur zu antworten, daß ihr in jener Nacht, zur selben Stunde, als ihr Mann starb, ein anderer in seiner Gestalt erschienen sei; und mit ihm sei sie zu Bett gegangen, wie es sich für eine Ehefrau gezieme, und dabei habe sie das Kind empfangen, so wahr ihr Gott helfe. Worauf Uther sie beruhigte – und sich selbst –, indem er ihr das erzählte, was wir schon wissen. Die Königin aber war »sehr froh, als sie hörte, wer der Vater des Kindes war«.

Im Gegensatz zu Geoffrey, der in einer Zeit lebte, als man auf derlei Feinheiten noch nicht so achtete, mußte Malory sehr wohl auf die geschärften Empfindungen seiner Leser Rücksicht nehmen; es ging nicht an, zumal wenn man die tatsächlichen Wirren des Rosenkrieges vor Augen hatte, daß ein Bastard König wurde.

Das war der eine Grund. Zum andern war es in den Kreisen des Adels ohnehin üblich, die Kinder früh aus dem Hause zu geben. Die leibliche Mutter pflegte ihr Kind nicht selbst zu nähren, sondern überließ es einer Amme, in deren Obhut es aufwuchs. Mit sieben Jahren wurden die Knaben in den Dienst eines fremden Herrn gegeben, der für die Erziehung und Ausbildung zu sorgen hatte. Ab dem vierzehnten Lebensjahr, wenn der Jüngling in den Status des Knappen überwechselte, begann die eigentliche militärische Ausbildung. Er mußte sich nun im Reiten, Jagen und Kämpfen üben; lernte mit Schwert, Streitaxt und Lanze umzugehen und folgte seinem Herrn in den Krieg, wo er aber nur eingreifen durfte, wenn dieser in tödlicher Gefahr war.

Hatte der Knappe das Handwerk des Krieges erlernt – und genoß er einen guten Leumund –, so wurde er zum Ritter geschlagen, eine heilige Handlung, bei der er schwören mußte, Gott, seinem Herrn und dem Volk zu dienen. Er erhielt Schwert und Rüstung und war nun Mitglied eines Standes, der bis zum Ausgang des Mittelalters tonangebend war. Denn nicht nur den Kriegsdienst erlernte ein Knappe, er übte sich auch in den Künsten, Musik und Poesie und trug damit zur Herausbildung jenes Lebensstils bei, den man als das eigentliche Rittertum bezeichnet hat. Wir werden darauf zurückkommen.

Der Ritterschlag erfolgte gewöhnlich im Alter von einundzwanzig Jahren. Aber es kam auch vor, daß man schon früher mit dieser Ehre ausgezeichnet wurde, sei es vor einem Kriegszug oder als Belohnung für besondere Tapferkeit. Auch die Nachfolge eines Erbes war häufig mit dem Ritterschlag verbunden, erwies man sich dadurch doch – oder wurde dazu verpflichtet – seiner Aufgabe würdig. Das trifft auch für das Königtum zu, mußte der Herrscher doch zumeist auch ein guter Heerführer sein.

Kampfszene aus einer französischen Artus-Dichtung des 14. Jahrhunderts.

Bei Artus verbanden sich Ritterschlag und Krönungszeremoniell. Es war eine Zeit der Unruhe, Feinde drohten von innen und standen vor den Toren, und es mußte eine Autorität geschaffen werden, die dem Chaos Einhalt gebot. Der Segen der Kirche war dazu unerläßlich.

Malory sieht dabei keinen Gegensatz zwischen Merlin, dem geheimnisvollen Zauberer und Wahrsager, und den eigentlichen Amtsträgern der Kirche. Sie arbeiten Hand in Hand, um die Ruhe wiederherzustellen. Dabei ist Merlin eigentlich ein heidnischer Priester; seine Wurzeln liegen im Keltentum, und das Wunder, das Artus als König bestätigt, geht letztlich – wiewohl es als göttliche Offenbarung dargestellt wird – auf seinen Ratspruch zurück.

Als Lohn für seine Hilfe, die er Uther gewährte, verlangt er dessen Sohn, damit er ihn nach seinem Willen erziehe. Das ist der dritte Grund, warum Merlin das Kind, kaum daß es geboren ist, in seine Obhut nimmt. Er weiß um die Prophezeiung; ihm obliegt es, daß sich die Verheißung erfüllt.

Malory war sich ebenso wie diejenigen, auf die er sich stützte – im wesentlichen Franzosen, wie wir noch sehen werden –, der eigentlichen Bedeutung Merlins sicher nicht bewußt. Und doch finden wir auch bei ihm gelegentlich einen Hinweis, der den wahren Ursprung der Geschichte erkennen läßt. Als es nach der Krönung erneut zu Streitigkeiten kommt und die Fürsten die Hand gegen den König erheben, gibt der Magier seinem Schützling folgenden Rat:

»,Herr', sagte Merlin zu Artus, ,kämpfe nicht mit dem Schwert, das Euch durch ein Wunder gegeben; es sei denn, Ihr seid in wirklicher Not, dann zieht es und gebt Euer Bestes.'

Da griff der König die Stellung der Feinde an. Und Sir Baudwin, Sir Kay und Sir Brastias kämpften zur Rechten und zur Linken, daß es eine Freude war, und König Artus auf seinem Pferde setzte ihnen so zu, daß selbst seine Feinde ihn bewunderten. Da scherte König Lot aus, der König mit den hundert Rittern, und König Carados, und gemeinsam griffen sie Artus im Rücken an. Der König kämpfte nun nach beiden Seiten, schlug sie vorn und hinten, und immer war er seinen Feinden voraus, bis sie ihm das Pferd unter dem Sattel erschlugen. Da warf ihn König Lot zu Boden. Aber die Getreuen des Königs waren bei ihm und setzten ihn auf ein neues Pferd. Und nun zog er sein Schwert Excalibur, aber es blendete seine Feinde so sehr, daß es schien, als leuchteten dreißig Fackeln. Und so drängte er sie zurück und erschlug ihrer gar viele. Und das Volk von Caerleon eilte herbei mit Keulen und Knüppeln und schlug auf sie ein, bis sie es vorzogen, sich zu sammeln und zurückzuziehen. Da kam Merlin und sagte zu Artus, er solle sie nicht weiter verfolgen.«[29]

Excalibur ist das Wunder, dem Artus seine Würde als König verdankt. Er allein schaffte es, das Schwert aus dem Stein zu ziehen, der in dem Hof der Kirche stand, und mit seiner Hilfe gelingt es auch diesmal, den Thron zu bewahren.

Ein Licht flammte auf, das die Feinde blendete, so beschreibt es Malory. Und er gibt dem Schwert den Namen Excalibur. Bei Geoffrey of Monmouth finden wir statt dessen Caliburn, und das bringt uns dem Geheimnis näher. Heißt das gleiche Schwert doch in den *Mabinogion*, den mythischen Erzählungen aus Wales, Caledvwlch, wobei anzumerken ist, daß im Walisischen v häufig wie b klingt und w wie o gesprochen wird, so daß die Ähnlichkeit noch deutlicher wird. Und hinter der Endung -bolch des walisischen Wortes verbirgt sich ein Stammwort aus dem Indogermanischen: das Wörtchen bhel, das »Blitz« heißt. Und aus diesem bhel machten die Waliser Beli, was der Name für eine Gottheit ist, die über Blitz und Donner herrscht. Artus hatte also in der Tat eine machtvolle Waffe.

Die erste Schlacht

Bei Malory wendet Artus sein wundersames Schwert erstmals im Kampf gegen die eigenen Vasallen an, die ihm den Gehorsam verweigern. Geoffrey hingegen sieht den Kampf in den eigenen Reihen als zweitrangig an: Für ihn ist der wahre Feind der Sachsenführer Colgrin, der den Streit um die Thronfolge nützt, einen neuen Anlauf zur Unterwerfung Britanniens zu unternehmen.

Malory projiziert die Wirren seiner eigenen Zeit in seine Geschichte. Geoffrey stützt sich auf historische Berichte, die bis in jene Zeit zurückgehen, als Artus angeblich lebte. Und der Kampf zwischen den Briten und Sachsen, die bei Geoffrey für alle Invasoren schlechthin stehen, also auch die Angeln und Jüten, war in der Tat ein Ereignis von weitreichender Bedeutung. Es entschied sich das künftige Schicksal Britanniens, und in diesem Kampf nimmt die Gestalt des Artus eine Schlüsselrolle ein.

Wir kehren deshalb zu dem eigentlichen Chronisten zurück, um an Hand seines Berichtes das Rätsel um die wahre Identität des Artus zu klären. Geoffrey zufolge gelingt es Artus zunächst, Colgrin und seine Mannen in der Stadt York einzuschließen. Nachdem dieser jedoch Verstärkung erhält, indem ein weiteres Heer unter dem Sachsenführer Cheldric in Britannien einfällt, sieht sich Artus gezwungen, die Belagerung aufzugeben und dem Beispiel seiner Feinde zu folgen und seinerseits Hilfe vom Festland herbeizurufen. Schließlich gibt es in der Bretagne Verwandte der Briten, und Hoel, der derzeitige König der Bretonen, ist zudem ein Vetter des Artus, der Sohn einer Schwester des Aurelius Ambrosius, der seinerseits ein Bruder des Uther war.

Mit Hilfe der Bretonen gelingt es Artus, die Sachsen, die inzwischen die Stadt Lincoln belagern, zu besiegen, wobei er ihnen schwere Verluste zufügt; Geoffrey spricht von 6000 Gefallenen auf seiten des Feindes. Dann folgt er dem Rest, der in einen Wald flüchtet, und versucht sie auszuhungern, indem er Bäume fällt und damit einen Ring um sie legt. Die Sachsen bitten um Gnade, bieten Beute und Geiseln an und versprechen, in ihre Heimat zurückzukehren und ihm fortan Tribut zu zahlen, wenn er ihnen freien Abzug gewährt.

Artus läßt sich auf den Vorschlag ein, und die Sachsen ziehen zu ihren Booten, doch kaum sind sie auf See, da machen sie kehrt, landen in Cornwall und ziehen mordend und plündernd durch das Land, bis sie die Stadt Bath erreichen, seit den Römern ein wohlhabender Ort, der Aussicht auf reiche Beute verspricht.

Als Artus von dem Verrat erfährt, läßt er die Geiseln hängen und eilt dem Feind entgegen, um ihn zur Rechenschaft zu ziehen:

»Obwohl die Sachsen, deren Name allein schon eine Beleidigung des Himmels ist und von allen Menschen verachtet wird, ihre Treue zu mir gebrochen haben, werde ich meinem Gott treu sein. An diesem Tag werde ich alles daransetzen, das Blut, das sie unter unserem Volk vergossen haben, zu rächen. Nehmt eure Waffen, Männer, und greift diese Verräter mit all eurer Kraft an! Mit Gottes Hilfe werden wir siegen, und niemand kann daran zweifeln.«[30]

Mit diesen Worten feuerte Artus seine Soldaten an, als sie die Stadt erreichten, die der Feind belagerte, und auch Dubricius, der Erzbischof, unterzog sich der Mühe, auf einen Hügel zu klettern, um der versammelten Streitmacht der Briten seinen Segen zu geben.

»Und angespornt von den Worten dieses heiligen Mannes beeilte sich ein jeder ohne Zögern, seine Rüstung anzulegen und dem Aufruf Dubricius' zu folgen.

Artus selbst legte sich ein prächtiges Lederwams an, wie es einem so großen König geziemt. Auf seinen Kopf setzte er einen Helm aus Gold, der mit einem Aufsatz in Form eines Drachen geschmückt war, und über der Schulter trug er einen runden Schild, der Pridwen genannt wurde und mit dem Bildnis der Gesegneten Maria, der Mutter Gottes, bemalt war, was ihn daran erinnern sollte, ständig an sie zu denken. Gegürtet war er mit seinem Schwert Caliburn, das auf der Insel Avalon geschmiedet ward. Eine Lanze, Ron genannt, hielt er in der rechten Hand: Ihre Klinge war lang und breit und dürstete nach Kampf.«[31]

Derart gerüstet, brachte Artus seine Truppen in Kampfesstellung, und dann griffen sie an. Es entspann sich ein erbittertes Ringen, das sich den ganzen Tag über hinzog:

»Die Sachsen leisteten tapferen Widerstand, obwohl die Briten in einem fort angriffen. Schließlich, als es Abend wurde, zogen sich die Sachsen auf einen nahen Hügel zurück, wo sie ein Lager errichteten. Ihre Zahl war so groß und der Hügel so steil, daß sie sich in Sicherheit wähnten.

Doch als der nächste Tag anbrach, setzte Artus erneut zum Sturm an und erreichte die Spitze, nicht ohne große Opfer. Denn die Sachsen, die nur den Hügel hinabzulaufen brauchten, während die Briten sich langsam heraufarbeiten mußten, fügten ihnen schwere Verluste zu. Dennoch schafften es die Briten, und als sie die Höhe erreicht hatten, entspann sich ein blutiges Handgemenge. Die Sachsen standen Schulter an Schulter und setzten alles daran, den Angriff abzuwehren.«[32]

Ihr Widerstand war so erfolgreich, daß auch diesmal ein Sieg nicht abzusehen war:

»Als der Tag sich ohne Entscheidung hinzog und sich seinem Ende näherte, geriet Artus in Wut, denn er erkannte, daß der Feind noch immer nicht erlahmt war und ein Sieg nicht in Sicht.

Da zog Artus sein Schwert Caliburn, und mit dem Namen der Gesegneten Jungfrau auf den Lippen warf er sich in das dichteste Kampfgetümmel. Jeden, den er traf, wobei er jedesmal Gott anrief, tötete er mit einem einzigen Hieb. So gewaltig war die Wucht seines Angriffes, daß er 470 feindliche Krieger mit seinem Schwert Caliburn erschlug.«[33]

Das Beispiel ihres Führers gab den Briten neuen Mut:

»Als sie sahen, wie er kämpfte, drängten sie nach und säten Tod nach allen Seiten. In dieser Schlacht fiel Colgrin und mit ihm sein Bruder Baldulf und viele Tausend andere. Cheldric jedoch, der sah, daß die Sache verloren war, sammelte den Rest seiner Leute und floh.«[34]

Artus befahl Cador, dem Herzog von Cornwall, den Flüchtlingen nachzusetzen; da sie an der Küste von Cornwall gelandet waren, blieb ihnen nur ein Weg, sich in Sicherheit zu bringen. Doch Cador kommt ihnen zuvor; er läßt die Boote besetzen, so daß dem Feind der Rückzug verwehrt ist, und setzt dann zum vernichtenden Schlag an:

»Die Sachsen, die noch vor kurzem schnell wie der Blitz und mit wildem Ungestüm anzugreifen pflegten, liefen nun davon, von Furcht ergriffen. Einige versteckten sich in den Wäldern, andere suchten in die Berge zu entkommen und sich in Höhlen zu verkriechen, um ihr Leben zu retten. Aber am Ende waren sie nirgends sicher; und so kamen sie mit letzter Kraft zur Insel Thanet. Der Herzog von Cornwall verfolgte sie auch hierher, und weiter ging das Gemetzel. Er ließ erst ab, als er Cheldric getötet hatte, einige von ihnen als Geiseln nahm und den Rest zwang, sich zu ergeben.«[35]

Ein siegreicher Feldherr

Mit der Schlacht von Thanet endet der Einfall der Sachsen. Sie sind endgültig besiegt, und Artus, der auch die Pikten und Skoten zurückdrängen kann, ist nun unumschränkter Herr der Insel.

Soweit die Aussage Geoffreys. Doch was ist wahr an dieser Geschichte, als die Geoffrey seinen Bericht ausgibt?

Um diese Frage beantworten zu können, müssen wir uns zunächst wieder der Archäologie zuwenden, handelt es sich doch um eine Zeit – das frühe Mittelalter –, in der schriftliche Aufzeichnungen noch selten waren. Gibt es materielle Hinterlassenschaften – Siedlungsspuren, Gräber, Befestigungsanlagen –, die Aufschluß über ein Ereignis geben, das angeblich eine entscheidende Wende in der historischen Entwicklung Britanniens brachte? Ein Übergang von Krieg zu Frieden, ein Wiedererstarken der autochthonen, britischen, keltischen Tradition?

Es gibt in der Tat Indizien, die auf archäologischen Funden beruhen und darauf hindeuten, daß es zu einem Ausgleich zwischen den einfallenden Sachsen (und ihren Verbündeten) und den Briten gekommen ist. Die Grenze zwischen den fremden »Barbaren« und den romanisierten Briten, die erst allmählich zu ihrer keltischen Tradition zurückfanden, blieb konstant: der Vormarsch der Sachsen wurde zwar gestoppt, aber den Briten gelang es andererseits nicht, die Invasoren gänzlich von der Insel zu vertreiben. Im Osten und Süden, also in jenem Gebiet, das schließlich zum eigentlichen England wurde, konnten die Fremden ihre Stellung behaupten. Sie verlegten sich auf friedliche Geschäfte, widmeten sich dem Ackerbau und der Viehzucht und gaben sich einstweilen mit dem Erreichten zufrieden.

Ähnlich sah es auf der anderen Seite aus, jenseits der Grenze, die von den Briten bewohnt wurde. Hier kam es angeblich zu einem goldenen Zeitalter, wo nach den endlosen Kriegen und Wirren wieder ein geordnetes Staatswesen entstand. Stand es zunächst auch noch im Zeichen der römischen Tradition, als deren Erbe es sich betrachtete, so kamen am Ende doch wieder die eigenen Überlieferungen zum Vorschein. Cornwall und Wales feierten eine kurze keltische Renaissance.

Ein Beispiel mag das verdeutlichen: Waren die Grabsteine bislang mit lateinischen Lettern beschriftet, so fiel ihr Gebrauch nach und nach in Vergessenheit. Das Ursprüngliche setzte sich durch – und dies geschah genau in der Zeit, in der angeblich König Artus lebte.

Es wäre alles viel leichter, wenn die Archäologie auch einen untrüglichen Nachweis seiner Herrschaft erbracht hätte. Also eine Inschrift, die seinen Namen erwähnt. Oder gar sein Grab, mit den Resten des Königs, die seine Existenz belegen.

Was letzteres betrifft, so gibt es in der Tat einen bemerkenswerten Fund, der als das »Grab des Artus« bekannt geworden ist. Leider ist die Authentizität umstritten, so daß sich kein eindeutiger Beleg ableiten läßt. Wir werden auf diese Frage zurückkommen.

Inschriften aus der Zeit des Artus, die seinen Namen erwähnen, sind nicht bekannt. Woher dann sein Name, die Identität seiner Person?

Die zweite Quelle – neben der Archäologie – sind Aufzeichnungen, die – so spärlich sie sind – dennoch einen genaueren Hinweis ergeben. Die Archäologie setzt den Rahmen, zeichnet die allgemeinen Linien, nach denen sich die Entwicklung vollzog. Die Geschichte, oder besser die Geschichtsschreibung, gibt Aufschluß über die Personen, die spezifischen Ereignisse, die sich vor diesem Hintergrund abspielten.

Da ist zunächst ein Hinweis, der von Gildas kommt. Er lebte zur Zeit König Artus', und so kommt seinem Zeugnis, auch wenn es nur spärlich ist, eine besondere Bedeutung zu. Er schreibt: »Von dieser Zeit an waren es mal die Briten, mal die Feinde, die siegreich waren (so wie es dem Herrn beliebte, denn er wollte prüfen, ob das neue Israel ihm treu sein würde oder nicht), bis zu dem Jahr, als es zur Belagerung von Mount Badon kam.«

Gildas war kein Historiker. Mit seinem Werk *De excidio et conquestu Britanniae* – Über den Niedergang und die Eroberung Britanniens – wollte er den Briten, die er für verweichlicht und entartet hielt, so daß sie ihr Schicksal verdienten, einen Spiegel vorhalten. Es ist also eher eine Moralpredigt, die er denn auch selbst als »Epistel« bezeichnet, wiewohl man darunter zu seiner Zeit eher einen Hirtenbrief verstand. Dennoch verzichtet er nicht darauf, neben biblischen Ergüssen auch auf historische Ereignisse zurückzugreifen, um damit seine Aussage zu belegen. So berichtet er, daß Ambrosius Aurelius, den er geradezu als tugendhaftes Beispiel darstellt, als einen *vir modestus*, sich ein Herz nimmt und gegen die Barbaren aufsteht, die das Land bedrohen. Mit ihm beginnt der Kampf, der im Sieg von Mount Badon endet.

Leider erzählt Gildas nicht, wer den entscheidenden Sieg errang. Das mag jedoch darin seine Erklärung haben, daß er sich ja an seine Zeitgenossen wandte und deshalb die Umstände dieses Sieges, die ja noch in aller Erinnerung waren, voraussetzen konnte. Wie auch immer, er erwähnt Artus mit keinem Wort.

Zum Glück haben wir eine weitere zeitgenössische Quelle. Es handelt sich hierbei um sogenannte Osterannalen, worunter kalendarische Aufzeichnungen zu verstehen sind, die das Kirchenjahr, das ja auf dem beweglichen Osterfest beruht, fixieren sollten. Ging es dabei im wesentlichen auch um eine rituelle Handhabe, so wurden doch am Rande zuweilen auch Glossen vermerkt, die Aufschluß über bestimmte weltliche Ereignisse geben. So findet sich für das Jahr 518 in einer solchen Ostertafel die Eintragung:

Bellum badonis in quo arthur portavit crucem domini
nostri jesu christi tribus diebus et tribus noctibus
in humeros suos et brittones victores fuerunt.[36]

Dies ist der erste authentische Hinweis auf die Existenz König Artus', wobei freilich von einem König, »rex«, nicht die Rede ist. In der Übersetzung:

Schlacht von Badon, in der Artus das Kreuz Unseres
Herrn Jesus Christus drei Tage und drei Nächte lang
auf seinen Schultern trug und die Briten Sieger waren.

Nicht nur daß Artus namentlich erwähnt wird – und genau für die Zeit, die auch der archäologische Befund erwarten läßt –, er wird auch explizit mit der Schlacht von Badon in Verbindung gebracht und zugleich – wenn auch implizit –

als Sieger dargestellt. Deutlicher wird letzteres – und damit
haben wir ein drittes Indiz, das die Beweiskette sozusagen
abschließt – in einer Quelle aus dem 9. Jahrhundert, die unabhängig von den beiden anderen entstanden ist und sich
auf eine Vorlage stützt, die womöglich bis in die Zeit König
Artus' zurückreicht. Dort heißt es:

»Zu jener Zeit kämpfte Artus gegen sie mit den Königen
der Briten, doch er selbst war Heerführer. Die erste Schlacht
fand an der Mündung des Flusses Glein statt. Die zweite,
dritte, vierte und fünfte Schlacht an einem anderen Fluß, der
Dubglas heißt und im Gebiet von Linnuis liegt. Die sechste
Schlacht am Bassas-Fluß. Die siebte Schlacht fand im Cale-
donischen Wald statt, auch Cat Coit Celidon genannt. Die
achte Schlacht ereignete sich bei der Festung Guinnion, wo
Artus das Abbild der Jungfrau Maria auf den Schultern trug
und die Heiden an jenem Tag in die Flucht geschlagen wurden und ein großes Massaker erlitten durch die Gnade Unseres Herrn Jesus Christus und der Jungfrau Maria, Seiner
Mutter. Die neunte Schlacht fand in der Stadt der Legionen
statt. Die zehnte Schlacht führte er an den Ufern des Flusses
Tribruit. Die elfte Schlacht fand auf dem Berg Agned statt.
Die zwölfte Schlacht ereignete sich auf dem Berg Badon, wo
an einem Tag neunhundertsechzig Krieger unter dem Ansturm des Artus fielen, und kein anderer bezwang sie als er
selbst. Und in all diesen Schlachten war er Sieger.«[37]

Dieser Bericht, der aus einer Sammlung von Dokumenten
stammt, die Nennius unter dem Titel *Historia Brittonum* –
Geschichte der Briten – zusammenstellte, erinnert an ein
Heldengedicht; in der Vorlage war es das sicher auch einmal,
schreibt doch Nennius selbst: »Ich habe alles zusammenge-
häuft, was ich finden konnte, an römischen Berichten, Aufzeichnungen der heiligen Väter, Chroniken der Iren und
Sachsen und Überlieferungen unserer eigenen alten Leute.«

Nennius war Waliser, also Kelte, Brite, und was er in seinem Bericht, den wir oben zitierten, wiedergibt, ist nichts anderes als die Erinnerung seiner Väter, die ein großes Ereignis
besangen, das weit in die Geschichte zurückreichte, aber
von Generation zu Generation tradiert wurde. Barden waren es, die das Heldenepos wohl noch zu Zeiten ihres Protagonisten verfaßten, und in ihrer Obhut blieb es, bis Nennius
es schriftlich niederlegte.

Allein, für sich gesehen, ist es kein stichhaltiger Beweis, obgleich wohl jedem Heldenepos ein wahrer Kern zugrunde

liegt. In Verbindung aber mit den beiden anderen Quellen, die – wiewohl sie der gleichen Tradition entstammen – unabhängig voneinander entstanden, kommt dem Epos eine besondere Bedeutung zu: es rundet das Bild ab, das uns Artus in ersten, greifbaren Konturen erkennen läßt.

Doch was erfahren wir? Daß es einen Mann gab, der Artus hieß. Daß er ein Kämpfer war, ein erfolgreicher Heerführer. Er war *nicht* – wenigstens wird es nirgends erwähnt – ein *König*. »Dux bellorum« – Feldherr –, so nennt ihn Nennius, und er erläutert weiter: »cum regibus brittonum« – mit den Königen der Briten. Sie waren es, für die er kämpfte, Fürsten, die sich zusammenschlossen, um gemeinsam gegen den Feind, die Sachsen (und die Angeln und die Pikten), vorzugehen. »Sed ipse dux erat bellorum« – er selbst aber war Heerführer: der Oberkommandierende der vereinten Streitmacht. Mehr – aber auch nicht weniger – wird nicht gesagt.

Möglich, daß der Sieg, den Artus errang, und der Ruhm, den er dadurch erwarb, ihm Rang und Würde eines Königs einbrachte. Vielleicht gelang es ihm auch, sich zum Oberkönig aufzuschwingen und damit eine Vorrangstellung einzunehmen, die dem Titel eines wahren Königs – und nicht nur eines bloßen Fürsten, was die angeblichen Könige in Wirklichkeit waren – entsprach. Und das Reich, über das er dann herrschte, wäre in der Tat mit dem identisch gewesen, das ihm die Legende zuwies – nämlich jene Gegend Britanniens, die den westlichen Teil der Insel, also Cornwall und Wales, umfaßte.

Möglich gewesen wäre ein solches Reich, das als Bollwerk gegen die Sachsen und die anderen Völker, welche die Briten bedrohten, diente. Aber einen sicheren Beleg dafür gibt es nicht, noch viel weniger den Nachweis, daß ein König namens Artus darüber herrschte. Alles, was wir auf Grund des literarischen (und archäologischen) Befundes sagen können, ist die Feststellung, daß es einen Krieg zwischen den Briten und eindringenden Barbaren gegeben hat, daß der Sieger ein Feldherr namens Artus war und daß er durch seine Triumphe die Voraussetzungen für einen dauerhaften Frieden schuf. Das ist nicht viel, aber auch nicht wenig.

Artus ist also eine historisch verbürgte Persönlichkeit. Was erfahren wir noch über ihn? Nur, wann er lebte und – starb.

Das Geburtsjahr ist nicht überliefert. Konkret haben wir nur zwei Daten aus dem Leben des Artus: das der Schlacht von Badon und ein zweites – ebenfalls in den Osterannalen –,

♣ Artus *14*

Eine Federzeichnung aus der Romantik.

an dem er starb. 518 n. Chr., das ist das Jahr, das für Badon überliefert wird. 21 Jahre später starb der Held.

Daraus ließe sich ableiten – berücksichtigt man die Tatsache, daß Artus' Tod als Folge eines weiteren Feldzuges erfolgte, also nicht einer natürlichen Ursache wie hohem Alter zuzuschreiben ist –, daß Artus Ende des fünften Jahrhunderts geboren sein muß. Sein Leben und Wirken wäre demnach in die Zeit zwischen ca. 490 und 539 n. Chr. anzusiedeln.

Das deckt sich weitgehend mit dem Befund der historischen Rahmenbedingungen. Dennoch ist man geneigt, die Daten ein wenig vorzuverlegen. Die Gründe dafür sind nicht zwingend, aber angezeigt: zum einen ist den Aufzeichnungen Gildas' zu entnehmen, daß er im selben Jahr geboren wurde, als die Schlacht von Badon stattfand, und daß seitdem – bis zum Zeitpunkt der Niederschrift seiner Arbeit – 43 Jahre vergangen seien. Leider sagt er nicht, *wann* er die Arbeit schrieb, aber da er einen walisischen König – Maelgwn von Gwynedd – als zeitgenössischen Herrscher erwähnt, für den das Todesjahr 549 überliefert ist, muß die Abfassung der Arbeit *vor* diesem Datum erfolgt sein, was eine entsprechende Datierung von Badon zur Folge hätte. Eine Erklärung für dieses frühere Datum ergäbe sich daraus, daß den Osterannalen keine einheitliche Chronologie zugrunde liegt, da sie als Ausgangspunkt ihrer Zählung einmal den Tod, zum andern die Geburt Jesu Christi wählen, was einem Unterschied von 28 Jahren entspricht. Da nun die Osterannalen häufig von einem System ins andere übertragen wurden, wobei die ältere Zählung, die auf der Passion beruhte, allmählich der Platz machte, die auch uns geläufig ist, ergab sich eine Fehlerquelle, die darin bestand, daß man die Ereignisse, die bestimmten Daten zugeordnet waren, nicht auf das neue System übertrug. Ein solcher Fehler mag auch bei der Eintragung, oder besser Übertragung, der beiden Hinweise, die Artus betreffen, erfolgt sein. Dann hätte – und das entspräche den Angaben von Gildas – die Schlacht von Badon nicht 518, sondern 490 n. Chr. stattgefunden.

Dieses frühere Datum würde auch ein anderes Problem lösen: Ambrosius, der Vorgänger Artus', mit dem angeblich der Kampf gegen die Sachsen begann, ist für das Jahr 437 belegt. Zu dieser Zeit war er bereits in einen Kampf mit einem Rivalen verwickelt, so daß er kaum länger als bis 475 n. Chr. gelebt haben kann. Da Gildas ausdrücklich darauf hinweist, daß der Krieg, den Ambrosius gegen die Sachsen aufnahm, im Sieg von Badon gipfelte, so daß fast der Eindruck entsteht, er selbst habe diesen Sieg errungen, kann nicht allzuviel Zeit vergangen sein, bis es zu dieser Schlacht kam. 518, fast ein halbes Jahrhundert nach dem mutmaßlichen Tode Ambrosius', wäre sicher zu spät. 490 hingegen ein Datum, das sich mit der vermeintlichen Entwicklung eher in Einklang bringen ließe.

Aber auch damit sind wir noch nicht am Ende. Neuere Forschungen postulieren, daß Artus noch früher – um die Mitte des fünften Jahrhunderts – anzusetzen sei. Da jedoch die Quellen, die dieser Hypothese zugrunde liegen, nicht aus Britannien, der Heimat des Artus, stammen, diese vielmehr gänzlich und insgesamt in Frage stellen, sollten diese neueren Indizien mit äußerster Vorsicht betrachtet werden; zumal sie den Namen Artus – im Gegensatz zu den britischen Quellen – nirgends erwähnen. Wir werden uns dieser Frage noch zuwenden.

Hier mag es genügen, noch einmal darauf hinzuweisen, daß ein Feldherr namens Artus existiert hat und daß das Ereignis, das seinen Ruhm – und seine Legende – begründete, nämlich die Schlacht von Badon, aller Wahrscheinlichkeit nach im Jahre 490 n. Chr. stattfand. Eine letzte Sicherheit gibt es nicht, aber eines ist zumindest sicher: Artus stand nicht am Ende – oder auf der Höhe – des Mittelalters, sondern an seinem Anfang!

Also eine doppelte Enttäuschung: kein König und kein Schloß! Dennoch ist es nicht ganz abwegig, daran zu denken, daß Artus am Ende doch so etwas wie ein Vorkämpfer des Christentums und der abendländischen Zivilisation war. Kämpfte er doch im Zeichen des Kreuzes: »mit dem Abbild der Jungfrau Maria auf dem Schild«. Und war das, was er gegen den Ansturm der Barbaren verteidigte, letztlich doch ein Erbe der Antike, das letzte Refugium des Römischen Reiches. Sein Name verrät es: *Artorius*, das war ein römischer Name. Man paßte ihn nur der Sprache seines Volkes an – wie alles, was man von den Römern übernommen hatte, allmählich im Volksgut aufging. Nur, den Sieg errang er wohl noch im Zeichen des Glaubens. Was danach kam, war weniger ein Kampf um irdische Güter als ein Ringen der Götter.

Zweiter Teil

Camelot

Ein letzter Widerstand

Mit dem Sieg über die Sachsen war der Krieg freilich noch nicht zu Ende. Geoffrey berichtet, daß auch die Pikten und Skoten die Briten bedrohten. Und schließlich fielen auch noch die Iren ein.

Ihnen allen aber vermochte Artus die Stirn zu bieten, indem er erst den einen und dann den anderen zurückdrängte, bis sie um Gnade flehten, was er ihnen großzügig gewährte. Und als die Grenzen gesichert waren, ging er daran, das Reich neu zu ordnen. Denn überall hatte der Krieg und der Einfall der Barbaren Spuren der Verwüstung hinterlassen, und es bedurfte unermüdlicher Anstrengungen, um das Zerstörte wiederaufzubauen:

»Als er dem schottischen Volk vergeben hatte, machte sich der König auf nach York, wo er das kommende Fest der Geburt Unseres Herrn zu feiern gedachte. Aber als er in die Stadt einzog, gewahrte er mit Entsetzen den erbärmlichen Zustand der Kirchen. Samson, der heilige Erzbischof, war vertrieben worden und mit ihm alle, die im Dienste des Glaubens gestanden hatten. In den halbverbrannten Kirchen gab es keinen Gottesdienst mehr. Die Zerstörungswut der Heiden war so groß gewesen, daß sie allem ein Ende gesetzt hatten. Also ließ Artus den Klerus und das Volk zusammenrufen und ernannte seinen eigenen Kaplan, Piramus, zum neuen Erzbischof. Er ließ die Kirchen, die dem Erdboden gleichgemacht worden waren, wiederaufbauen und stattete sie mit klösterlichen Gemeinschaften aus. Und er setzte den Adel, der von den Sachsen vertrieben worden war, wieder in seine alten Rechte ein.«[1]

Geoffrey erwähnt nicht, daß es auch Spannungen in den eigenen Reihen gab. Die letzte Legitimation für die Königswürde, die er Artus zuerkennt, war die Schlacht von Badon. Er setzt diesen Ort übrigens mit Bath gleich, der ehrwürdigen römischen Stadt, die für ihre heilenden Quellen berühmt war. Neuere Forschungen tendieren dahin, dem

Chronisten recht zu geben. Denn Bath liegt in jener Gegend, die man als Kerngebiet des Artusreiches betrachtet, außerdem finden sich auch im Umkreis von Bath zahlreiche jener Hügelstellungen, wie sie für die Schlacht von Badon überliefert sind.

Ein Reich aber war es – wie wir gesehen haben – eigentlich nicht, über das Artus herrschte. Er mag es mit seinem Sieg bei Badon begründet haben, und wenn er dies tat, wofür es keine verläßlichen Angaben gibt, dann wird der Sieg über den äußeren Feind nicht gleich auch seine Stellung im Innern gefestigt haben. Zumindest nicht derart, daß er unangefochten die Würde eines Königs erlangte. Denn es heißt ja ausdrücklich, daß andere König waren und er nur ihr Heerführer.

Er mußte sich also – wenn er nach der Krone strebte, was auf Grund seines Sieges nahelag – erst Gehör verschaffen, und das wird nicht ohne Auseinandersetzungen geschehen sein, die durchaus jene Formen angenommen haben können, von denen Malory berichtet. Mag dieser auch die Wirren seiner eigenen Zeit im Auge gehabt haben, so ist es dennoch nicht auszuschließen, daß seine Schilderung der inneren Machtkämpfe, die der Thronbesteigung des Artus vorausgingen beziehungsweise ihr folgten, zugleich auch auf authentische Quellen zurückgeht. Denn Malorys Arbeit ist mehr noch als die von Geoffrey eine Synthese aus einer Vielzahl von Überlieferungen, die durchaus nicht alle auf Geoffrey zurückgehen, dennoch aber letztlich in britischem beziehungsweise bretonischem Gedankengut wurzeln.

Wie auch immer, Artus erlangte spätestens nach der Schlacht von Badon die Königswürde, so will es die Legende. Und da wir uns nicht nur mit der historischen Gestalt befassen, die hinter der Legende steht, sondern auch mit dieser selbst, da sie sich sozusagen verselbständigt hat und zum eigentlichen Artus geworden ist, wollen wir nun des weiteren von der Prämisse ausgehen, daß Artus den Schritt vom dux bellorum zum rex Brittonum vollzogen hat und es höchstens noch darum geht, seine Stellung zu festigen. Er ist fortan also König, auch wenn er es nie gewesen sein mag.

Malory weist darauf hin, daß die von Dunkelheit umgebene Herkunft des Artus seinen Rivalen einen willkommenen Vorwand liefert, ihm die Königswürde abzuerkennen, auch wenn sie durch ein göttliches Zeichen offenbart wurde. Es bedarf erst einer ausführlichen Erläuterung Merlins, daß »Artus drei Stunden nach dem Tode des Herzogs gezeugt wurde und König Uther Igraine dreizehn Tage später heiratete«, damit man von dem Vorwurf abrückt, Artus sei ein Bastard. Aber auch dann ist der Frieden noch nicht hergestellt, und selbst als Artus die versammelten Rivalen in einer ersten Schlacht, in der er sie mit seinem Schwert blendet, besiegt, geben sich seine Widersacher noch nicht geschlagen. Sie gewinnen neue Verbündete und sind schließlich in der Übermacht. Da bleibt Artus keine andere Wahl, als dem Rat Merlins, seines Beschützers, zu folgen und seinerseits nach Bündnispartnern Ausschau zu halten, die es angeblich in Gallien, wohin ja ein Großteil der Briten ausgewandert ist, geben soll. Dort herrschten zwei Könige, Ban und Bors, so weiß Merlin zu berichten. Und sie seien ihrerseits bedroht, weshalb sich die Möglichkeit ergebe, daß sie Artus zu Hilfe kämen, wenn er seinerseits auch ihnen Hilfe verspräche.

Artus schickt also zwei Boten, Ulfius und Brastias, beides ebenso treue wie tapfere Gefolgsleute, die, als sie in einen Hinterhalt geraten, denn auch wenig Federlesens machen:

»‚Und so‘, sagten die acht Ritter, ‚werdet ihr sterben oder gefangengenommen, denn wir sind Ritter des Königs Claudas.‘ Und mit diesen Worten setzten zwei von ihnen ihre Lanzen an, worauf Ulfius und Brastias das gleiche taten, und mit aller Kraft ritten sie aufeinander los, bis die Lanzen der beiden Ritter brachen und sie aus dem Sattel gehoben und zu Boden geworfen wurden, wo sie liegenblieben, während Ulfius und Brastias ihres Weges zogen. Aber die anderen sechs Ritter lauerten ihnen von neuem auf, so daß Ulfius und Brastias zwei weitere zu Boden warfen, ehe sie von dannen ritten. Noch einmal belagerten sie sie, dann waren es nur noch zwei, und auch die hoben sie aus dem Sattel, so daß am Ende acht Ritter am Boden lagen und niemand mehr übrigblieb, ihnen den Weg zu versperren.«[2]

Mit diesem Entree hatten sie keine Schwierigkeiten, Ban und Bors, die vor ihrem Widersacher, König Claudas, zitterten, davon zu überzeugen, daß es eine gute Sache sei, Artus, den Herrn der beiden, zum Freund zu haben. Und so willigten die Gallier ein, zunächst dem Britenkönig zu Hilfe zu eilen, ehe man gemeinsam gegen Claudas vorging.

Mit 300 Rittern setzten Ban und Bors nach England über, aber da der Feind, elf Könige aus Irland, Cornwall und Wales, eine Streitmacht von 50 000 Reitern und 10 000 Fußsoldaten zusammengezogen hatte, meinte Merlin, das sei zu wenig. Er beschloß, selbst nach Gallien zu gehen, um das bescheidene

Kampf am Weiher. Illustration von Gustave Doré zur Artus-Dichtung Enid *von Alfred Tennyson.*

Kontingent ein wenig aufzubessern. Und siehe da, er trieb
10 000 Reiter auf, und da Artus über die gleiche Anzahl verfügte, stand nun das Verhältnis 3 : 1 beziehungsweise 1 : 3, was
– nach dem Erfolg von Ulfius und Brastias zu urteilen –
durchaus eine annehmbare Relation darstellte. Jedenfalls
wagt Artus den Angriff, und es entspinnt sich ein heftiger
Kampf, in dem die Köpfe nur so rollen und auch sonst so
allerhand durch die Lüfte wirbelt:

»Und König Artus setzte seinen Feinden so erbittert zu,
daß es alle in Erstaunen versetzte. Als der König mit den
Hundert Rittern sah, daß König Cradelment sein Pferd verloren hatte, wandte er sich gegen Sir Ector, den Vater von Sir
Kay, und warf ihn aus dem Sattel und gab dem König das
Pferd; als Artus sah, wie der König das Pferd von Sir Ector
bestieg, wallte Zorn in ihm auf, und er versetzte ihm mit seinem Schwert einen solchen Hieb, daß Helm und Schild des
Königs zerbrachen und das Schwert bis in den Hals des Pferdes drang, so daß Reiter und Tier zu Boden sanken. Dann
griff Sir Kay Sir Morganor an, den Seneschall des Königs der
Hundert Ritter, und warf ihn zu Boden, Pferd und Reiter,
und brachte das Pferd Sir Ector, seinem Vater; Sir Ector wieder griff einen Ritter an, der Lardans hieß, und warf Pferd
und Reiter zu Boden und gab das Pferd Sir Brastias, der un-
beritten war und in arger Bedrängnis. Als Brastias den But-
ler Lucan gewahrte, der wie ein Toter unter den Hufen seines
Pferdes lag, und sich Sir Griflet vergeblich bemühte, ihm zu
Hilfe zu kommen, denn vierzehn Reiter bedrängten Sir
Lucan, hieb Brastias auf den ersten mit solcher Wucht ein,
daß er den Helm zerschmetterte und den Kopf bis zu den
Zähnen spaltete; einem zweiten schlug er den Arm ab, einem
dritten gar die Schulter, so daß Schulter und Arme über den
Kampfplatz flogen. Und als Griflet sah, daß Rettung winkte,
versetzte er einem Reiter einen Schlag gegen die Schläfe, so
daß Kopf und Helm zu Boden fielen, und er nahm das reiter-
lose Pferd und führte es Sir Lucan zu und hieß ihn aufsitzen
und seine Wunden rächen. So wie er, dem Brastias ein Pferd
verschafft, Vergeltung übe.«[3]

Es war eine blutige Keilerei, und Malory, der aus eigener
Erfahrung spricht, war er doch selbst ein Ritter, der für seinen Herrn, den Earl of Warwick, so manche Schlacht geschlagen hatte, wird nicht müde, das Gemetzel – das niemals
stattfand, zumindest nicht, wie er es schildert – seitenlang
vor dem geneigten Leser, der es dennoch verschlang, auszu-

breiten. Der einzige, der schließlich die Lust verliert, ist Merlin, und indem er die »Sarazenen« auf den Plan ruft, die angeblich den Feind bedrohen, rät er, von ihm abzulassen und sich statt dessen mit den erbeuteten Schätzen zufriedenzugeben:

»Und Merlin kam auf einem großen, schwarzen Pferd dahergeritten und sagte zu Artus: ‚Hast du immer noch nicht genug? Von sechzigtausend, die gegen dich in den Kampf zogen, hast du nur fünfzehntausend am Leben gelassen. Es ist Zeit, ›Halt!‹ zu sagen! Gott ist zornig, daß du kein Ende gibst, und wenn du noch länger zögerst, wird sich das Schicksal wenden und deine Feinde werden wiedererstarken. Deshalb rate ich dir, zieh dich an deinen Hof zurück und ruhe dich aus, sobald du kannst, und belohne deine tapferen Ritter mit Gold und Silber, denn sie haben es wohlverdient. Keine Reichtümer sollten dir für sie zu teuer sein, denn obwohl sie so wenige waren, gibt es niemanden, der sie an Tapferkeit überträfe, denn du hast dich heute mit den besten Kriegern der Welt gemessen.‘«[4]

Artus, der weiß, daß er ohne die List und Fürsprache seines Beschützers nur ein gewöhnlicher Feldherr ist, gibt sich zufrieden, und so teilt man die Beute und beendet den Krieg. Fortan ist die Stellung des Königs auch im Innern gefestigt.

Boten des Unheils

Unter den Schätzen, die die Sieger erbeuten, ist auch eine Belohnung besonderer Art. Malory schreibt: »So kam denn ein Edelfräulein, das die Tochter eines Grafen war: sein Name war Sanam, und sie hieß Lionors, und sie war wahrlich ein stattliches Mädchen. Sie kam, um ihre Huldigung zu erweisen, wie es auch andere taten, als der Kampf beendet war. Und König Artus entbrannte in Liebe zu ihr wie auch sie zu ihm, und er nahm sie und zeugte ein Kind mit ihr: es wurde Borre genannt und wurde später ein tapferer Ritter der Tafelrunde.«[5]

Mehr erfahren wir nicht: es war ein Vorrecht des Königs, zumal eines siegreichen Feldherrn, die Tochter eines Untergebenen zu verführen und sie dann ihrem Schicksal zu überlassen. Denn kaum hatte Artus ein Auge auf Lionors geworfen, da lenkte ihn ein weiteres Abenteuer ab.

König Rience von Wales bedrohte König Leodegrance von Camelerd, ein Fürstentum in Cornwall. Rience war ein Feind des Königs, Leodegrance sein Gefolgsmann, und so griff Artus in den Konflikt ein und bewahrte Leodegrance vor dem Untergang. Auch König Ban und König Bors, die Verbündeten des Königs, zogen mit nach Camelerd, wo alsbald wieder Ruhe herrschte:

»Da dankte Leodegrance den drei Königen und rühmte die Güte und Hilfe, die sie ihm erwiesen, seine Feinde zu bezwingen. Und König Artus sah dort zum ersten Mal Guinevere, die Tochter des Königs von Camelerd, und von diesem Augenblick an liebte er sie.«[6]

Was ihn jedoch nicht davon abhielt, es erst doch noch einmal mit einer anderen zu versuchen. Denn als der Friede endgültig wiederhergestellt und König Ban und König Bors in ihre Heimat zurückgekehrt waren, während der König sich in seine Residenz, nach Caerleon, zurückzog, erhielt er einen weiteren Damenbesuch:

»Und dorthin kam zu ihm die Frau des Königs Lot von Orkney, angeblich um ihm eine Botschaft zu überbringen, in Wahrheit jedoch um am Hof des Königs zu spionieren; und sie kam mit großem Gefolge, mit ihren vier Söhnen Gawain, Gaheris, Agravain und Gareth und mit vielen anderen Rittern und Edelfrauen. Sie war eine stattliche Frau, und der König war ihr sehr zugetan, und es verlangte ihn danach, mit ihr zu schlafen. So kamen sie denn überein, und er zeugte mit ihr Mordred. Sie aber war seine Schwester, von des Mutters Seite, Igraine. Und so blieb sie dort einen Monat und reiste dann wieder ab.«[7]

König Lot war einer der Feinde des Königs, die er unlängst besiegt hatte und die noch immer ihr Ränkespiel trieben. Wer jedoch die Frau des Königs war, wußte Artus nicht. Dennoch, eine dunkle Ahnung überkam ihn, und er hatte einen seltsamen Traum:

Miniatur aus einer französischen Handschrift. Artus spricht mit zwei Edeldamen.

»Er träumte, es kämen Greife und Schlangen in dieses Land, und er dachte, sie verbrannten und erschlugen alle Menschen in seinem Reich, und es dünkte ihn, als kämpfe er mit ihnen, und sie bedrängten ihn gar sehr und fügten ihm schwere Wunden zu, aber am Ende besiegte er sie.«[8]

Als er erwachte, war er noch immer bedrückt, und er beschloß, einen Jagdausflug zu unternehmen, um seine Gedanken abzulenken. So ritt er denn aus und traf auf einen Hirsch, den er jedoch erst zur Strecke brachte, als auch sein Pferd vor Erschöpfung tot zusammenbrach. Der König ließ sich an einer Quelle nieder und versank erneut in quälendes Grübeln:

»Und als er so dasaß, schien es ihm, als hörte er das Gebell von Hunden, wohl dreißig an der Zahl. Und als er diesen Laut vernahm, sah er, wie ein Tier auf ihn zukam, das er noch nie gesehen und von dem er noch nie gehört hatte. Das Tier trat an den Brunnen und trank; der Lärm kam aus seinem Bauch wie das Jaulen einer Meute von Hunden. Doch die ganze Zeit, während es trank, war der Lärm verstummt. Und als es getrunken hatte, verzog sich das Tier, wobei das Gebell wieder einsetzte, was den König gar sehr verwunderte. Und er versank in tiefes Grübeln, bis der Schlaf ihn übermannte.«[9]

Ein Ritter, der des Weges kommt, weckt ihn und fragt, ob er ein Tier gesehen habe, wie er es noch nie geschaut. Er sei ihm auf der Spur und bitte um ein Pferd; das seine sei der Anstrengung erlegen.

Der König bietet ihm an, die Verfolgung selbst aufzunehmen. Doch der Fremde winkt ab; niemandem außer ihm werde es gelingen, das Fabeltier zu erlegen. Und er schwingt sich auf das Pferd, das ein Gefolgsmann des Königs herbeibringt, und reitet davon.

Wieder sitzt der König und grübelt. Da erscheint ein Kind und grüßt ihn und fragt, warum er so niedergeschlagen sei. Der König erzählt ihm, daß er eine seltsame Erscheinung gehabt habe. Sie stimme ihn nachdenklich.

Da sagt das Kind, daß es wohl wisse, was er gesehen habe. Aber alles Grübeln nütze ihm nichts, es werde ihn nicht erretten. Und dann fügt es hinzu: »Ich weiß, wer Ihr seid und wer Euer Vater war und wem Ihr entsprungen. König Uther Pendragon war Euer Vater, und er zeugte Euch mit Ygerna.«

Der König ist ärgerlich; dies ist nur ein Kind, wie soll es um diese Dinge wissen, da es doch den König nie gekannt habe? Und er schickt das Kind fort.

Doch an seiner Stelle erscheint ein alter Mann, und der König faßt Zutrauen zu ihm, scheint er doch weise und erfahren zu sein. Und als der Alte ihn fragt, warum er so erschreckt sei, erzählt ihm der König, was er erlebt hat. Da sagt der Alte:

»Das Kind hat dir die Wahrheit gesagt, und es hätte dir noch mehr erzählt, wenn du es zugelassen hättest. Wisse denn, daß du kürzlich ein großes Unrecht begangen hast, wofür Gott dir zürnt: Du hast mit deiner Schwester geschlafen, und mit ihr hast du ein Kind gezeugt, das dich und dein Reich zerstören wird!«[10]

Ein neues Schwert

So erfuhr König Artus, kaum daß er zum Manne erwacht, von dem Unheil, das ihm zum Verhängnis werden sollte. Doch so sehr er auch gegen das Gesetz der geheiligten Ehe verstoßen hatte (wenn nicht Morgawse es war, die Frau König Lots, die ihn dazu verleitete, kam sie doch in der Absicht, ihn zu täuschen), das Vergehen, dessen er bezichtigt wurde, hatte er nicht wissentlich begangen. Noch immer wußte er nichts Genaues über seine Herkunft, und er war entschlossen, jetzt, wo Gefahr drohte, der Sache auf den Grund zu gehen.

Nachdem der Alte, der ihm die Schmach verkündet (und der zugleich der Junge war), sich als Merlin zu erkennen gegeben hatte, ließ Artus Sir Ector, seinen Pflegevater, zu sich kommen und verlangte Aufklärung. Sir Ector bestätigte die Aussage des Alten, doch noch immer hatte Artus Zweifel: »Da sagte er zu Merlin: ‚Laßt meine Mutter holen, damit ich mit ihr sprechen kann. Wenn auch sie es sagt, will ich es glauben.‘«

Ulfius jedoch, der schon Uther Pendragon gedient hatte, bezichtigte die Königin des Verrats. Sie habe, so wirft er ihr vor, all die Kriege heraufbeschworen, die hätten vermieden werden können, wenn sie nur die Geburt ihres Sohnes öffentlich bekanntgegeben hätte. Worauf Ygerna erwidert, daß sie nicht gewußt habe, daß ihr Kind und der König ein und derselbe seien, da man ihr doch das Kind entwendet habe, kaum daß sie es geboren: »Und nach dreizehn Tagen heiratete mich König Uther, und auf seinen Befehl wurde das Kind, als es geboren war, Merlin übergeben, auf daß er es großziehe, und seitdem habe ich das Kind nicht mehr gesehen, noch weiß ich seinen Namen.«

So trifft eigentlich Merlin – und den König – die Schuld. Doch der Alte ist ungerührt:

»Da nahm Merlin den König bei der Hand und sagte: ‚Dies ist deine Mutter.‘ Und Sir Ector bezeugte, daß er ihn großgezogen habe, wie es ihm Uther aufgetragen. Und so nahm König Artus seine Mutter, Königin Igraine, in seine Arme und küßte sie, und beide weinten. Und der König ließ ein Fest veranstalten, das acht Tage währte.«[11]

Doch die Freude ist getrübt durch jenen Fluch, der den Untergang des Königs voraussagt. Auch gibt es böse Zeichen, die den Weg des Königs überschatten. Eine Abordnung aus Rom trifft ein und verlangt Tribute. Der Ritter, dem Artus am Brunnen begegnet und dem er sein Pferd überlassen, wendet sich gegen ihn, es kommt zum Kampf, der Artus in arge Bedrängnis bringt: »So schlugen sie denn aufeinander ein, und die Klingen ihrer Schwerter trafen sich. Der Ritter aber schlug das Schwert des Königs entzwei, was diesen gar sehr betrübte.«

Mehr noch, ohne Waffe wäre Artus verloren gewesen, wenn nicht Merlin plötzlich eingeschritten wäre. Er behext den Ritter, so daß er betäubt zu Boden fällt und in einen tiefen Schlaf versinkt.

Damit ist Artus zwar gerettet, aber er hat sein wundersames Schwert eingebüßt. »Macht nichts«, sagt Merlin. »Ich werde dir ein neues besorgen!« Und so geschieht denn ein weiteres Wunder:

»Und sie ritten ihres Weges, bis sie an einen See kamen, dessen Wasser klar und tief war, und in der Mitte des Sees gewahrte Artus einen Arm, der in weiße Seide gehüllt war und ein prächtiges Schwert in der Hand hielt.

,Sieh!' sagte Merlin. ,Das ist das Schwert, von dem ich sprach.' Und sie sahen, wie ein Mädchen über den See schritt.

,Wer ist das?' fragte Artus.

,Das ist die Herrin des Sees', sagte Merlin. ,Und in diesem See ist ein Felsen und darinnen ein Ort, der schöner ist als jeder andere auf dieser Welt. Und das Mädchen wird sogleich zu dir kommen; sprich gar wohl zu ihr, damit sie dir das Schwert gibt.'

Und wahrlich das Mädchen kam auf Artus zu, grüßte ihn, und er grüßte zurück.

,Edles Fräulein', sagte Artus. ,Was ist das für ein Schwert, das dort aus dem Wasser ragt? Ich wünschte, es gehörte mir, denn ich habe kein Schwert.'

,Herr, mein König', sagte das Mädchen. ,Jenes Schwert gehört mir, aber wenn du mir ein Geschenk machst, wenn ich darum bitten werde, gebe ich es dir.'

‚Bei Gott', sagte Artus, ‚ich werde dir geben, was immer du wünschst.'

‚Nun!' sagte das Mädchen. ‚Dann geh und nimm den Kahn dort und rudere zum Schwert hinüber. Nimm es und die Scheide, und ich werde mein Geschenk fordern, wenn es an der Zeit ist.'

So saßen Artus und Merlin ab und banden ihre Pferde an zwei Bäume, und sie stiegen in den Kahn, und als sie bei dem Schwert anlangten, das die Hand hielt, faßte Artus den Griff und nahm es an sich, und der Arm und die Hand tauchten wieder unter, und als sie an Land kamen, nahmen sie ihre Pferde und ritten davon.«[12]

Auch dieses Schwert heißt Excalibur, was soviel wie »spaltet Eisen« bedeutet, und Artus ist denn auch gleich wieder in Kampfesstimmung. Er will sich rächen, an jenem Ritter, der ihn besiegt hat.

Doch Merlin rät ihm ab; er sei ein tapferer Krieger und nicht leicht zu bezwingen. Außerdem werde er ihm noch einmal zu Diensten sein. Und nach ihm seine Söhne.

So läßt denn Artus von seinem Widersacher, König Pellinor, ab und wendet sich statt dessen einer anderen Herausforderung zu. Sie ist ohnehin dringlicher:

»Da ließ König Artus nach allen Kindern suchen, die am ersten Mai geboren und von adliger Herkunft waren. Denn Merlin hatte ihm gesagt, daß der, der ihn vernichten würde, am Maifeiertag geboren werden würde, und so ließ er sie herbeirufen, und wer ihm nicht Folge leiste, sei des Todes. Es fanden sich gar viele Söhne von edlen Herren, und alle schickte man zum König, darunter auch Mordred, den die Frau König Lots schickte, und alle setzte man auf ein Schiff und trieb es auf das Meer hinaus. Einige waren vier Wochen alt, andere jünger.

Und wie es das Schicksal wollte, trieb das Boot auf einen Felsen zu, auf dem ein Schloß thronte, und das Boot zerschellte, und alle ertranken außer Mordred. Er wurde an Land gespült und von einem gütigen Mann aufgelesen, der ihn aufzog, bis er vierzehn Jahre alt war. Da brachte er ihn an den Hof des Königs, doch davon wird noch zu berichten sein, wenn wir uns dem Ende unserer Geschichte nähern.«[13]

Die Herrin vom See

D er Schatten, der auf Artus fällt, wird immer dunkler. Nicht nur, daß er mit seiner Schwester eine inzestuöse Verbindung einging, er nahm auch, um den drohenden Folgen dieser Handlung zu entgehen, Zuflucht zu einem Verbrechen, das dem des Herodes nicht nachstand: er ließ alle Söhne der Adligen töten, damit der eine, der ihm Verderben bringen würde, ihm nicht mehr gefährlich werden konnte.

Wenn auch Merlin für diesen Mord verantwortlich gemacht wird, da er ihn – so munkelt man im Reich – dem König angeraten, so ist es doch Artus, der den Befehl dazu erteilt, und seine Herrschaft, die einst von Gott gesegnet, ist nun von dem Makel seiner Untat überschattet. Dennoch, man vergibt ihm, um den Frieden zu wahren, und er selbst, der sich der Gefahr entledigt wähnt, wiegt sich in Sicherheit. Als er seinen Irrtum erkennt, ist es zu spät.

Die bösen Zeichen jedoch reißen nicht ab. Kaum hat sich Artus in seinem Schloß Camelot zur Ruhe gesetzt, da wird ihm ein Bote gemeldet:

»Und als der König mit seinen Rittern dort angelangt war und sie sich häuslich eingerichtet hatten, da kam ein junges Mädchen, das eine Botschaft seiner Herrin, Lile von Avelion, trug. Und als sie vor König Artus geführt wurde, berichtete sie ihm, woher sie komme und was ihres Geschäftes sei. Sie trug einen prächtigen, pelzbesetzten Umhang, und als sie so vor dem König stand, ließ sie ihn fallen und enthüllte ein Schwert, mit dem sie gegürtet war. Der König wunderte sich gar sehr und fragte: ‚Edles Fräulein, warum tragt Ihr dieses Schwert? Es ziemt sich nicht für eine junge Dame.'

‚Nun, ich werde es Euch sagen', antwortete das Mädchen. ‚Dieses Schwert, das ich an meiner Seite trage, bereitet mir große Sorge und Kummer, denn niemand kann mich von ihm befreien außer einem Ritter, der ebenso tapfer wie edel sein muß, denn sonst wird es ihm nicht gelingen. Ich war schon am Hofe König Riences, denn man sagte mir, es gäbe dort tapfere Ritter, und sowohl er als auch seine Ritter haben es versucht, aber niemand hat mir helfen können.'«[14]

Der König, der meint, daß er eine solche Probe schon einmal bestanden hat, macht sich sogleich ans Werk:

»Da ergriff Artus das Schwert und hielt den Gürtel und die Scheide, und er zog mit aller Kraft, aber das Schwert bewegte sich nicht. ‚Herr‘, sagte das Mädchen. ‚Ihr braucht Euch nicht so anzustrengen, denn der, der es herausziehen wird, dem wird es ohne Gewalt gelingen.'«[15]

Und in der Tat, es gelingt ihm nicht. Auch die Ritter des Königs versuchen es vergeblich:

»Die meisten der Ritter der Tafelrunde, die zugegen waren, versuchten es einer nach dem andern, aber keiner hatte Erfolg, weshalb das Mädchen sehr betrübt war und rief: ‚Ach! Ich dachte, an diesem Hof seien die besten Ritter, ohne Furcht und Tadel!‘ – ‚Bei meinem Wort‘, sagte Artus, ‚es sind gute Ritter, die besten, die ich kenne. Aber es ist ihnen nicht gegeben, Euch zu helfen, was mich gar sehr bedrückt.'«[16]

Nein, so tapfer und edel sie angeblich waren, die Prüfung bestand ein anderer. Es war Balin, ein Gefangener des Königs, der nach verbüßter Strafe auf freien Fuß gesetzt wurde und nach einer neuen Waffe Ausschau hielt. Das Angebot des edlen Fräuleins kam ihm gerade recht, wiewohl sie sein verkommenes Äußeres zweifeln ließ. Aber Balin, der von edler Abkunft war und im Grunde seines Herzens ein guter Mensch, weiß sie zu besänftigen:

»‚Mein edles Fräulein‘, sagte Balin, ‚Würde und Anstand sind nicht eine Frage der Kleidung. Tapferkeit und Ehre sind im Innern eines Menschen verborgen, und so mancher gottesfürchtige Ritter bleibt unerkannt. Deshalb urteilt nicht nur nach dem Äußeren!‘ – ‚Bei Gott‘, sagte das Mädchen, ‚Ihr sagt die Wahrheit. So versucht es denn!'«[17]

Und wahrlich, Balin gelingt, worin alle anderen gefehlt. Doch als das Mädchen, froh, von dem Bann befreit zu sein, das Schwert zurückfordert, willigt Balin nicht ein:

»‚Nein‘, sagte Balin. ‚Dieses Schwert werde ich behalten, und nur mit Gewalt wird man es mir wieder entwenden.‘ ‚Nun‘, antwortete das Mädchen. ‚Ihr seid unklug, wenn Ihr mir das Schwert nicht zurückgebt. Denn Ihr werdet mit diesem Schwert den besten Freund, den Ihr habt, und den Mann, den Ihr am meisten liebt, erschlagen, und es wird auch Euer Untergang sein.'«[18]

Artus und die Tafelrunde. Umrißzeichnung nach einem Wandgemälde aus dem 14. Jahrhundert.

Traurig wendet sie sich ab, und das Unheil nimmt seinen Lauf:

»Und als Balin im Begriff war aufzubrechen, erschien eine Dame am Hof, die sich die Herrin des Sees nannte. Sie kam zu Pferde und war reich gewandet und begehrte, den König zu sehen, und sie fragte ihn nach jenem Geschenk, das er ihr versprochen hatte, als sie ihm das Schwert gab.«[19]

Artus erinnert sich wohl, doch als sie ihren Wunsch äußert, lehnt er ab: Nichts Geringeres fordert sie als den Kopf dessen, der das Mädchen von dem Schwert befreit, und wenn nicht diesen, dann den Kopf des Mädchens. Ja, sie hätte nichts dagegen, wenn er ihr gleich beide Köpfe geben würde, denn sie hätten beide Unrecht begangen.

Balin, der seinerseits nicht gut auf die Herrin zu sprechen ist, wartet nicht lange, sondern macht kurzen Prozeß:

»Als Balin sich gerade aufmachte, sah er die Herrin des Sees; sie hatte den Tod seiner Mutter auf dem Gewissen, und drei Jahre lang hatte er nach ihr gesucht. Als ihm nun berichtet wurde, daß sie seinen Kopf gefordert hatte, ging er geradewegs auf sie zu und sagte: ‚Hab ich dich endlich gefunden, Verkörperung des Bösen! Du wolltest meinen Kopf haben, und so wirst du deinen verlieren!‘ Und er zog sein Schwert und schlug ihr mit einem einzigen Hieb den Kopf ab.«[20]

König Artus, Zeuge dieser Untat, ist dann doch ein wenig ungehalten:

»‚Schande über dich!‘ rief Artus. ‚Warum mußtest du das tun? Du hast Schande über mich und meinen Hof gebracht, denn sie war eine Herrin, der ich mich verpflichtet fühlte, und sie kam hierher unter der Zusicherung freien Geleits. Niemals werde ich dir diese Tat vergeben.‘«[21]

Und er verbannt ihn von seinem Hof und aus seiner Stadt. Doch Balin weiß, wie er die Gunst des Königs zurückgewinnen kann. Er zieht nach Wales, sammelt ein Heer tapferer Männer um sich und stellt sich Rience, dem Rivalen des Königs, entgegen. Der Rebell wird geschlagen, gefangengenommen und vor den König gebracht.

Damit ist Balin wieder in Güte aufgenommen. Doch dem Fluch, den das Mädchen geweissagt, kann er nicht entgehen. Ein Ritter treibt sein Unwesen, und er fordert ihn zum Kampf:

»Und wieder stürmten sie aufeinander ein, und die Wucht ihrer Schläge war so groß, daß das Blut, das überall floß, ein furchtbarer Anblick war und ihre Rüstungen zerbrachen, so

daß ihre Körper schutzlos waren. Schließlich ließ der Jüngere der beiden ab und brach zusammen. Da fragte ihn Balin:
‚Wie heißt du? Noch nie bin ich einem Ritter begegnet, der
mir ebenbürtig war.'

‚Ich heiße Balan', sagte er, ‚Bruder des edlen Ritters Balin.'

‚Oh', rief Balin, daß ich diesen Tag erleben mußte!' Und er
sank zu Boden und verlor die Besinnung. Da kroch Balan
auf Händen und Füßen herbei und nahm den Helm seines
Bruders ab. Fast hätte er ihn nicht erkannt, so sehr war sein
Antlitz von den Kampfspuren zugerichtet. Da erwachte Balin und sagte: ‚O Balan, mein Bruder, du hast mich tödlich
verwundet und ich dich. Alle Welt wird unseren Tod betrauern.'«[22]

So lud sich Artus zu seiner Schuld auch noch das Unglück
anderer auf, denn das Verderben begann mit jener Begegnung am See, die ihm zum zweiten Mal sein Schwert Excalibur offenbarte. Wieder ist es nicht eigentlich seine Schuld,
doch er ist das Werkzeug, das Medium, durch das sich das
Schicksal erfüllt.

Lenker dieses Schicksals sind übernatürliche Kräfte, die
dem Menschen mal wohlgesonnen sind, mal ihm übel mit-
spielen. Merlin ist die häufigste Erscheinung dieser geheimnisvollen Mächte. Er ist halb Mensch, halb Geist, ein Zauberer, der in die Zukunft schaut und Wunder vollbringt. Aber
auch er ist nur ein Mittler, sein Leben begrenzt, sein Werk
nicht zeitlos.

Über ihm stehen jene Gestalten, die zwar auch keine Götter sind, doch deren Inkarnation. Sie treten zumeist in Form
feenhafter Wesen auf und geben damit ihren Ursprung zu erkennen: Göttinnen und nicht Götter charakterisieren das
Pantheon der Kelten. Das Jenseits lag fern über dem Meer,
aber auch unter den Wellen. Jede Quelle, jeder See war der
Zugang zur Unterwelt. Es war aber auch der Schoß, die
Scheide der Erdenmutter, aus der die Welt, der Mensch
geboren.

Matres oder *Matronae* nannte man die Erdgöttin in ihrer
dreifachen Erscheinung: als Jungfrau verhieß sie die Reinheit, als Braut das Leben und als altes Weib den Tod. Sie war
Gebärerin und Zerstörerin, brachte Gutes über die Menschen und ihr Verderben. Ihr Wesen war ambivalent – wie
das der Feen, in denen sie fortlebte.

Die Herrin des Sees, die schenkte und forderte, das Mädchen, das bittet und droht, sie waren kein launischer Einfall

des Dichters. Sie gehen auf Mythen und Sagen der Kelten zurück und offenbaren den heidnischen Charakter der Artuslegende. Denn diese Feen, überirdische Wesen, die mit den Menschen spielen, sie fordern, sie zu höchsten Anstrengungen verleiten und sich nur dem Tapfersten schenken, sind keine Randfiguren: sie stehen im Mittelpunkt des Geschehens, überragt nur von den vermeintlichen Helden, die letztlich doch nur ihr Werkzeug sind.

Excalibur? Ob aus Stein oder Wasser, Scheide oder Schoß, es ist ein göttliches Geschenk, mit göttlicher Macht versehen, und der christliche Segen, der ihm erteilt, ist nur der Firnis, ein Zugeständnis an den Geist der Zeit, der das Heidnische verdrängt, doch nicht auslöscht.

Die Hand? Aus den Armen der Erdmutter erhielt der König sein Schwert – und in ihre Obhut wird er es einst zurückgeben, wenn er selbst in ihr Reich einkehrt.

Der Fluch des Mädchens? Eine Verlockung, doch keine Verheißung. »Sie hat einen Bruder«, erklärt Merlin dem König, »einen tapferen Krieger und edlen Ritter, und sie liebte einen anderen Ritter, der sie zu seiner Geliebten gemacht. Dieser edle Ritter, ihr Bruder, forderte den Ritter heraus, der sie verführt hatte, und erschlug ihn mit eigener Hand. Und als das schändliche Mädchen davon erfuhr, ging sie zur Herrin Lile von Avelion und bat sie, ihr zu helfen, auf daß sie sich an ihrem eigenen Bruder räche.«

Die Herrin von Avalon gab dem Mädchen das Schwert und trug ihr auf, einen Ritter zu suchen, der sie von dem Bann erlöse, mit dem das Schwert belegt war. Nur der, dem es gelänge, das Schwert zu ziehen, mit dem sie gegürtet, werde sie von ihrem Kummer befreien.

Balin, wiewohl er sie von ihrem Ungemach befreite, ging nicht auf ihre Forderung ein. Er ging seinen eigenen Weg – und war verflucht, denn die Waffe, die er erworben, war aus Unheil geboren und konnte nur Unheil bringen. »Gebe Gott«, schloß Merlin, »daß sie niemals gekommen wäre, denn sie kam nicht, um Gutes zu tun, sondern um großes Leid zu stiften.«

Auch das Unglück, das Balin widerfuhr, der unmittelbare Anlaß zu dem verhängnisvollen Zweikampf, war die Aufforderung einer Fee, Herrin eines Schlosses, die sagte: »Tapferer Ritter, du kannst hier nicht verweilen, solange du nicht mit jenem kämpfst, der dort auf der Insel wohnt.« Und er ließ sich überreden, seinen Schild, an dem er erkenntlich, gegen

einen anderen, der seinem Bruder unbekannt, auszuwech-
seln, und so nahm das Unglück seinen Lauf.

Nie hätte er das Schwert anfassen dürfen noch auf die
Worte der Schloßherrin hören. Sie brachten ihm beide Verderben, das Mädchen und die Herrin, prüften ihn, spannen
ihn in ihr Garn und stießen ihn von sich, wie eine Spinne, die
ihr Opfer gelähmt.

»‚Und niemand soll dieses Schwert tragen‘, sagte Merlin,
‚außer dem tapfersten Ritter der Welt, und dies wird Sir Lanzelot sein oder Galahad, sein Sohn, und Lanzelot wird mit
diesem Schwert den erschlagen, den er von allen am meisten
geliebt, und das wird Sir Gawain sein.‘«[23]

So setzt sich der Fluch fort, und niemand, der das Schwert
berührt, wird ihm entgehen.

Ritter ohne Furcht und Tadel

A m Anfang, als er durch Gnade und Tapferkeit zum König erwählt, wußten die meisten Fürsten nicht, daß Artus der Sohn Uther Pendragons war, und obwohl Merlin es öffentlich bekanntgab, mißtrauten ihm doch noch viele und führten Krieg gegen ihn, bis er sie schließlich endgültig besiegte. Merlin stand ihm die meiste Zeit seines Lebens mit Rat zur Seite, und so sagte er zu ihm: ‚Meine Untertanen machen mir noch immer zu schaffen, aber es ist an der Zeit, daß ich mir eine Frau nehme, und ich möchte, daß du mir dabei rätst.'

‚Es ist gut', sagte Merlin, ‚daß du dir eine Frau nimmst, denn ein Mann deines Standes sollte nicht allein sein. Gibt es jemanden, den du mehr liebst als andere?'

‚Ja', sagte König Artus. ‚Ich liebe Guinevere, die Tochter König Leodegrances, des Herrn von Camelerd, in dessen Schloß die Runde Tafel steht, die er, wie du sagst, von meinem Vater hat. Und dieses Mädchen ist das edelste und schönste Geschöpf, das ich je gesehen.'«[24]

Merlin nickt und wird nachdenklich. Er kennt die junge Dame; Artus hatte ihrem Vater seine Hilfe angeboten, als dieser durch König Rience bedroht wurde, und gemeinsam hatte man den Feind abgewehrt. Dabei hatte Artus das edle Fräulein das erste Mal gesehen, »und von diesem Augenblick an liebte er sie«. Merlin ist dennoch von der Wahl nicht angetan:

»‚Herr', sagte Merlin, ‚was ihre Schönheit und Anmut betrifft, so kommt ihr keine gleich. Doch wenn Ihr sie nicht so lieben würdet, wie Ihr es tut, würde ich jemanden für Euch finden, deren Schönheit und Güte Euch wahrlich gefallen würde, hättet Ihr nicht Euer Herz auf die eine gesetzt. Denn wenn ein Mann einmal sein Herz vergeben hat, läßt er nicht mehr davon ab.'«[25]

Worauf der König antwortete: »So ist es!« Da mußte Merlin etwas deutlicher werden:

»Merlin warnte den König, daß es nicht gut für ihn sei, Guinevere zur Frau zu nehmen, denn er sagte ihm, daß Lanzelot sie begehren werde und daß sie seine Liebe erwidern würde. Und er erzählte dem König die Geschichte vom Heiligen Gral.«[26]

Wieder schaute Merlin in die Zukunft, aber der König ließ sich nicht beirren. Er bat Merlin, die Verhandlungen zu führen, und gab ihm einen Begleittrupp mit.

Leodegrance war durch das Ansinnen des Königs hochgeehrt.

»Das Beste, das mir jemals widerfuhr!« rief er aus, und vor Freude über die Ehre – und den Einfluß, den er gewinnt – gibt er seiner Tochter ein besonderes Geschenk mit auf den Weg: nicht nur den Tisch, den Uther Pendragon ihm vererbt, auch hundert Ritter, die ihren Platz an dem Rund einnehmen sollen:

»Und so übergab Leodegrance Merlin seine Tochter Guinevere und den Runden Tisch mit den hundert Rittern, und so machten sie sich mit großem Gefolge auf den Weg, zu Wasser und zu Land, bis sie die Residenz des Königs erreichten.«[27]

Artus empfing sie mit großer Freude. »Diese edle, junge Dame heiße ich herzlich willkommen, denn seit langem bin ich ihr in Liebe zugetan, und deshalb gibt es nichts, was mir so teuer ist wie sie.«

Doch obwohl er Vorkehrungen für die Hochzeit trifft, ist ihm der Tisch mit den Rittern erst einmal wichtiger. »Merlin«, sagt er, »geh und bringe mir fünfzig Ritter, die sich durch höchsten Edelmut und Tapferkeit auszeichnen.«

Der Tisch, den Artus als Mitgift erhalten, bietet nicht hundert, sondern hundertfünfzig Rittern Platz, und solange die leeren Plätze nicht besetzt sind, ist Artus nicht zufrieden. Denn er weiß, welche Bedeutung dieser Tisch hat:

»Und nach kurzer Zeit hatte Merlin die Ritter gefunden, die er suchte. Da holte man den Bischof von Canterbury herbei, und er segnete den Tisch, und die Ritter nahmen ihre Plätze ein. Und Merlin sagte: ‚Edle Ritter, Ihr müßt Euch alle erheben und vor König Artus treten, um ihm zu huldigen; und so wird es Euch an nichts fehlen.'

Und sie standen auf und huldigten dem König, und als sie gegangen waren, fand Merlin auf jedem Platz mit goldenen Lettern den Namen des Ritters, der dort gesessen hatte. Zwei Sitze aber waren leer.«[28]

Diese beiden Plätze waren den tapfersten vorbehalten; sie mußten sich erst noch bewähren.

Die erste Prüfung trat gleich bei der Hochzeit ein, denn obwohl es ein feierliches Ereignis war, geriet doch die Gesellschaft in Aufruhr, als sich plötzlich ein seltsamer Vorfall ereignete:

»Als der Tag der Hochzeit gekommen war, wurde der König mit Guinevere in der Kirche des Heiligen Stephan zu Camelot vermählt. Und als sie sich alle zum Festmahl niederließen, ein jeder, wie es seinem Rang entsprach, ging Merlin von einem zum andern und trug ihnen auf, auf ihren Plätzen zu bleiben, ,denn ihr werdet Zeuge eines seltsamen und wunderbaren Ereignisses sein'.

Die Hochzeitsnacht von König Artus. Miniatur aus einer französischen Artus-Dichtung des 14. Jahrhunderts.

Und als sie dort saßen, kam ein weißer Hirsch in die Halle gelaufen, und mit ihm eine weiße Hündin, und sechzig Hunde stürmten herbei, schwarz und mit lautem Gebell, und der Hirsch umrundete die Tafel und ging zu den anderen Tischen, da biß ihn die Hündin in die Hinterhand und riß ein Stück Fleisch heraus, worauf der Hirsch einen mächtigen Satz tat und einen Ritter zu Fall brachte, der an einem der Seitentische saß, und der Ritter erhob sich und nahm die Hündin und lief aus dem Saal, bestieg sein Pferd und ritt davon.

Da kam eine Frau auf einem weißen Pferd herangeritten und sagte zum König: ,Herr, laßt es nicht zu, daß man mir dieses Unrecht tut, denn die Hündin, die der Ritter mitgenommen, gehört mir.'«[29]

Der König ist ungehalten über diese Störung, und als plötzlich ein Ritter auftaucht und die Frau mit Gewalt aus seinem Angesicht entfernt, ist er froh, daß der Spuk vorüber ist. Doch Merlin erhebt warnend die Hand: »Nimm diesen Vorfall nicht zu leicht! Es muß alles wiedergutgemacht werden, sonst würde es deinem Ruf und der Ehre dieses Festes schaden.«

Und so machen sich denn drei Ritter auf, um dem König ihre Ergebenheit zu beweisen. Es sind Sir Gawain und Sir Tor, zwei junge Edelleute, die der König gerade zum Ritter geschlagen; außerdem König Pellinor, jener Fremde, dem Artus am Brunnen begegnet, als ihm das Fabelwesen erschienen war. Pellinor nimmt einen Ehrenplatz an der Tafelrunde ein, denn er ist ebenso tapfer wie der König und ihm seit dem Kampf, in dem sie sich gemessen, in Treue ergeben.

Sir Gawain, der Neffe des Königs, vermag seine Aufgabe nur zum Teil zu erfüllen. Zwar gelingt es ihm, den weißen Hirsch, dessen Verfolgung ihm obliegt, zur Strecke zu bringen, doch dabei geschieht ihm das Unglück, daß er ein Edelfräulein erschlägt, das dem Hirsch Unterschlupf in seinem Schloß gewährt.

Vor den König gebracht, muß er von seinem Abenteuer berichten. Doch nicht Artus, Guinevere fällt das Urteil:

»Und die Königin ordnete an, daß die Damen ihres Hofes zusammentreten, um über Sir Gawain zu richten, und sie verurteilten ihn zu schwören, daß er, solange er lebe, sich immer auf seiten der Frauen stellen und für sie streiten solle; und daß er immer höflich und edelmütig sein solle und niemals Gnade und Mitleid verwehren. Und so mußte er schwören bei den vier Evangelisten, niemals eine Dame im Stich zu lassen oder sich gegen sie zu wenden, es sei denn, er verteidige eine und sein Gegner eine andere.«[30]

Sir Tor, der ein Sohn König Pellinors ist, hat mehr Glück. Er soll die Hündin zurückbringen, und da der Ritter, der sie verteidigt, sich als Mörder entpuppt, erschlägt er ihn kurzerhand. Zur Belohnung wird Sir Tor in den Grafenstand erhoben.

König Pellinor schließlich soll die Dame auf dem weißen Pferd zurückbringen. Auf der Suche nach ihr begeht er den Fehler, den Hilferuf eines Mädchens zu mißachten, das sich um einen verwundeten Ritter müht. Zu sehr ist er von seiner Aufgabe besessen. Als er nach erfolgreichem Kampf die gesuchte Dame befreit hat und an den Ort zurückkehrt, wo das Mädchen und der Ritter weilten, findet er beide nicht mehr am Leben: der Ritter ist seinen Wunden erlegen, und das Mädchen hat sich vor Gram in sein Schwert gestürzt. Pellinor erfährt erst bei seiner Rückkehr in Camelot, daß jenes Mädchen seine Tochter war und der Ritter, um den es trauerte, ihr Geliebter. Dafür, so eröffnet ihm Merlin, werde er dereinst selbst von seinen Getreuen verlassen und schmählich den Tod finden.

Dessen ungeachtet ist der Ruhm des Königs gesichert, die Probe, der sich seine Ritter ausgesetzt, letztlich doch bestanden, und so kann Artus den heiligen Akt vollziehen, der den Höhepunkt des Festes bildet:

»Als nun die Suche nach dem weißen Hirsch, die Sir Gawain aufgetragen, die Suche nach der Hündin, die Sir Tor, Pellinors Sohn, übernommen, und die Suche nach der Frau,

die der Ritter entführte und die König Pellinor befreite,
beendet war, da rief der König all seine Ritter zusammen;
und er gab denen, die ohne Güter waren, Ländereien und
trug ihnen auf, niemals Unrecht oder Ausschreitungen zu
begehen noch Verrat zu üben; auch sollten sie nicht grausam
sein, sondern Gnade dem gewähren, der um Gnade bittet,
andernfalls sie für immer ihre Rechte und Titel, die ihnen der
König verliehen, einbüßen würden. Auch sollten sie immer
Edelfräulein und Damen Beistand leisten, sonst hätten sie
ihr Leben verwirkt. Und sie sollten nie einen Kampf begin-
nen, es sei denn, für eine gerechte Sache, doch niemals um
weltlicher Güter. Darauf mußten alle Ritter der Tafelrunde,
alt und jung, ihren Eid ablegen. Und jedes Jahr, wenn das
Pfingstfest kam, mußten sie ihren Schwur erneuern.«[31]

Guinevere

So endete das Fest, das Guinevere, die Tochter des Königs von Camelerd, mit Artus verband. Sicher war die Königstochter, die nun zur Königin geworden, daran gewöhnt, daß bei einem solchen Fest nicht die Braut – oder sei es auch nur die eigentliche Hochzeit – im Mittelpunkt stand. Es waren zumeist Verbindungen, die eher politischen Erwägungen als persönlichen Gefühlen entsprachen, und wenn dabei auch noch eine Mitgift im Spiel war, die nicht nur den Besitz eines Herrschers mehrte, sondern auch noch sein Ansehen stärkte, dann war die, die ihm diese Ehre verschaffte, nur noch Nebensache. Artus mochte schwören – und er hatte ja schon so einiges erlebt, um sich ein derartiges Urteil erlauben zu können –, daß Guinevere die Schönste sei, der er jemals begegnet war, und daß er ihr hinfort bis in alle Ewigkeit ergeben sein würde; doch schon das Fest, bei dem er ihr dieses Versprechen gab, bewies, daß er Wichtigeres im Kopf hatte: er mußte sehen, daß er seine Ritter alle zusammenbekam, daß sie ihre Probe bestanden und daß sie ihm schließlich den Eid ablegten. Für anderes blieb da keine Zeit, und das wird sich auch in Zukunft nicht geändert haben, denn kaum hatte er seine Ritter beisammen – und das Land befriedet –, da hielt er nach neuen Unternehmungen Ausschau. Kurzum, Guinevere mag sich ein wenig hintangesetzt gefühlt haben, und dieses Gefühl mag sich im Laufe der Zeit noch verstärkt haben. Jedenfalls sollten wir dies im Auge behalten, wenn wir über ihren weiteren Weg berichten.

Wer war sie? Malory ist wenig mitteilsam. Auch Geoffrey weiß nur zu erzählen:

»Schließlich, als er [Artus] im ganzen Lande wieder Ordnung hergestellt hatte, heiratete er eine Frau namens Guinevere. Sie stammte aus einer adligen römischen Familie und war im Hause des Herzogs Cador aufgewachsen. Sie war die schönste Frau auf der ganzen Insel.«[32]

Cador, wir entsinnen uns, war jener Herzog von Cornwall,

der die Sachsen nach ihrer Niederlage bei Bath verfolgt hatte, um sie schließlich auf der Insel Thanet gänzlich aufzureiben. Auch Malory erwähnt Cornwall, wenigstens deutet sein Hinweis, daß Guinevere die Tochter des Königs von Camelerd ist, auf einen Ort hin, der unweit von Tintagel liegt: Camelford. Zwar steht dieser Ort auch noch in anderer Weise mit der Artuslegende in Verbindung – die Assoziation reicht von Camelot, dem Sitz des Königs, bis zur sogenannten Schlachtbrücke, wo Artus angeblich den Tod fand –, doch ist die Möglichkeit, daß sich in der Gegend von Camelford die Residenz der Herzöge von Cornwall befand, wahrscheinlicher; denn Tintagel trat seine Nachfolge an und war ja auch schon – wie wir gesehen haben – vor der Zeit König Artus' besiedelt.

Auch der Hinweis, daß sich hier in Camelford, das heißt Camelerd, am Hof des Königs Leodegrance, der Tisch befand, den der König seiner Tochter als Mitgift auf den Weg gab und den er von Uther erhalten hatte, dem Vater des Artus, läßt auf die Nähe des Königshofes zu Tintagel schließen.

Gleichwohl weist der Name der Königstochter auf eine andere Gegend: in Wales erscheint der Name Guinevere in Verbindung mit einer Gottheit. So erklärt sich auch ihr Name, der soviel wie »Weißes Gespenst« heißt. Eine jener Feen, die für die keltische Tradition so typisch sind.

Daß sie einer römischen Familie entstammte, ist dagegen höchst unwahrscheinlich. Rom hatte seine Grenzen niemals nach Cornwall oder Wales ausgedehnt, und hinter dem Hinweis Geoffreys wird sich kaum mehr verbergen, als daß Guinevere, wiewohl in eine traditionelle keltische oder britische Familie geboren, unter dem Einfluß römischer Kultur aufwuchs, der ja auch jenseits der eigentlichen Grenze spürbar war. Jedenfalls war sie so besser gerüstet, dem, der die Kultur schlechthin verkörperte, zur Frau gegeben zu werden.

Schattenhafter noch als ihr legendärer Gemahl, dessen Identität sich auf wenn auch spärliche, so doch konkrete Belege stützt, wird Guinevere wohl niemals die Konturen einer historischen Persönlichkeit annehmen. Damit teilt sie das Los ihrer Geschlechtsgenossinnen, die nur in Ausnahmefällen aus dem Dunkel der Geschichte hervortreten, da sie von Männern gemacht und geschrieben wurde.

Ein interessanter Hinweis findet sich noch bei Wace, einem normannischen Dichter, der Geoffreys *Historia* ins Französische übersetzte und zuweilen einige Ergänzungen

vornahm, die auf bretonische Überlieferungen zurückgehen: »Artus liebte sie sehr«, schreibt er, »und schätzte sie
hoch; aber sie hatten keine Erben und konnten keine Kinder
bekommen.« Woraus zu schließen ist, daß Guinevere un-
fruchtbar war, denn der König, Artus, hatte seine Zeugungs-
kraft bereits wiederholt bewiesen. Vielleicht auch liegt darin
ein Grund, weshalb er mit ihr oder sie mit ihm nicht zufrieden war und ein jeder seiner Wege ging.

Doch zunächst war das Handikap der Königin nicht ersichtlich, und es wurde ein prunkvolles Fest gefeiert. Der
Höhepunkt war wie gesagt jene Tafel, an der sich 150 Ritter
versammeln konnten. Daß es ein Erbstück war, erklärt noch
nicht, warum gerade dieser Tisch eine solche Bedeutung erlangte. Wace, auf den die Überlieferung von der Tafelrunde
zurückgeht, denn Geoffrey erwähnt sie nicht, hat dafür fol-
gende Erklärung. Er schreibt: »Für die adligen Ritter, die er
an seinen Hof zog und von denen jeder meinte, er sei besser
als die anderen – jeder hielt sich für den vortrefflichsten, und
keiner hätte sagen können, wer der geringste unter ihnen
war –, schuf Artus die Tafelrunde, von der die Leute in der
Bretagne viele Geschichten erzählen. Dort saßen seine Vasallen alle im selben ritterlichen Rang und ohne Abstufung
voneinander; ganz gleich saßen sie bei Tisch, und alle wurden in der gleichen Weise bedient; niemand unter ihnen
konnte sich rühmen, einen besseren Platz innezuhaben als
einer, der ihm ebenbürtig war, alle saßen im Kreis und keiner
abseits.«

Mit anderen Worten, Artus wollte vermeiden, daß es infol-
ge der Sitzordnung Unstimmigkeit und Rivalitäten unter seinen Gefolgsleuten gab, und so ließ er einen Tisch fertigen, an
dem alle im Kreis sitzen konnten, so daß niemand bevorteilt
war. Layamon, ein englischer Dichter, der den *Roman de
Brut*, das Versepos von Wace, ins Englische übersetzte und
damit die Artuslegende, die ja ursprünglich in lateinischer
Sprache verfaßt war, zum ersten Mal in einem einheimischen – wenn auch nicht britischen, so doch englischen –
Idiom propagierte, schmückte diese Fassung noch weiter
aus. Er berichtet von einem allgemeinen Handgemenge, das
anläßlich einer Weihnachtsfeier im Festsaal des Königs ausbrach, und da 700 Ritter allerhand Kleinholz anhäuften, war
es der König leid und beauftragte einen Zimmermann aus
Cornwall, ihm einen Tisch anzufertigen, der das Problem ein
für allemal lösen sollte. Der Zimmermann brauchte sechs

Wochen, dann war der Tisch – so rund wie ein Wagenrad und so groß wie Stonehenge – fertig: 1600 Ritter fanden daran Platz, und keiner fühlte sich übervorteilt! Verständlich, daß spätere Kommentatoren (im sogenannten Vulgata-Zyklus, von dem wir noch hören werden) das Wunderwerk Merlin in die Schuhe schoben, der es Uther Pendragon zum Geschenk gemacht habe. Es erinnere an den Tisch, an dem Jesus mit seinen Jüngern beim letzten Abendmahl saß, und gemahne an die Pflicht eines christlichen Königs, seine Ritter in der gleichen Weise um sich zu scharen.

Auch die Kelten hatten eine ähnliche Vorstellung: ihre Könige und Stammesfürsten pflegten bei festlichen Anlässen im Kreise von zwölf Kriegern zu speisen. Mochte die Zahl auch variieren, daß sich ein Herrscher oder Würdenträger mit seinen Getreuen zusammensetzt und einen Kreis bildet, ob zum Essen oder zu einer Ratsversammlung, ist sicher ein Brauch so alt wie die Menschheit, denn wir finden ihn praktisch über die ganze Erde verbreitet. Ob in Afrika oder bei den Germanen, man trat und tritt unter einem Baum zusammen, setzt sich im Kreise, palavert, läßt ein rituelles Getränk herumgehen und bildet eine Gemeinschaft, die den Göttern ebenso wie den Menschen genehm ist.

Christliches und Heidnisches – auch bei der Tafelrunde, jener Rittergemeinschaft, die dem König geschworen hat, Gott und den Menschen zu dienen, verbindet sich alte Überlieferung mit neuem Glauben; und im Zeichen dieser Gemeinschaft, die das höchste Ideal des Rittertums ist, schickt sich Artus an – und mit ihm der Bund, der in seinem Namen kämpft –, die Welt für den Heiland zu erobern.

Zu den folgenden Farbseiten:

Seite 97
Oben: Die Küste von Cornwall mit der Bucht von Tintagel.
Unten: Tintagel mit den Resten der eigentlichen Burg
im Vordergrund.

Seite 98
Die Verführung des Zauberers Merlin durch die Fee Nimue.
Gemälde von Edward Burne-Jones, 1874.

Seite 99
Königin Guinevere, wie sie sich die Präraffaeliten vorstellten.
Gemälde von William Morris.

Seite 100/101
Der »Ring der Riesen« – Stonehenge

Seite 102/103
Illustrationen aus dem 15. Jahrhundert zur Histoire de Merlin
von Robert de Boron.

Seite 104
Illustrationen aus dem 14. Jahrhundert zu einer französischen
Handschrift.
Oben: Artus und sein Hof.
Unten: König Artus auf seinem Thron, umgeben von seinen
Beratern.

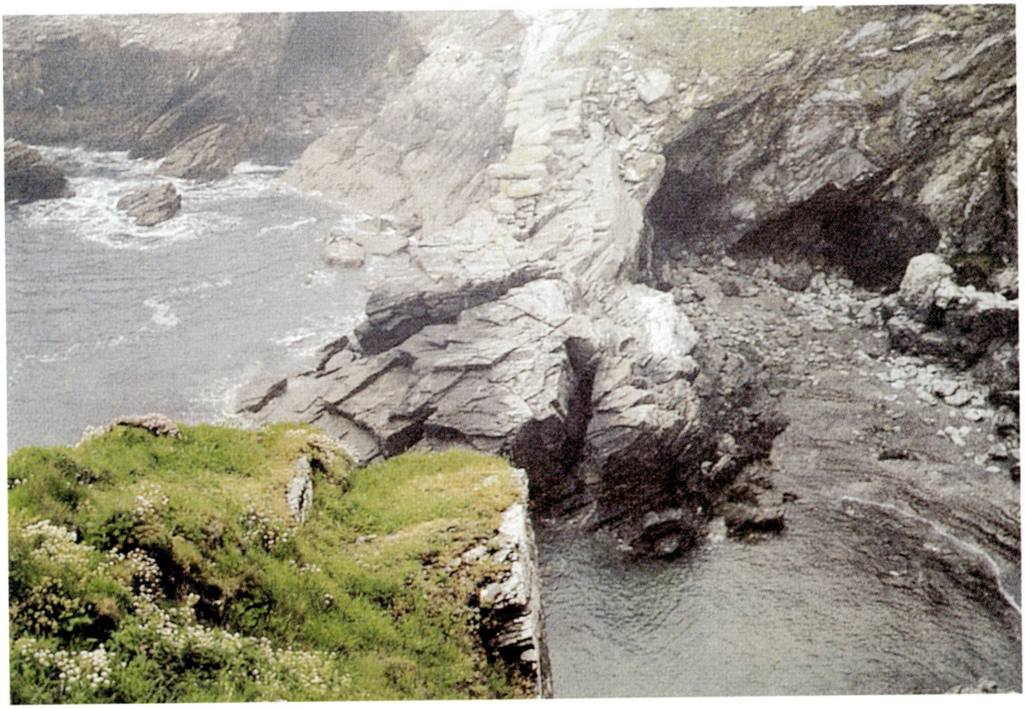

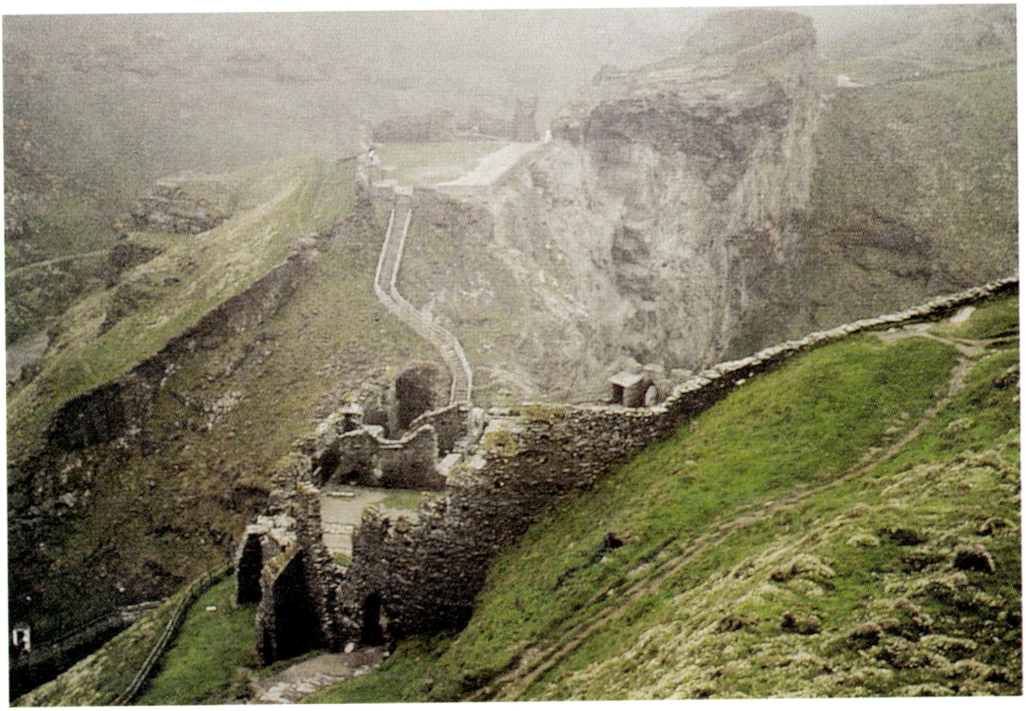

Ieuſoit die
Le conte que ſi toſt co
le roy braunzonce ſeſm
parti de ſorhaiz que le roy lraua
ves aparcilla ſoy entre à tout
rois ayl hoé et ſen alla en eſte
gore ſa mauſſie aie et la garmi
mouls bagouvnrgemeu come
celhy quy eſtoit preuz hardy et
eutreprenaut et manda gès
de toutes parz tauz quy pnut
ſept mille tous armez a prez
a cheual de celle partie ne ſuet
me les ſeſmes car il les en
gardat bien mas le plus gruſon
lavnni les forſts grandes et
parſoudes ſi toſt quil oiou die
que les ſeſmes cheminorent
et prenouent ſa proie ilſ ſallou

a leucoutre et pluſieurs foiz
ilſ gagnou et maurnudre m
la gue vve de celle part longue
ment come le conte deuiſe apz
que les ſept Poyſ ſen ſuvrm
partis de ſorhaiz ſen parti
aq nſau le roy diſore et eſtou
le plus riche roy de te vre quy
ſvy pzs parties ſvz et le plub
pruiſne mais des armes ne
ſauou il pas taut que les autz
ſorhiu aſnmbla ſept mille hoee
armes et ſen alla a corenges
en eſcore graude aie et viche
et ſuſt ſoit grence des ſeſmes
quy eſtorut Emmoy car il
uy auoit que vv lenes puqs
au chaſtel de meuberes la ou
le viege eſtou ſi grans que uul
ne le ſcult die ne noucet le

Comment gauuenet et ses
freres et galeschins le filz au
roy neutre se combatt vent
aulp sesnes et comment ilz
leur tollrent leur proye
quilz emmenoient et les
ocorrent tous et baillerent
la proye aux paysans

leudroit dit
Le conte que a lentree
de may au temps nol
que les oyseaulp chantent dou
et soy et toute chose de ioye
en sesfamine les boys et les
iardins sont floriz et les bles
sont flourissans entre mesles
de fleurs de diuersses coulleurs
et les belles fontaines vint
qui sont courautes et les
amours nouuelles sont si
baudis les damoiseaulp et si

damoiselles qui ont les cuers
iolis et gays pour la douleur
du temps qui renouuelle lors
aduint que gauuenet et a
granam et gucheres et ha
sieups et ceulx qui en leur
compaygne estoient venne
furent leues matin pour
le chault qui faison grant cuy
le iour cit ceulx qui youloient
cheuaucho ala fresche du matin
qui estoit tant belle et le temps
sery et coy et si estoient ieulues
et tendres pour mal souffrir
si furent moult bien armez
et auoient chapiaulp de fer
en leurs testes come prinas
et espee pendues a leure
arssous et leurs selles pour
que le pais nestoit pas seur
pour les sesnes q cheminoient
pour auoir viande et pour
le pais rober et confondre q

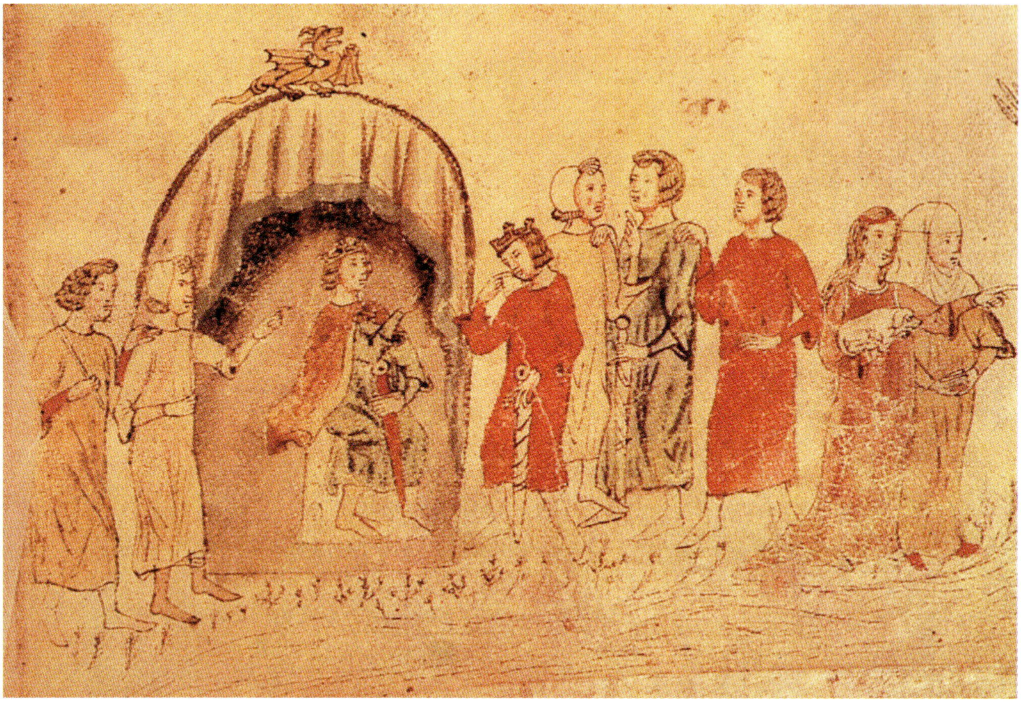

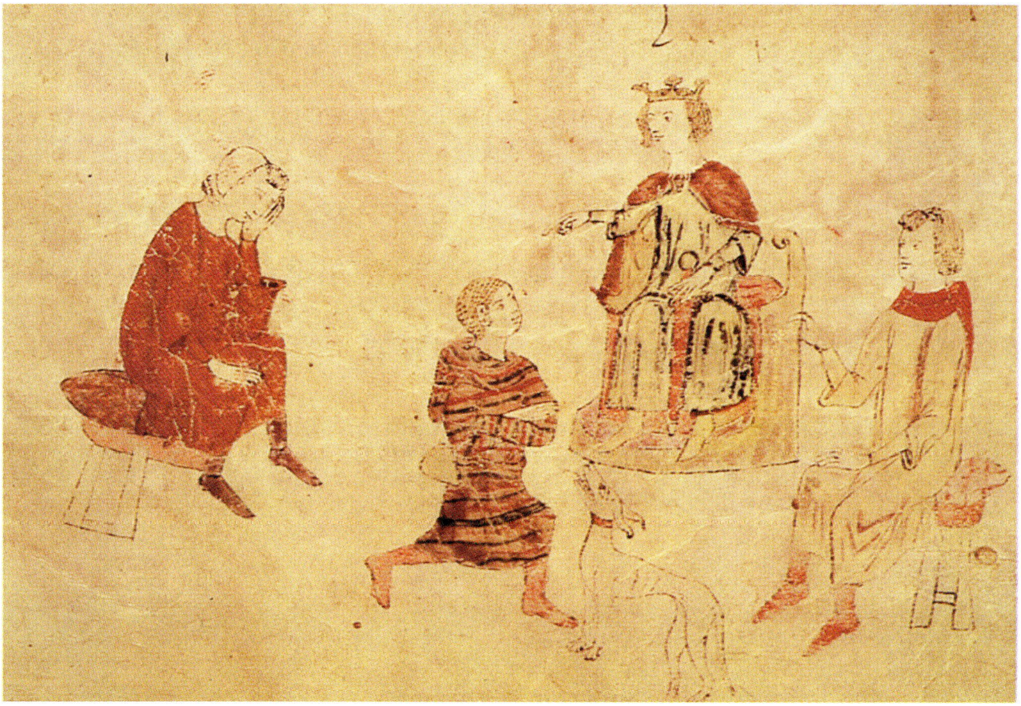

Ein unrühmliches Ende

Wundere dich nicht', sagte Merlin, ,denn es ist Gottes Wille, daß du für deinen Frevel büßen wirst. Aber ich mag wohl bekümmert sein', sagte Merlin, ,denn ich werde einen schändlichen Tod erleiden. Ich werde schnell unter der Erde liegen, während man deinen Tod nicht vergessen wird.'«[33]

So verhieß es der Magier, und obwohl er über sein eigenes Schicksal wußte, tat er doch nichts, ihm zu entgehen. Im Gegenteil, er ließ sich willig verführen, indem er dem unheilvollen Charme einer Fee erlag:

»Und als Sir Gawain, Sir Tor und König Pellinor ihr Abenteuer überstanden hatten, begab es sich, daß Merlin sich wie ein Narr in die junge Dame verliebte, die König Pellinor zurückgebracht hatte. Sie war eine jener Frauen des Sees, und ihr Name war Nimue. Merlin ließ sie nicht in Ruhe, immerfort wollte er bei ihr sein. Sie aber ließ Merlin gewähren und war wohlgemut, denn sie gedachte von seinen geheimen Künsten zu lernen; und er war so vernarrt in sie, daß er es ohne sie nicht mehr aushielt.«[34]

Der König, dem er berichtete, daß seine Zeit gekommen sei, riet ihm, das Unheil abzuwenden. Wozu sei er Magier, verfüge über Kräfte, die den Lauf der Dinge ändern konnten? Doch der Alte winkte ab. »Nein«, sagte er. »Es soll nicht sein.« Und so nahm er Abschied.

Er ließ den König allein. Fortan war Artus auf sich gestellt. Bevor er ging, gab Merlin ihm noch so manchen guten Rat, aber er wußte, der König bedurfte seiner nicht mehr. Die Prophezeiung, die er einst verkündet, hatte sich erfüllt: »Dereinst wird kommen ein Erlöser, so stark wie ein Eber, und unter seiner Macht werden die Fremden weichen, und ein neues Zeitalter wird anbrechen, in dem Friede und Wohlstand herrscht.«

Es war ein langer Weg, den Merlin gegangen. Schon seine Herkunft war von Wundern umrankt. War es doch ein Geist, der sich mit seiner Mutter vereint, und schon als Kind war er den Weisen, die Vortigern, der unglückliche König, um sich scharte, überlegen. Er sagte den Niedergang der Verräters voraus und kündete von einem wahren Heiland, dessen Weg zu ebnen die Aufgabe seines Lebens war.

Er war es, der Uther ermöglichte, Ygerna zu gewinnen, sein Werk, daß Artus geboren. Als Lehrer zog er ihn auf, erfüllte ihn mit jener Mission, die ihm verhießen. Er gab ihm Krone und Schwert und wich nicht von seiner Seite, auch wenn er es nicht verhindern konnte, daß sich sein Schützling jenen Fluch auflud, der sein Ende überschatten sollte.

Er ließ ihn siegen, innere und äußere Feinde bezwingen, verschaffte ihm Guinevere, auch wenn es wiederum einen neuen Fluch bedeutete, und schenkte ihm schließlich das größte Glück: jenen Tisch und die Ritter, die zum Symbol seiner Herrschaft werden sollten.

Er hatte seine Aufgabe erfüllt. Der König, sein Schützling, stand auf der Höhe des Ruhmes: überall im Lande und auch jenseits der Grenzen war sein Name geehrt und gefürchtet. Camelot wurde zum Mittelpunkt der Welt, ein Mekka, zu dem Fürsten und Ritter aus allen Landen strömten.

Was sollte er, Merlin, als alter Mann da noch bewirken? Seine Kräfte erlahmten, er sehnte sich nach Ruhe, dem Frieden des Alters. Er hatte seine Rolle erfüllt. Was machte es da für einen Unterschied, wenn er sich zum Schluß noch einen Schabernack erlaubte? War er doch Späßen und Possen nie abgeneigt gewesen.

»Und so nahmen sie denn Abschied, die Herrin und Merlin, und auf ihrem Wege zeigte ihr Merlin viele Wunder, und so kamen sie nach Cornwall. Und immer legte er sich zu ihr, um ihr die Jungfräulichkeit zu nehmen, bis sie seiner überdrüssig wurde und wünschte, sie könnte sich seiner entledigen. Fürchtete sie ihn doch, denn er war eines Teufels Sohn, aber so sehr sie sich auch anstrengte, sie konnte sich von ihm nicht befreien.«[35]

Schließlich kamen sie an einen Felsen, den ein Geheimnis umgab, und als Merlin ihr davon erzählte, sah sie ihre Chance gekommen:

»Und so geschah es, daß Merlin ihr ein großes Wunder zeigte. Es lag unter einem Fels verborgen, und nur durch Zauber wurde man seiner ansichtig. Da bat sie ihn hineinzugehen, damit er ihr das Wunder zeige. Doch als er hineinging, wiederholte sie den Zauber, und so sehr er sich anstrengte, er war gefangen. Und so ging sie davon und ließ Merlin zurück.«[36]

Ein unrühmliches Ende, fürwahr. Zumal man nicht einmal weiß, wo es stattgefunden hat, streiten sich doch – nicht anders als im Falle Artus' – mehrere Orte um den Ruhm, dem großen, närrischen Magier als letzte Ruhestatt zu dienen. Aussichtsreichster Kandidat ist Merlin's Hill, unweit von Carmarthen alias Kaermerdin, wo Merlin geboren. Es ist ein Hügel, heute von Farmland umgeben, von dem es heißt, daß an seinen Hängen, in einer Höhle, der Magier haust. Niemand hat ihn allerdings bisher gesehen, geschweige denn aus seiner unfreiwilligen Ruhe, zu der er durch die List der Fee verdammt, befreit.

Feldzug nach Gallien

Vielleicht hätte Merlin dem König geraten, sich zu mäßigen, denn bei aller Fürsprache, mit der er ihn anspornte, war er doch stets darauf bedacht, ihn vor Unheil zu bewahren. Doch er selbst war nicht Lenker des Schicksals, wiewohl es oft so schien. Wie er selbst dem Verderben nicht entrinnen konnte, so vermochte er auch den König von seinem Weg, der ins Unglück führte, nicht abzuhalten. Er selbst, der Magier, hatte verkündet:

»,Die Inseln des Ozeans werden dem Eber anheimfallen, und er wird über die Wälder Galliens herrschen. Das Haus Romulus' wird unter dem Ansturm des Ebers erzittern, und das Ende des Ebers wird von Geheimnis umhüllt sein.'«[37]

Kaum, daß er Ruhe im Innern geschaffen und sich mit tapferen Rittern umgeben, dürstete es Artus nach neuen Abenteuern. Irland, Island und die Orkney-Inseln waren das nächste Ziel. Aber auch sie, mit denen er seine Herrschaft über die Britischen Inseln krönte, vermochten seinen Ehrgeiz nicht zu befriedigen. Er war der mächtigste Herrscher weit und breit, und niemand wagte, sich ihm zu widersetzen. Da beschloß er, auch den Rest Europas zu erobern. »Die Tatsache«, schreibt Geoffrey, »daß er von allen gefürchtet wurde, verleitete ihn zu dem Plan, ganz Europa zu unterwerfen.«

Norwegen und Dänemark fallen in einem Handstreich, dann setzt Artus mit seiner Streitmacht auf das Festland über. Hier tritt ihm mit dem Tribunen Frollo, der für den römischen Kaiser die Provinz Gallien verwaltet, ein ebenbürtiger Feind entgegen. Er ist ein Mann großer Statur, den Mut und Tapferkeit auszeichnen. Aber er hat ein Handikap: Artus besticht mit Geschenken Frollos Truppen, die daraufhin zu ihm überlaufen. Außerdem hat der Britenkönig ein schier unbesiegbares Heer aufgestellt, das sich aus Kontingenten aller Länder zusammensetzt, die er unterworfen hat, und es ist ihm ein leichtes, den geschwächten Gegner in die Flucht zu schlagen.

Frollo zieht sich nach Paris zurück, hofft auf Entsatz, doch der Britenkönig ist schneller: er schließt die Römer in der Stadt ein und hungert sie aus.

Als Frollo sieht, wie die Bewohner der Stadt unter der Belagerung leiden, erbarmt er sich ihrer und läßt dem Angreifer einen Vorschlag unterbreiten. Darin heißt es, »daß sie sich im Zweikampf messen sollten und daß der, der siegen würde, das Reich des anderen gewinne«.

Artus – und hierin zeigt sich seine Größe: er ist trotz Machtstrebens der edle, tapfere Ritter – willigt ein, und so treffen sich die beiden Kontrahenten vor den Toren der Stadt:

»Artus und Frollo waren beide in voller Kriegsrüstung und saßen hoch zu Pferde, die schnell und leicht waren. Es war nicht abzusehen, wer gewinnen würde. Für einen Augenblick standen sie einander gegenüber, ihre Lanzen aufgerichtet: dann gaben sie plötzlich ihren Pferden die Sporen und preschten aufeinander los. Artus legte seine Lanze mit größerer Sorgfalt an und traf Frollo geradewegs an der Schulter. Ihm selbst gelang es, Frollos Waffe auszuweichen, und indem er alle Kraft in seinen Stoß legte, warf er seinen Gegner aus dem Sattel. Dann zog er sein Schwert aus der Scheide und war gerade im Begriff, auf Frollo einzustürmen, als dieser auf die Beine kam, die Lanze anlegte und vorwärtsrannte und mit einem gewaltigen Stoß die Brust des Pferdes durchbohrte, so daß Pferd und Reiter zu Boden stürzten. Als die Briten sahen, daß ihr König am Boden lag, fürchteten sie schon, daß er tot sei, und es bedurfte großer Anstrengung, sie davon zurückzuhalten, den Waffenstillstand zu brechen und sich auf die Gallier zu stürzen. Schon wollten einige die Absperrungen durchbrechen, da sprang Artus auf, schützte sich mit seinem Schild und stürmte auf Frollo los. So trafen sie zusammen und hieben aufeinander ein, ein jeder in der Absicht, den anderen zu töten. Schließlich fand Frollo eine Lücke und versetzte Artus einen Schlag auf die Stirn. Die Klinge traf jedoch nur den Rand des Helmes, so daß der Hieb nicht tödlich war. Als Artus sah, wie sich sein lederner Brustharnisch und der runde Schild rot färbten, überkam ihn wilder Zorn. Er hob Caliburn mit aller Kraft und ließ es niedersausen, durchschlug Frollos Helm und spaltete seinen Kopf. Von diesem Schlag getroffen, stürzte Frollo zu Boden, und während er mit den Hacken auf die Erde trommelte, hauchte er sein Leben aus.«[38]

Die Bewohner von Paris, die Zeuge dieses Kampfes geworden waren, ergaben sich, und so zog denn Artus als siegreicher Eroberer in der Stadt ein. Doch noch neun Jahre sollten vergehen, ehe er auch den letzten Widerstand der Gallier gebrochen hatte. Erst dann kehrte er nach Britannien zurück.

Kaiser und Päpste

Als Leon in Konstantinopel regierte, erhoben die Römer noch immer Anspruch auf Gallien. Ein Teil war in den Händen der Briten, ein anderer von Völkerschaften besetzt, die aus Germanien gekommen waren. Zu dieser Zeit landete eine Flotte mit dem Heer des Königs der Briten, Riothamus. Sie kämpften gegen die Sachsen. Auf der Insel Britannien hatten sich die Sachsen zurückgezogen, nachdem sie große Verwüstungen angerichtet hatten. Der König und sein Heer durchquerten den nördlichen Teil Galliens und rückten in das Land vor, das an das Gebiet der Burgunder grenzte, die mit den Römern verbündet waren. Der Vormarsch der Briten war erfolglos, denn der Stellvertreter des Kaisers führte Verrat im Schilde. Ein feindliches Heer wurde aufgestellt, und es kam zu einer Schlacht, bei der viele der Briten umkamen. Man schrieb das Jahr 442. Ihr Führer verschwand in der Gegend, die Avallon heißt. Danach erstarkten die Sachsen auf dem Meer wie in Britannien. Sie gewannen an Boden, als die Briten sich aufspalteten.«[39]

So die Version eines modernen Historikers, der sich sein Leben lang mit der Erforschung der Artuslegende befaßt hat. Er setzt »Riothamus« mit Artus gleich, ja, er geht sogar soweit, in Riothamus den einzigen verläßlichen Hinweis zu sehen, daß es überhaupt einen Artus gegeben hat. Der Krieg in Gallien nimmt für ihn eine Schlüsselstellung ein, und da auch der Chronist Geoffrey of Monmouth diesen Krieg als Höhepunkt seiner Geschichte darstellt, können wir nicht umhin, uns die näheren Umstände einmal genauer anzusehen.

Zunächst ist anzumerken, daß der Feldzug gegen Frollo ein Nachspiel hat: er ist sozusagen nur der Auftakt zum eigentlichen Krieg. Dieser Krieg folgt wenig später und führt zu jenem Verhängnis, das dem König geweissagt ist. Im einzelnen wollen wir auf dieses Ereignis, da es nicht nur den Höhepunkt, sondern zugleich auch den Abschluß unserer

Geschichte bildet, später eingehen. Es reicht, an dieser Stelle darauf hinzuweisen, daß der zweite Feldzug ein Präventivschlag ist, denn der erste war eine Herausforderung an den römischen Kaiser, dem Gallien angeblich ja noch unterstand und der – erbost über den Übergriff des britischen Königs – Genugtuung fordert.

Dieser Kaiser wird bei Geoffrey als »Leo« bezeichnet, womit das erste Problem auftritt. Denn einen Leo hat es zu der Zeit, die uns betrifft, in Rom nicht gegeben. Es sei denn, es ist damit jener Papst Leo I. gemeint, auch »der Große« genannt, dem es gelang, Attila und seine Hunnen von der Ewigen Stadt abzuwenden. Doch dieser Leo regierte – wenn man es so nennen will – von 440 bis 461 n. Chr., was zwar ungefähr in unseren Kontext paßt, speziell auf Artus bezogen aber das Ziel um ein halbes Jahrhundert verfehlt.

Ähnliches läßt sich über jenen »Leon« sagen, den Ashe erwähnt. Es war dies zwar ein Kaiser, Leon I., ebenfalls »der Große« genannt, der in den Jahren 457 bis 474 n. Chr. über Ostrom herrschte und seinen Einfluß auch im Westen geltend machte. Doch auch seine Regierungszeit deckt sich nicht mit der Geschichte, die uns hier angeht.

Erhebt sich die Frage, wer dieser »Leo«, den Geoffrey erwähnt, gewesen sein könnte. Er nennt das Jahr 542 für das Ende des Königs. Lassen wir es zunächst einmal dabei: was auffällt – und Geoffrey offenbar nicht aufgefallen ist –, das ist die Tatsache, daß es zu dieser Zeit, Mitte des 6. Jahrhunderts, gar keinen weströmischen Kaiser mehr gab, und eine römische Provinz »Gallien«, die zwar länger als das Reich bestanden hatte, war inzwischen auch auf keiner Karte mehr verzeichnet. Gallien war zum Kernland des Frankenreiches geworden, das – indem es sich über den nördlichen Teil des einstigen Römischen Reiches ausbreitete – dessen Nachfolge als Zentrum eines heraufdämmernden Abendlandes angetreten hatte.

Immerhin, Geoffrey datiert den Feldzug gegen Gallien *nach* der Schlacht von Badon, auch wenn ein halbes Jahrhundert, das zwischen den beiden Ereignissen verstrich, wohl zu hoch angesetzt ist (was ihm allerdings nicht anzulasten ist, da er für das frühere Ereignis kein Datum nennt). Ashe, der den Hinweis auf »Leo« als Indiz nimmt und ihn auf den byzantinischen Kaiser fixiert, plädiert für eine umgekehrte Reihenfolge: *erst* der Krieg in Gallien und dann die Schlacht um Badon. Das läßt sich zwar mit Rom, und sei es

auch nur das östliche, vereinbaren, auch Gallien war noch
Provinz des einstigen Weltreiches; doch mit Artus hat das
nichts zu tun, und sei es nur deshalb, weil er – als er sich angeblich nach Gallien aufmachte – noch gar kein König war,
ja, noch nicht einmal ein Feldherr, zumindest kein siegreicher, dessen Ruhm an den Hof des Kaisers gelangt sein könnte, der ihn um Hilfe bat. Denn das ist eine andere Ungereimt-
heit der These von Ashe: nicht Artus bedroht den Kaiser, wie
es Geoffrey überliefert, sondern die Sachsen fallen auch in
Gallien ein, weshalb der Kaiser sich genötigt fühlt, den Britenkönig um Unterstützung anzugehen. So postuliert es
Ashe, der sich dabei auf eine Quelle stützt, die auf das Werk
des römischen Geschichtsschreibers und Staatsmannes Cassiodorus zurückgeht. Darin heißt es:

»Als Eurich, der König des Westgoten, den ständigen
Wechsel der Herrscher in Rom bemerkte, versuchte er, Gallien sich selbst untertan zu machen. Kaiser Anthemios hörte
davon und bat die Briten um Hilfe. Ihr König Riotimus kam
mit zwölftausend Mann über das Meer und ging im Lande
der Bituriger an Land, wo er freudig empfangen wurde.
Eurich, der König der Westgoten, kam ihm mit einer großen
Streitmacht entgegen, und nach einer erbitterten Schlacht
wurde Riotimus, der König der Briten, geschlagen, noch ehe
die Römer ihm zu Hilfe eilen konnten. Als er so einen großen
Teil seines Heeres eingebüßt hatte, ergriff er mit dem Rest,
den er um sich sammeln konnte, die Flucht und kam in das
Land der Burgunder, eines benachbarten Stammes, der mit
den Römern verbündet war.«[40]

Anthemios, das muß man hinzufügen, war ein Protegé
Leons, des Herrschers von Byzanz, der ihn – in dem Bestre-
ben, Ost- und Westrom wieder zu einem einheitlichen Reich
zusammenzufügen – auf den Thron gehievt hatte. Anthemios war letztlich also nur ein Statthalter für Byzanz, der
eigentliche Herrscher – auch über den westlichen Teil des
Reiches – war zu seiner Regierungszeit Leon der Große.
Insoweit deckt sich die Überlieferung des Jordanes beziehungsweise Cassiodorus mit der des Geoffrey of Monmouth.
Doch – abgesehen von der zeitlichen Diskrepanz – erwähnt
letzterer einen »Riotimus« (oder auch »Riothamus«) mit
keinem Wort.

Ein solcher ist aber auch noch durch andere Quellen
belegt – als Anführer einer Welle britischer Siedler, die sich
um die Mitte des 5. Jahrhunderts n. Chr. in jenem Teil Gal-

liens niederließen, der fortan Bretagne hieß. So führte Sidonius Apollinaris, ein angesehener Gallier, der schließlich zum Bischof von Clermont-Ferrand aufrückte, eine ausgedehnte Korrespondenz mit Riothamus, aus der nicht nur hervorgeht, daß dieser tatsächlich eine lokale Autorität war, sondern daß er sich auch mit seinen Gefolgsleuten *vor* der Schlacht gegen Eurich auf dem Festland angesiedelt hatte.

Was die Frage aufwirft, was der Chronist, der die Schlacht überlieferte, mit dem Hinweis »veniens Oceano« meinte. Vielleicht sollte man es besser mit »vom Meer her« und nicht »über das Meer« übersetzen, was erklären würde, wie man in das Land der Bituriger gelangte, die südlich der Loire saßen, so daß sich dieser Fluß als natürlicher Verbindungsweg anbot. Man baute also Schiffe in der Bretagne – oder benutzte die, mit denen man von Britannien herübergekommen war – und fuhr mit ihnen die Loire aufwärts, bis man auf den Feind stieß, geschlagen wurde und in das benachbarte Burgund flüchtete.

Es bestand also keine Notwendigkeit, von Britannien nach Gallien herüberzukommen, um den Römern zu Hilfe zu eilen, weder was die angebliche Route angeht, noch was das eigentliche Bündnis betrifft: die Briten beziehungsweise Bretonen hatten sich mit dem Plazet der römischen Provinzverwaltung auf dem Festland angesiedelt, also war es nur recht und billig, wenn man sie in der Not um Hilfe anging! Warum hätte man sich an die Briten in Britannien wenden sollen, mit denen man seit gut einem halben Jahrhundert, das heißt seit der Zeit, da Rom seine nördlichste Provinz aufgegeben hatte, keinen Kontakt mehr pflegte? Es hätte schon eines überragenden Feldherrn bedurft, dessen Ruhm weit über die Grenzen seines Landes hinausreichte, um die Römer zu veranlassen, sich ihrer einstigen Untertanen zu entsinnen. Und ein solcher Feldherr war zu der Zeit, da Anthemios regierte – 467 bis 472 n. Chr. –, nicht in Sicht. Noch zwanzig Jahre sollten vergehen, ehe Artus seinen ersten Triumph errang.

Riothamus war ein lokaler Fürst, Bretone eher als Brite. Sein Name wurde in England niemals bekannt und von seinen angeblichen Heldentaten nie etwas überliefert. Ruhm, zumindest die Erinnerung, die ihm die Nachwelt zollt, erlangte er erst auf dem Festland, und selbst da scheiterte er gleich bei der ersten Herausforderung. »Die Entdeckung des König Artus«, wie Ashe seine These in einem zusammenfassenden Werk nennt, ist nur eine weitere Episode auf dem fallenreichen Weg, das Geheimnis des Britenkönigs zu lüften.

Was aber steckt nun hinter dem Gallienzug des Artus selbst? Wenn die Schlacht um Badon tatsächlich im Jahre 490 stattfand, worüber sich Geoffrey freilich ausschweigt, und wenn seitdem, wie ein Hinweis Geoffreys erkennen läßt, tatsächlich ein gutes Dutzend Jahre vergangen waren, dann schrieb man bereits das 6. Jahrhundert, als Artus sich auf seinen Feldzug nach Gallien begab.

Zu dieser Zeit gab es weder einen »Kaiser Leo«, noch existierte auch nur eine Provinz, die »Gallien« hieß. Der letzte Statthalter Roms, Syagrius, wurde 486 von dem Frankenkönig Chlodwig besiegt. Rom selbst war bereits zehn Jahre früher, 476, dem Ansturm der Germanen zum Opfer gefallen. Gallien hieß jetzt »Frankenland«, und wenn es einen Herrscher gab, der Artus ein ebenbürtiger Gegner hätte sein können, dann war das der König der Franken.

Lediglich Paris als Sitz der Macht deckt sich mit den Angaben Geoffreys. Es wurde 508 zur Hauptstadt des Frankenreiches erhoben. Doch – ob Artus jemals diesen Ort betreten hat, ist mehr als fraglich.

Möglich, daß er einen Versuch unternahm, sein Reich auf das Festland auszudehnen. Schließlich siedelten seiner Heimat gegenüber, in der Bretagne, Landsleute von ihm, mit denen wohl der Kontakt niemals abriß, und wie in einer späteren Zeit – während des Hundertjährigen Krieges, als die Engländer tatsächlich den Versuch unternahmen, ihre Herrschaft über Frankreich auszudehnen – mag auch er sich bemüßigt gefühlt haben, zumindest die Bretagne heim ins Reich zu holen.

Doch dafür gibt es keinerlei verläßliche Indizien. Zwar sollte gerade die Bretagne für die weitere Ausbildung der Artus*legende* von entscheidender Bedeutung sein, doch das ist bei dem engen Kontakt, der über die Einwanderung der britischen Siedler zwei Jahrhunderte lang bestand, nicht weiter verwunderlich. Konkrete Angaben oder gar Beweise, daß Artus auch nur in der Bretagne war, lassen sich nicht erbringen. Alles – auch die Legende, selbst da, wo sie auf festländischem Boden entstanden ist – deutet auf seine Heimat in Britannien hin. Er war ein *britischer* König, und selbst wenn er einen Vorstoß nach dem Festland gewagt haben sollte, kann dies – so sehr es möglicherweise für ihn persönlich verhängnisvolle Folgen gehabt haben mochte – nur eine Randerscheinung seines Wirkens gewesen sein. Keinesfalls reicht dieses Unternehmen, falls es stattfand, an die Bedeutung der Erfolge heran, die Artus in seiner Heimat hatte und die seinen eigentlichen Ruhm begründeten. Was den vermeintlichen Feldzug in Gallien zu einer Art Höhepunkt im Leben des Britenkönigs werden läßt (Geoffrey widmet ihm und seinen Folgen den weitaus größten Teil seines Kapitels über Artus), ist die Dramatik, mit der sich das Schicksal wendet. Möglich, daß es ihn in Gallien beziehungsweise in der Bretagne ereilte: es war jedoch nur noch der Schlußpunkt einer Entwicklung, die andernorts begann – und sich auch dort erfüllte.

Auf der Höhe des Ruhmes

Nachdem Artus Gallien »befriedet« hatte, kehrte er nach England zurück und beschloß, seinen Sieg zu feiern. War er nun doch – immer der Version Geoffreys folgend, der in diesem Falle eher Poet als Historiker ist – auf der Höhe seiner Macht, der mächtigste Herrscher der Christenheit, der vor Gott und der Welt seinen Ruhm bezeugen wollte. In den Worten Geoffreys: »Als sich das Pfingstfest näherte, beschloß Artus, überglücklich über seinen Erfolg, das Fest mit einer großen Versammlung zu begehen und sich die Krone über all die Länder, die er unterworfen, aufs Haupt zu setzen. Alle Fürsten, die ihm Treue schuldeten, sollten sich einfinden, um dem Fest einen würdigen Rahmen zu geben und zugleich das Versprechen ihrer Treue zu erneuern. Und er erklärte seinen Ratgebern, was er vorhatte, und stimmte ihrem Vorschlag zu, das Fest in der Stadt der Legionen abzuhalten.«

Die »Stadt der Legionen«, die ihren Namen von den Römern herleitet, war ursprünglich von Belinus, einem legendären Vorfahren Artus', gegründet worden. Geoffrey zufolge hatte Belinus einst Rom erobert, ehe er sich in seine Heimat zurückzog. Es war also ein beziehungsreicher Ort, und Geoffrey spart denn auch nicht mit überschwenglichen Attributen, die diese Stadt, die nun der Sitz des neuen Königs wurde, angeblich auszeichneten:

»In Glamorganshire gelegen, an den Ufern der Usk, nicht weit von der Bucht, in die der Severn sich ergießt, war diese Stadt von ihrer Lage und ihrem Wohlstand her, welcher den der anderen Städte übertraf, wohlgeeignet für ein solches Fest. Der Fluß, den ich genannt, begrenzte sie an einer Seite, und so konnten die Könige und Fürsten, die über das Meer kamen, mit ihren Schiffen bis vor die Tore der Stadt fahren. Auf der anderen Seite, die von Wiesen und Wäldern umrahmt war, erhoben sich die prunkvollen Bauten der Stadt, die mit Gold geschmückt und so prächtig anzusehen waren,

Die Ritter der Tafelrunde in Erwartung des Pfingstfestes. Miniatur aus einem Werk der Artus-Dichtung, 13. Jahrhundert.

daß sie es wahrlich mit dem Glanz Roms aufnehmen konnten. Was der Stadt aber eine besondere Bedeutung verlieh, das waren ihre zwei Kirchen. Die eine, die dem Märtyrer Julius geweiht war, zeichnete sich durch einen Chor anmutiger Jungfrauen aus, die ihr Leben Gott geweiht hatten. Die zweite, die dem gesegneten Aaron, dem Gefährten des Julius, zu Ehren errichtet wurde, war einem Domkapitel angeschlossen und bildete einen der drei erzbischöflichen Sitze Englands. Die Stadt war außerdem mit einer höheren Schule ausgestattet, an der zweihundert Gelehrte unterrichteten, die sich dem Studium der Astronomie und anderer Künste widmeten und mit großer Aufmerksamkeit den Lauf der Sterne verfolgten und so mit ihren sorgfältigen Berechnungen, die den Wandel der Zeit voraussagten, dem König wertvolle Dienste leisteten.«[41]

Diese Stadt nun sollte dem großen Ereignis als Schauplatz dienen. Boten wurden ausgesandt, Straßen und Häuser festlich geschmückt und die Kampfstätten für die Wettspiele hergerichtet. Und dann kamen sie, aus allen Ländern »diesseits von Spanien«. Da war »Auguselus, König von Albany, das heute Schottland heißt; Urian, der König von Moray; Cadwallo Laurh, König der Venedoter, die heute Waliser heißen; Stater, König der Demeter, gleichfalls aus Wales; und Cador, der König von Cornwall«. Die drei Erzbischöfe kamen, deren einer, der schon verschiedentlich genannte Dubricius, der seinen Sitz in der Stadt der Legionen hatte, »so fromm war, daß er allein durch Beten jeden heilen konnte, der krank war«. Grafen und Herzöge fanden sich ein, Heerführer und Krieger und schließlich »Gilmaurius, König von Irland ... Malvasius, König von Island; Doldavius, König von Gotland; Gunhpar, König der Orkney-Inseln; Loth, König von Norwegen; und Aschil, König der Dänen«. Die Bretonen schickten ihren König, aus der Normandie und Gallien kamen Abordnungen, und »alle trafen mit so großem Gefolge ein, daß man es gar nicht alles aufzählen kann«. Es war fürwahr eine hehre Versammlung. Der erste Akt war die feierliche Krönung:

»Schließlich, als alle versammelt waren und der Tag des Festes gekommen war, begaben sich die Erzbischöfe in den Palast des Königs, um ihn zur Krönung zu begleiten. Dubricius in seiner Eigenschaft als oberster Hirte der Stadt hatte alles für die Messe vorbereitet. Sobald der König sein festliches Gewand angelegt hatte, wurde er mit großem Pomp zur bi-

schöflichen Kirche geleitet. Zu seiner Rechten und Linken
schritt je einer der Erzbischöfe. Vier Könige, die von Albany,
Cornwall, Demetia und Venedotia, schritten voran, so wie es
Brauch war, und trugen jeder ein goldenes Schwert. Geist-
liche, die Lieder und Gesänge anstimmten, begleiteten den
Zug.«[42]

Auch die Königin wurde in einer feierlichen Prozession
zur Kirche geleitet. Sie mußte sich jedoch mit der Kloster-
kirche begnügen:

»Aus einer anderen Richtung näherte sich der Zug der Königin, gleichfalls von hohen kirchlichen Würdenträgern angeführt. Sie war festlich gekleidet und trug ihre königlichen
Insignien. Man schritt der Kirche der geweihten Jungfrauen
zu. Vor ihr gingen die Gemahlinnen der vier Könige, die wir
erwähnten. Sie trugen vier weiße Tauben. Die Frauen der
Ritter, die gekommen waren, folgten ihr mit fröhlichem
Gesang.«[43]

Der Festakt begann, und so ergriffen waren die Teilneh-
mer, daß sie immerfort den frommen Gesängen hätten lau-
schen können. Ja, sie waren so hin- und hergerissen zwischen
den beiden Kirchen, daß es ihnen schwerfiel, sich für eine zu
entscheiden. »So viel Orgelmusik ertönte und so lieblich war
der Gesang der Chöre«, schreibt Geoffrey, »daß die Ritter,
die sich eingefunden hatten, von der hohen Kunst der Musik,
deren sie Zeuge wurden, so beeindruckt waren, daß sie nicht
wußten, welche Kirche sie zuerst betreten sollten.«

Sie wären aber nicht kampferprobte Krieger gewesen, die
sicher so mancher inneren Einkehr bedurften, sofern nicht
gar die Beichte vonnöten war, wenn nicht am Ende doch die
weltlichen Freuden überwogen hätten. Und so gab es nach
der Messe erst einmal ein zünftiges Festmahl. Aber auch hier
wurde streng nach Männlein und Weiblein geschieden,
denn, so vermerkt der Chronist, das war schon bei den alten
Griechen so:

»Dann nahmen der König und die Königin ihre Kronen ab
und setzten sich leichteren Schmuck auf. Der König ging mit
den Männern in seine Gemächer, während die Königin sich
mit den Frauen in ihr Quartier zurückzog; denn die Briten
folgten noch immer dem Brauch Trojas, das heißt, die Männer feierten unter sich, und die Frauen aßen getrennt. Als sie
alle Platz genommen hatten, jeder nach seinem Rang, erschien Kay, der Seneschall, in Hermelin gekleidet und von
tausend Adligen begleitet, die gleichfalls in Hermelin gewan-

det waren, und trug das Essen auf. Dieselbe Anzahl, diesmal in Graupelz gekleidet, folgte Bedevere, dem Mundschenk, der durch einen anderen Eingang hereinkam, und half ihm, Getränke aller Art in Pokalen und Kelchen auszuteilen. Zur gleichen Zeit verrichteten auch in den Gemächern der Königin unzählige Diener, die in unterschiedlichen Livrees gekleidet waren, ihre Dienste, ein jeder, wie es seinen Pflichten entsprach.«[44]

Erst nachdem das Festmahl beendet war, hatten die Damen und Herren Gelegenheit, einander in Augenschein zu nehmen. Aber auch dies nur aus der Ferne:

»Durch Speise und Trank gestärkt, begab man sich auf die Wiesen vor den Toren der Stadt und teilte sich auf in Gruppen. Die Ritter wollten einen Scheinkampf führen und wetteiferten miteinander mit Pferd und Lanze, während die Frauen von den Mauern der Stadt zusahen und sie durch ihr kokettes Verhalten zu leidenschaftlichem Eifer anspornten. Die anderen verbrachten den Rest des Tages, indem sie mit Pfeil und Bogen schossen, ihre Lanzen warfen, schwere Steine und Felsbrocken stemmten, würfelten und sich mit einer Unzahl anderer Spiele vergnügten, und all dies, ohne daß es auch nur den geringsten Streit gab. Wer immer gewann, wurde von Artus mit einem großzügigen Preis ausgezeichnet.«[45]

Drei Tage verbrachte man mit diesen Wettspielen. Dann gab es die eigentliche Belohnung: der König teilte Ämter und Würden aus an all die, die ihm treu gedient. Da wurden »Städte, Schlösser, Erzdiözesen, Diözesen und anderer Landbesitz« verteilt. Es war wahrlich ein großes Fest: ein jeder ging frohgemut nach Haus, und Artus konnte sich in der Gewißheit wiegen, »von allen geliebt und geachtet« zu sein.

Cadbury

Ich wußte es besser, denn schließlich hatte ich mich darauf vorbereitet. Dennoch, als ich mich auf den Weg nach Camelot machte, konnte ich das Bild, das die Legende geformt hatte, nicht ganz verdrängen. Ich sah die Edelfräulein, die von den Mauern schauten, die Ritter, die durch die Tore preschten, hörte das Schmettern der Trompeten, das Knattern der Fahnen im Winde, Hundegebell, den Lärm des Kampfes, Schreie und Rufe ...

Aber es war alles still. Der Bus hatte mich an einer Kreuzung abgesetzt, und ich schlug den Weg ein, den der Fahrer mir gewiesen hatte. Es war ein schmaler Weg, asphaltiert, doch zu beiden Seiten von Feldern begrenzt, die so weit reichten, wie das Auge schauen konnte. An der Abzweigung stand ein Schild: Sutton Montis. Das war mein Ziel.

Schon von weitem sah ich den Berg. Ein Hügel, an den Hängen bewaldet, oben kahl, in seinem Schatten ein paar Häuser, die das Ende der Straße bildeten: South Cadbury.

Links ein Gutshof, gegenüber ein Friedhof. Dahinter eine Gasse, von Mauern eingerahmt. Der Aufgang zu »Cadbury Castle«.

Es war alles ein wenig verwirrend, sehr diesseits von der Traumwelt, und ich erwartete denn auch nicht viel.

Die steinernen Mauern blieben zurück, Büsche und Sträucher und dann der Wald, der den Weg bis zur Kuppe begleitete. Hier waren sie entlanggeritten, Stimmen und Lachen waren in seinem Schatten erklungen. Dort, das Blitzen eines Küraß! Da, wie ein Schmetterling, den die Sonne erhascht, die Schleppe eines Kleides ...

Und dann, jetzt mußten sie kommen, die Mauer, die Türme, die Wehre. Ein Graben, die Zugbrücke, das Tor. Ein weiter Hof, die große Halle, Erker und Kemenaten ...

Plötzlich stand ich auf einer Wiese. Sie bedeckte den Hügel, zog sich zum Kamm hinauf, war das einzige, was ich erkennen konnte. Keine Steine, keine Gräben, keine Mauern, keine Wände. Natürlich kein Haus. Und eine Burg? Eine Burg hatte es hier nie gegeben. Und dennoch … na ja, es war ein wenig anders, als ich es mir vorgestellt hatte.

Nicht wie in Tintagel. Hier gab es keinen Menschen. Kein Souvenirshop und kein Touristennepp. Nur Gras, Kuhfladen und Kühe.

Sie waren die einzigen Bewohner dieser Burg, und ich achtete natürlich nicht auf sie. Der Gegensatz war denn doch ein bißchen groß.

Die Augen am Boden, um den braunen Fladen aus dem Wege zu gehen, pirschte ich mich zur Kuppe empor. Ich hatte sie noch nicht erreicht, da fühlte ich hinter mir, in meinem Rücken einen Stoß. Ich wandte mich um und schaute einer Kuh direkt ins Angesicht.

Zu allem Unglück kamen jetzt auch noch die anderen Viecher herbei. Ob zutraulich oder verärgert, weil ich diesen geheiligten Ort durch meine Anwesenheit entweihte, weiß ich nicht. Jedenfalls kreisten sie mich ein, und ich geriet ein wenig in Panik. Einige hatten recht ansehnliche Hörner, und ich hatte nur meine Kamera …

Im letzten Moment nahm ich Reißaus, verdrückte mich an den Rand der Lichtung, wo ein Wall die Kuppe einrahmte. Wenigstens etwas, sagte ich mir und hatte etwas, mit dem ich das Schauspiel, das ich den Damen und Edelfräulein geliefert hatte, verdrängen konnte.

Es war tatsächlich ein Wall, wie ich mit geschäftigem, archäologischem Blick feststellte. Er zog sich am Rande des Waldes rund um den Hügel entlang. Zur Innenseite hin fiel er in einen Graben ab, der – wie der Wall – überwachsen und nur in groben Umrissen zu erkennen war, dennoch aber im Verein mit dem Wall ein eindeutiges Indiz für eine Befestigungsanlage war.

Durch diesen martialischen Fund gestärkt, wagte ich mich wieder auf die Kuppe vor. Vielleicht gab es doch irgendwelche Gebäudereste, Fundamente, Steinsetzungen … Aber nein, die Kühe waren aufmerksame Wächter! Kaum sahen sie, daß ich mich in ihr Terrain vorwagte, muhten sie und steuerten erneut auf mich zu.

Jetzt erschien auch noch am Ende des Hügels jemand, der wie ich nach versunkenen Spuren suchte. Seine Kamera wies ihn aus, und während ich mich mit den Kühen abmühte, konnte er in aller Ruhe die Anlage untersuchen.

Ich gab es schließlich auf und entschied, daß ich sie überrumpeln mußte. Der höchste Punkt lag im Westen, also am jenseitigen Ende des langgestreckten Hügels, und während ich mich auf die Umwallung zurückzog, trollten sich die Kühe mit zufriedenem Muhen.

Ich ging also auf dem Wall entlang. Man hatte eine gute Aussicht, über die Wipfel der Bäume, über die Felder, bis weit in das Land hinein. Feinde würde man früh geortet haben.

Als ich aus der Sichtweite der Kühe war, machte ich einen erneuten Vorstoß, und diesmal gelang es mir, bis auf den höchsten Punkt vorzudringen. Und wie ich erwartet hatte, waren hier tatsächlich unregelmäßige Erhöhungen zu erkennen, Wulste in der Grasnarbe, die auf Fundamente einstiger Bauten hinwiesen.

Keine imposanten Gebäude, aber das durfte man auf dem Sutton Montis ohnehin nicht erwarten. Immerhin, hier war einst eine Siedlung, ein befestigtes Lager gewesen, und ich beschloß, das Ganze, auch wenn es nicht viel hergab, für die Nachwelt festzuhalten. Schließlich …

Nun ja, die Kühe hatten mich inzwischen geortet, und als ich mich anschickte, das, was von Camelot übriggeblieben war, auf die Platte zu bannen, erschienen sie frech auf dem Königssitz des Artus und stellten sich triumphierend zur Schau. So sind sie denn, da sie durch nichts zu bewegen waren, zusammen mit den erhabenen Ruinen verewigt worden, und es bleibt nur die Hoffnung, daß das Andenken an den großen König dadurch nicht geschmälert wird …

Camelot ist ein Produkt der Phantasie. So wie es in den Ritterromanen beschrieben wird, hat es den Ort nie gegeben. Selbst der Name ist eine späte Erfindung; in den ursprünglichen Quellen ist er nirgends zu finden.

So nennt Geoffrey, wie wir gesehen haben, den Sitz des Königs »Stadt der Legionen«, was er mit Kaerusc, dem heutigen Caerleon, gleichsetzt. Caerleon liegt in Wales, ein kleines Dorf in der Nähe von Newport, das noch heute imposante Ruinen aus der Römerzeit aufweist. Im 12. Jahrhundert, als Geoffrey schrieb, waren diese nach Aussage eines zeitgenössischen Chronisten so gut erhalten, daß er sie mit Rom verglich. Geoffrey, der ohnehin aus diesem Teil Wales' stammt und seinen Landsleuten mit der Gestalt des Artus ja ein leuchtendes Beispiel vor Augen halten wollte, brauchte nichts weiter zu tun, als sich diesem Urteil anzuschließen und statt der Römer Artus für die Tempel und Paläste, deren Reste so beeindruckend waren, verantwortlich zu machen.

Auch Malory, der nicht am Anfang, sondern am Ende der Artustradition steht, bringt uns nicht weiter. Er schreibt, daß Camelot dem »englischen Winchester« gleichzusetzen ist. Zweifellos brachte ihn ein massiver Tisch, der an jenen, um den sich die Ritter der Tafelrunde versammelten, erinnerte und der einst die große Halle einer Burg, die aus dem 12. Jahrhundert datiert, schmückte, auf die Spur. Er übersah – abgesehen vom Datum –, daß Winchester ursprünglich die Hauptstadt von Wessex war und damit den Sachsen als Zentrum diente. Es war sozusagen der Gegenpol vom Hof des König Artus, der ja gegen die einfallenden Sachsen kämpfte.

Malory berichtet, daß ein Stein, in dem das Schwert eines Ritters steckte – jenes Balin, der seinen Bruder Balan erschlug und selbst auf der Kampfstatt blieb –, den »Fluß, der nach Camelot führt«, herunterschwamm und dort die Suche nach dem Gral auslöste. Darrah, ein britischer Historiker, der eine Studie über *Das wirkliche Camelot* schrieb, leitet daraus ab, daß der Sitz des legendären Königs nichts anderes als Stonehenge sei. »Obwohl dieser Gedanke niemals zuvor geäußert worden ist«, schreibt er, »sollten wir die Tatsache nicht außer acht lassen, daß es eine gewisse Übereinstimmung gibt zwischen dem, was die Tradition als ... ,Camelot, wo den Göttern gehuldigt und die Könige gekrönt wurden' bezeichnet, und der Ansammlung megalithischer Denkmäler auf der Ebene von Salisbury, die auf die einstige Existenz eines religiösen Zentrums nationalen Charakters hinweisen.«

Wie der sagenhafte Stein mit dem Schwert, so seien auch die tonnenschweren Blausteine, mit denen man das Heiligtum von Stonehenge errichtete, auf dem Wasser transportiert worden, und die Legende um das wundersame Schwert sei nichts anderes als die Erinnerung an den Bau dieser heiligen Stätte.

Merlin, der ja – Geoffrey zufolge – für die Errichtung von Stonehenge verantwortlich ist, wäre zweifellos geschmeichelt gewesen – bei aller Weisheit zeigte er doch recht menschliche Züge –, wenn er erfahren hätte, daß man nun doch noch seine vermeintliche Urheberschaft anerkennt. Doch selbst wenn man einem Angehörigen seines Standes – wenn auch nicht ihm selbst, denn dazu erschien er zu spät auf der Bühne – die Konzeption dieses Bauwerks zubilligt, so entspricht es doch nicht dem Bild einer Stadt und schon gar nicht dem eines mittelalterlichen Herrschersitzes. Was nicht besagt, daß Artus nicht doch hier sein Lager aufschlug, als er gegen die Sachsen kämpfte, denn immerhin liegt Stonehenge an der Grenze dessen, was einst das Bollwerk der Briten war. Aber ob er auch hier hofhielt, Häuser oder gar Paläste baute, dafür gibt es keinerlei Indizien.

Das Wort Camelot hat mittlerweile das ursprüngliche Caerleon ersetzt, und es erhebt sich die Frage, wie dieser Begriff überhaupt zustande gekommen ist. Möglich, daß sich durch die Bedeutung dieses Wortes ein Indiz ableiten läßt.

Der erste, der den Namen Camelot erwähnt, wenigstens taucht er in den Abschriften seiner Werke auf, ist ein französischer Dichter namens Chrétien de Troyes. Ihm verdanken wir die Umsetzung der zu Recht oder Unrecht als Geschichte bezeichneten Darstellung des Artus durch Geoffrey in einen großangelegten Romanzyklus, der den eigentlichen ritterlichen Aspekt der Artuslegende begründete. Steht Artus bei Geoffrey doch noch im wesentlichen in der heidnischen, *britischen* Tradition, so nimmt er bei Chrétien – und denen, die ihm folgen – die Universalität eines mittelalterlichen, christlichen Ritters schlechthin an. Erst Malory, der sich zwar auf eine französische Vorlage stützt, doch letztlich wie Geoffrey das Ziel verfolgt, seinen Landsleuten so etwas wie einen Heiland vor Augen zu halten, führt die Artuslegende auf ihre ursprüngliche Tradition zurück. Mit ihm schließt sich ein Kreis; sein Werk ist eine Synthese.

Bei Chrétien heißt es: »An einem Himmelfahrtstag war König Artus von Caerleon gekommen und hatte in Camelot ein großes Fest gegeben, wie es sich für einen solchen Tag gehört.« Es war jenes Fest, mit dem Artus seinen Sieg feierte.

Hier finden wir noch beides: Caerleon *und* Camelot. Doch eines ist sicher: Caerleon *ist* nicht Camelot, und Camelot ist der Ort, wo »der König hofhält«. Woher hatte Chrétien den Namen, der nun zum Synonym mit dem des Königs werden sollte?

Roger Loomis, ein Literaturwissenschaftler, dem wir zahlreiche Arbeiten über die Artuslegende verdanken, ist dieser Frage nachgegangen:

»Der Name scheint auf drei Entwicklungen zurückzugehen. 1. Die mythische Insel Avalon (ihrerseits aus dem walisischen Avallach entstanden) wurde unter dem Einfluß des bretonischen Eigennamens Cavallon, wie er in Dokumenten aus dem 11. Jahrhundert zu finden ist, zu Cavalon ... So finden wir im *Conte del Graal* ... und im *Meraugis* ... einen König von Cavalon, wo es eigentlich Avalon heißen müßte ... 2. Cavalon seinerseits, mit Carlion (Caerleon in Wales) verwechselt, wurde zum eigentlichen Herrschersitz des Artus. So finden wir in den verschiedenen Versionen des *Conte del Graal*, daß Carlion eine Variante zu Cavalon ist ..., daß Cavalon in Wales liegt und der Hof König Artus' ist ... und daß die Feste, die er abhält, in Cavillon stattfinden ... 3. Cavalon wurde, um sich besser dem Reim anzupassen (wie im *Charrette*), in Camalot umgewandelt. Der zweifache Ursprung Camalots, als Insel Avalon und als Carlion, wird durch die merkwürdige Tatsache verdeutlicht, daß der Verfasser des *Perlesvaus* zwischen zwei Camaalots unterscheidet, einem ‚Tal von Kamaalot', das sich auf ‚einer verlassenen Insel ... im Westen' befindet, und einem anderen, ‚von dem zahlreiche Berichte erzählen', daß König Artus dort hofhielt ... Das erste muß mit dem ‚Tal von Avaron' identisch sein, das in Borons *Joseph* ... als ‚Land im Westen, das wild und verlassen ist' erscheint; mit anderen Worten Avalon. Das zweite stellt die Verwechslung mit Carlion dar, das bereits in Geoffrey of Monmouths *Historia* als Hauptsitz des Königs erscheint.«[46]

Die genannten Texte beziehen sich alle auf die Artuslegende und lassen allein schon an dem Beispiel Camelot erkennen, wie sich allmählich die Geschichte um den Britenkönig in ein unübersehbares Gewirr von Mythen und Dichtungen verzweigt.

Festzuhalten bleibt, daß der Name Camelot also keine reine Erfindung ist, sondern eine Art Synthese darstellt, die das Diesseits – Caerleon – mit dem Jenseits – Avalon – verbindet. Camelot ist weder das eine noch das andere; es ist nicht lokalisierbar.

Und dennoch muß der König – wenn er das war – einen Sitz gehabt haben, einen Ort, an dem er hofhielt, von dem aus er das Reich verwaltete.

Oder war es gar kein Reich – und damit Camelot gar nicht nötig?

»Am Südende der Kirche in South Cadbyri«, schrieb John Leland, »steht Camallate, einst eine berühmte Stadt oder Burg ... Die Leute dort wissen nichts darüber, aber sie haben gehört, daß Artus oft nach Camalat kam.«

Leland war der erste, der die Aufmerksamkeit der Öffentlichkeit auf jenen Hügel lenkte, der das kleine Dorf in Somerset überragt. Er war Antiquar im Dienste Heinrichs VIII., und als er seinen Bericht verfaßte, schrieb man das Jahr 1542.

Damals nahm man es nicht so genau, was Archäologie betrifft. Die Tatsache, daß es in der Nähe von Cadbury zwei Dörfer gab, die Queen Camel und West Camel hießen, und daß es außerdem noch einen Fluß gab, der einfach Camel hieß, genügte, den eifrigen Antiquar davon zu überzeugen, daß dies einst Camelot war. Er hatte natürlich Malory gelesen, dessen Werk über den legendären Britenkönig ein halbes Jahrhundert früher erschienen war, und der Hinweis, daß der Hof des Königs einst in Winchester lag, mag ihn, der es mit der Geschichte dennoch etwas genauer nahm als der unbekümmerte Dichter, nicht überzeugt haben. Jedenfalls erschien ihm die auffallende Namensparallele unübersehbar, und er konstatierte als Faktum, was nicht mehr als ein voreiliger Schluß war.

Ganz so haltlos war die These des wackeren Leland freilich nicht, denn immerhin vermerkt er, daß dieses Camalat, von dem er spricht, auf einem Hügel lag und daß »sich auf dem oberen Teil der Kuppe vier Gräben oder Laufgräben befinden, von Wällen aus Erde unterbrochen«. Auch erwähnt er, daß »dort viel Gold, Silber und Kupfer gefunden wurde, das beim Pflügen zutage kam«. Wer sonst außer Artus hätte solche Spuren hinterlassen können?

Leland war der Wahrheit viel näher, als er ahnte. Denn selbst wenn seine Namensakrobatik kein stichhaltiges Indiz war, hatte er instinktiv erkannt, daß der Hügel aus grauer Vorzeit stammte, in der es noch keine Schlösser und Burgen gab. Die früheste Gestalt aber, deren man sich entsinnen konnte, zumindest, was ihre militärischen Erfolge anbetrifft, war König Artus. Warum also den heldenhaften König nicht mit der geheimnisvollen Festung in Verbindung bringen, zumal sich der Name seines einstigen Herrschersitzes, wenn auch in gekürzter Form, erhalten hatte?

Wie weit Leland in dieser Richtung dachte, ist unklar. Tatsache ist, daß seit seinem Besuch in Cadbury die Assoziation dieses Ortes mit Camelot nicht mehr abriß.

Legenden entstanden, die sich um den Hügel rankten. Es hieß, der König ruhe in einer Höhle, von einem goldenen Gitter versperrt. Bei Vollmond öffne sich das Tor und er komme mit seinen Rittern heraus und labe sich an einer heiligen Quelle. Hundegebell sei zu hören und das Wiehern der Pferde ...

Niemand hatte ihn gesehen, aber Schatten und der Lärm …

Vielleicht raffte man sich deshalb – weil der Berg am Ende eher einer Fabel glich – erst im 19. Jahrhundert, als das Interesse an König Artus neu erwachte, zu einer systematischen Untersuchung des Hügels auf. Ein Geistlicher, Reverend Bennett, war es, der den ersten Spatenstich ansetzte. Er bestätigte den Hinweis Lelands, daß es sich um eine Befestigungsanlage handelte. Die Suche nach der Höhle blieb allerdings ergebnislos: zwar fand Bennett in einer Grube, die er auf der Höhe des Hügels aushob, einen großen flachen Stein, der einen Zugang zu einem Versteck zu verbergen schien. Doch als er ihn anhob, fand er darunter nur einen weiteren Stein.

Die Neugier aber war geweckt. Anfang dieses Jahrhunderts kam es zu weiteren Grabungen, die zu der Erkenntnis führten, daß der Hügel bereits während der Eisenzeit, kurz bevor die Römer nach England kamen, besiedelt war.

Sensationell aber war erst ein Fund, den man in den fünfziger Jahren machte. Ralegh Radford, der Ausgräber von Tintagel, identifizierte Keramik, die aus Cadbury stammte, als die gleiche Importware, die er auch in den unteren Schichten von Tintagel gefunden hatte. Sie stammte, wie bereits erwähnt, aus der Zeit des 5. und 6. Jahrhunderts n. Chr., also aus jener Zeit, da Artus angeblich lebte. Wie Radford schreibt: »So ergibt sich auf interessante Weise eine Bestätigung der Gleichsetzung dieser Fundstätte mit dem Camelot der Artuslegende.«

Der nächste Schritt war damit vorgezeichnet: eine großangelegte, gezielte Grabung. Man bildete ein »Komitee zur Erforschung Camelots«, trug den Vorsitz einem so bekannten (und damit zugkräftigen) Archäologen wie Sir Mortimer Wheeler an und machte sich an die Arbeit. In fünf Jahren, 1966 bis 1970, wurde der Hügel von Cadbury einer systematischen Untersuchung unterzogen. Man säuberte das Plateau, zog Suchgräben, machte Luftaufnahmen, führte Laborversuche durch. Man erwartete keine spektakulären Funde, und dennoch erinnerte Cadbury an Troja. Wie einst Schliemann, so hoffte man Aufschluß über eine Legende zu bekommen, welche der des Homer kaum nachstand.

Die Prämisse: »Artus war ein bedeutender Feldherr, und seine kriegerischen Aktivitäten richteten sich vor allem gegen die sächsischen Siedler, die um 500 n. Chr. ins Land kamen.«

Der Befund, so wie ihn Leslie Alcock, der die Ausgrabungen leitete, formuliert:

»Nach dem gegenwärtigen Stand der Dinge kommt Cadbury eine besondere Bedeutung zu, denn es unterschied sich sowohl in seiner Größe als auch in der Stärke seiner Befestigungen von den übrigen Schanzwerken der Briten in dieser Zeit. Ob Artus persönlich mit Cadbury in Beziehung stand oder nicht, es stellt zumindest jene Art eines befestigten Stützpunktes dar, den er benutzt haben könnte. Wir haben allen Grund zu der Annahme, daß Artus und sein Heer – wie die Krieger in der Gododdin-Sage, die in der Halle von Myddynog Mwynfawr zusammenkamen – sich in einer Halle versammelten und dort ihre Festgelage abhielten, die der von Cadbury ähnlich war, und daß sie, wenn sie hinaus in den Kampf ritten, ein Tor passierten, das dem glich, das den Zugang im Südwesten bildet.«[47]

Alcock nennt den Bericht, in dem er die Ergebnisse des Grabungsprojektes vorlegt, *South Cadbury: Ist das Camelot?* Eine definitive Antwort gibt es nicht; doch das, was man gefunden hat – Befestigungsanlagen, Mauerreste, das Fundament einer Versammlungshalle, ein Eingangstor –, weist zusammen mit der Datierung der Funde auf eine Art Zitadelle hin, wie sie nur von einem Feldherrn, der um die Zeit des hypothetischen Artus gelebt und seiner Bedeutung entsprochen haben muß, errichtet worden sein kann. Daß Artus wirklich hier lebte, würde wahrscheinlich nur dann mit letzter Gewißheit zu belegen sein, wenn man einen Fund zutage förderte, der auch seinen Namen trägt. Dies aber ist bislang nicht geschehen, und es ist unwahrscheinlich, daß es jemals geschehen wird.

Von allen Orten, die mit Camelot in Verbindung gebracht worden sind, ist Cadbury jedoch der einzige, der sowohl literarischer als auch archäologischer Überprüfung standhält. Freilich ist es nicht jenes Camelot, das Chrétien oder Malory zeichnen. Das ist ein Ort der Fiktion, ein Spiegel der Zeit derer, die ihn schufen. Im 5. Jahrhundert, zur Zeit der Schlacht von Badon, gab es kein Schloß. Das einzige, was es in der Tradition der Römer gab, waren befestigte Kastelle. Burgen entstanden erst gegen Ende des ersten nachchristlichen Jahrtausends.

Sieht man von diesem fiktiven Bild eines herrschaftlichen Camelot einmal ab, weist alles auf Cadbury hin: die Zeit, die Art der Befestigung, die Tatsache, daß es die einzige ihrer Art war, die es in der fraglichen Periode gab. Aber auch noch andere Indizien lassen sich anführen: die Nähe Cadburys zu Badon, das aller Wahrscheinlichkeit nach mit Bath gleichzusetzen ist, die Grenzlage in der Verteidigungslinie zwischen Briten und Sachsen und die Nähe zu Glastonbury, das – wie wir noch sehen werden – als Avalon gedeutet wird. Letzteres – und die Verbindung zu Tintagel – ist wahrscheinlich das überraschendste Ergebnis: von der Höhe des Hügels, dort, wo mit der Halle des Feldherrn der »Palast des Königs« stand, ist es möglich, in der Ferne jenen anderen Berg, von einem Turm gekrönt, zu erkennen – Glastonbury Tor. Was er bedeutet, werden wir noch sehen: halten wir einstweilen fest, daß noch heute Spuren eines Weges zu erkennen sind, der von Cadbury (= Camelot) nach Glastonbury (= Avalon) führte. So erhält auch die Erklärung des Namens Camelot, wie sie Loomis postuliert, ihre Bestätigung. Freilich hätte Leland sich dann umsonst bemüht, was seine etymologischen Exerzitien anbetrifft. Aber es kann natürlich genausogut umgekehrt sein. Wer kann es wissen? Wer *möchte* es wissen? Die letzte Wahrheit ist zugleich auch das Ende einer Legende.

Dritter Teil
Die Suche nach dem Gral

Tristan

W illkommen', sagte Artus. ,Ich grüße dich, edler und tapferer Ritter, der seinesgleichen sucht. Niemand gleicht dir an Geschicklichkeit, bei Jagd und Spiel bist du der erste! Die Kunst der Beize, der Klang deiner Musik, stets bist du es, der den Preis gewinnt. Deshalb, edler Ritter, sei willkommen an diesem Hof! Und ich wünschte', sagte Artus, ,daß du mir einen Gefallen tust.'

,Was immer Ihr wünscht', antwortete Tristan.

,Nun', sagte Artus, ,es ist mein Wunsch, daß du an meinem Hof bleibst.'

,Herr', erwiderte Sir Tristan, ,so leid es mir tut, aber meine Wege führen in viele Länder.'

,O nein!' sagte Artus. ,Du hast es mir versprochen, also kannst du nicht nein sagen.'

,Herr', entgegnete Tristan. ,Ich werde tun, was Ihr sagt.'

Da ging Artus zum Runden Tisch und untersuchte alle Plätze, die nicht besetzt waren. Und er sah auf dem Platz, der Marhaus gehört hatte, eine Inschrift, die besagte: ,Dies ist der Platz für den edlen Ritter, Sir Tristan.' Und so machte Artus Sir Tristan zum Ritter der Tafelrunde, und es wurde ihm zu Ehren ein großes Fest gegeben.«[1]

Tristan hatte schon eine lange Geschichte hinter sich, als er an den Hof des Königs Artus kam. Zuletzt hatte er – so schildert es Malory – den Ritter Marhaus, dessen Platz er einnahm, in einem Zweikampf besiegt, denn Marhaus war zwar ein Edelmann gewesen, aber er hatte sich in Cornwall einige Übergriffe zuschulden kommen lassen, weshalb er mit Tristan aneinander geraten war, denn dieser stand in den Diensten des Königs Mark, der Herr über Cornwall war.

In letzter Zeit hatte sich das Verhältnis zwischen dem König und seinem Ritter jedoch etwas abgekühlt. Malory erklärt uns, warum:

»König Mark war Sir Tristan keineswegs wohlgesonnen, ja, er hatte ihn aus Cornwall fortgejagt. Und dennoch war

Tristan der Neffe des Königs, aber dieser hegte großen Argwohn gegen Tristan wegen der Königin, La Beale Isoud. Denn es schien ihm, daß der Liebe zu viel zwischen den beiden herrschte. Und als Sir Tristan Cornwall verließ und nach England ging, vernahm der König die Ruhmestaten, die er dort beging, und das ärgerte ihn gar sehr.«[2]

Der gute Mark hatte tatsächlich allen Grund, seinem Neffen gram zu sein, denn die holde Isolde, sein trautes Weib, war dem Werben des edlen Ritters keineswegs abgeneigt. So sehr fühlte sie sich ihm verbunden und so sehr begeisterte das die Zuschauer – außer Mark –, daß die Geschichte von Tristan und Isolde zum Inbegriff der Liebesgeschichte schlechthin wurde.

Dies ist um so erstaunlicher, als die Geschichte der beiden zu einer Zeit geschrieben wurde, da der Kult der Minne in höchster Blüte stand. Denn obwohl die Geschichte zunächst den Anschein erweckt, als ob genau das, dieser Kult, ihren Inhalt bildet, geht sie doch über das Wesentliche der Minne hinaus. Sie schafft einen neuen Kodex, ungebunden, jeglicher Konvention bar, und darin liegt ihre Bedeutung wie ihre Anziehungskraft. Was andere nur dachten, ersehnten und hofften: hier ward der Traum zur Wirklichkeit.

Freilich auch nur in Gedanken, aber sie schufen eine Welt, die erlebbar, nachzuvollziehen war. Jeder identifizierte sich mit den Helden und erlebte mit ihnen, an ihnen, was ihm selbst im Leben versagt war.

Da war die Kirche, das Gesetz des Standes. Niemand war frei, konnte seinen inneren Wünschen nachleben. Und das war nicht nur in der Zeit so, als die Geschichte entstand, geschrieben wurde. Dieser Zwang, die Mißachtung der Gefühle, diese Unfreiheit der Seele, des Geistes und des Herzens blieb weiterhin bestehen. Bis in die Neuzeit, ja, in die Gegenwart. Von Aufklärung und Romantik einmal abgesehen, die nur begrenzte Wirkung hatten, ist erst in unseren Tagen jene Freiheit erreicht worden, von der die Geschichte um Tristan und Isolde spricht.

Das ist einer der Gründe – und zugleich ein Paradox –, weshalb Artus und seine Legende sich heute so großer Beliebtheit erfreuen. Die Blumenkinder, die gegen den Moloch der Zivilisation rebellierten (und rebellieren), fanden in der Geschichte, die nie vergessen, doch stets nur ein Ideal blieb, die Bestätigung ihrer Gefühle. Hier war – in aller Offenheit, ohne Betrug und falsche Scham – ein Bild des Menschen entworfen, mit dem man sich identifizieren konnte, mit dem man leben konnte.

Ein Paradox aber ist es dennoch: denn nicht *Artus* ist der, dem man nacheifert. Er ist nur ein Symbol, eine greifbare Gestalt, in der sich angeblich alles, was man ersehnt, manifestiert. Es sind die, die in seinem Namen kämpfen, unter seinem Bild erscheinen, denen unsere wahre Anteilnahme, unser Hoffen gilt. Außerhalb Britanniens, das sich heute England nennt, ist die Attraktion des legendären Königs weniger in seinen Heldentaten begründet als vielmehr in denen seiner Ritter. Der König selbst tritt zurück, wird zu einer Art Gott, einem Hochgott verklärt, und an seine Stelle treten, greifbar und uns bewegend, jene, die – obwohl ihre Historizität noch viel weniger gesichert ist als die des Artus – unsterblich blieben.

>»Uns ist noch hiute liep vernomen,
süeze und iemer niuwe
ir inneclichiu triuwe
ir liep, ir leit, ir wunne, ir not;
al eine und sin si lange tot,
ir süezer name der lebet iedoch
und sol ir tot der werlde noch
ze guote lange und iemer leben,
den triuwe gern den triuwe geben,
den ere gernden ere:
ir tot muoz iemer mere
uns lebenden leben und niuwe wesen;
wan swa man noch hoeret lesen
ir triuwe, ir triuwen reinekeit,
ir herzeliep, ir herzeleit,
deist aller edelen herzen brot.
Hie mite so lebet ir beider tot.
Wir lesen ir leben, wir lesen ir tot
und ist uns daz süeze alse brot.
Ir leben, ir tot sint unser brot.
Sus lebet ir leben, sus lebet ir tot.
Sus lebent si noch und sint doch tot
und ist ir tot der lebenden brot.«[3]

So formuliert es Gottfried von Straßburg, und wahrlich, die Geschichte, von der er berichtet, »greift jedem, der sie vernimmt, ans Herz«. Dabei ist es weniger die Geschichte als

solche, die uns berührt, als vielmehr die Art, wie Gottfried sie
erzählt. Es gab nämlich eine lange Tradition, auf die sich
Gottfried stützt, doch da er selbst – wie er vermerkt – »das
Leid der Liebe erfahren«, machte er daraus ein Kunstwerk,
das, indem es die Höhen und Tiefen der menschlichen Seele
auslotet, ein zeitloses Dokument der Leidenschaft ist. »Ich
weiz wol«, schreibt er, »ir ist vil gewesen, die von Tristande
hant gelesen; und ist ir doch nicht vil gewesen, die von im
rehte haben gelesen.«

Nun denn: schon die Geburt des Tristan ist die Frucht un-
sagbaren Glücks und höchster Pein. Schreibt der Meister:

>»Gewan ie wip durch lieben man
> totlichen herzesmerzen,
> dern waere ouch in ir herzen.
> Daz was totliches leides vol.
> Si bewarte al der werlde wol,
> daz ir sin tot ze herzen gie.
> Ir ougen diu enwurden nie
> in allem disem leide naz.
> Ja got herre, wie kam daz,
> daz da niht wart geweinet?
> Da was ir herze ersteinet.
> Da enwas niht lebenes inne
> niwan diu lebende minne
> und daz vil lebeliche leit,
> daz lebende uf ir leben streit.
> Geclagete s' aber ir herren iht
> mit clageworten? Nein si niht.
> Si erstummete an der stunde,
> ir clage starp in ir munde.
> Ir zunge, ir munt, ir herze, ir sin,
> daz was allez do da hin.
> Diu schoene enclagete do nieme.
> Sine sprach do weder ach noch we.
> Si seic et nider unde lac
> quelende unz an den vierden tac
> erbermeclicher dame ie wip;
> si want sich unde brach ir lip
> sus unde so, her unde dar
> und treip daz an, biz si gebar
> ein sünelin mit maneger not.
> Seht, daz genas und lac si tot.«[4]

Man wird ein wenig Mühe haben, dem Wortlaut des Meisters zu folgen, denn er verfaßte sein Gedicht im 13. Jahrhundert. Dennoch wird man den Sinn verstehen (und mehr noch die Wahl und den Klang der Worte schätzen), wenn man den Zusammenhang kennt: Blanscheflur, die Frau, von der hier die Rede ist, empfängt just in dem Moment, als sie einer Niederkunft entgegensieht, die Nachricht vom Tode ihres Mannes. Dieser, ein gewisser Riwalin, fällt im Kampf mit seinem Lehnsherrn, Herzog Morgan, dem er die Gefolgschaft aufge-

Riwalin, der Vater von Tristan, fällt im Kampf gegen seinen Lehnsherrn Morgan und wird bestattet. Illustration aus dem 13. Jahrhundert.

kündigt hat. Das Ganze ereignet sich in Parmenien, einem Landstrich, der der heutigen Bretagne entspricht.

Blanscheflur, »die weiße Blume«, ist die Schwester König Marks von Cornwall. Sie war, als sie Riwalin kennenlernte,

> »ein maget, daz da noch anderswa
> schoener wip nie wart gesehen.
> Wir hoeren von ir schoene jehen,
> sine gesaehe nie kein lebende man
> mit inneclichen ougen an,
> ern minnete da nach iemer me
> wip und tugende baz dan e.«[5]

Mit anderen Worten, sie war ein Mädchen gewesen, wie es kein schöneres gab, und jeder Mann, der sie anschaute, erfuhr erst, was wahre Tugend und Schönheit bedeutete.

Diese Blanscheflur war nun im selben Augenblick, als sie einen Sohn gebar, gestorben. So groß war ihre Liebe gewesen (und so gering die Hoffnung, die die Aussicht auf einen Sohn in ihr entfachte). Wie anders hätte man dann den Unglückswurm nennen sollen?

> »Nu daz sin toufaere
> alles sines dinges was bereit,
> nach touflicher gewonheit
> er vragete umb daz kindelin,
> wie sin name solte sin.
> Diu höfsche marschalkin gie dan
> und sprach vil tougenliche ir man
> und vragete in, wie er wolte,
> daz man es nennen solte.
> Der marschalc der sweic lange.
> Er trahte ange und ange,
> waz namen ime gebaere
> nach sinen dingen waere.
> Hier unter so betrahte er
> des kindes dinc von ende her,
> rehte alse er haete vernomen,
> wie sin dinc allez dar was komen:
> ,Seht', sprach er, ,vrouwe, als ich vernam
> von sinem vater, wie'z den kam
> umbe sine Blanschefliure,
> mit wie vil maneger triure

> ir gernder wille an ime ergie,
> wie si diz kint mit triure enpfie,
> mit welher triure si'z gewan,
> sô nenne wir in Tristan.'«[6]

Er hieß also Tristan, der Sohn von Blanscheflur und Riwalin. Wurde auf diesen Namen getauft, da *triste* »traurig«
heißt, wie der Dichter weiter vermerkt, und da er nicht nur
im Zeichen der Trauer geboren wurde, sondern auch sein
Leben von Trauer überschattet sein würde.

War er doch ohne Mutter und Vater, als er das Licht der
Welt erblickte, und obendrein von jenem Fürsten bedroht,
der dem Vater das Leben genommen. Zum Glück nahm sich
der Seneschall des Verstorbenen, Rual li Foitenaut, des Kindes an, zog es groß, ließ ihm die Ausbildung eines Edelkna-
ben und dann eines Knappen zuteil werden und hoffte, daß
es dereinst das Erbe seines Vaters übernehmen würde.

Aber es kam anders: der junge Tristan wurde eines Tages
von Kaufleuten, die an dem geschickten und gebildeten
Jüngling Gefallen fanden und sich durch ihn ein höheres Ansehen versprachen, entführt. Bevor sie jedoch ihren Heimat-
hafen in Norwegen erreichen konnten, kam ein Sturm auf,
und der Herr, wie sie meinten, zürnte ihnen so, daß sie gelobten, den Jungen freizulassen, wenn er sie verschone. Der
Herr erbarmte sich, und Tristan wurde an der Küste von
Cornwall an Land gesetzt.

Dies war die Heimat seiner Mutter; doch das wußte
Tristan nicht. Er beschloß, äußerste Vorsicht zu wahren, und
als er zwei Pilger traf, die ihn fragten, woher er komme und
was ihn in die Wildnis, in der weit und breit keine menschliche Behausung zu finden sei, verschlagen habe, antwortete er, daß er zu einer Jagdpartie gehöre, vom Wege ab-
gekommen sei und sich zu orientieren versuche. Die
biederen Pilger glaubten ihm das und erboten sich, ihn nach
Tintagel, den Sitz des Königs, zu begleiten, wohin ihr Weg sie
führe.

Doch bevor sie die Burg erreichten, trafen sie auf einen
Trupp Jäger, und Tristan, der sich ihnen sogleich anschloß,
bewies zur Bewunderung aller eine solche Geschicklichkeit,
daß sie ihn zu ihrem Führer erwählten.

Die Jäger standen in den Diensten König Marks, und so
war auch ihr Ziel Tintagel. Als sie die Burg erreichten, rief
Tristan aus:

»,Ei …, lieber meister min,
saget waz bürge mag diz sin?
Diz ist ein küniclich castel.'
Der meister sprach: ,Deist Tintajel.'
,Tintajel? A welh ein castel!
De te saut, Tintajel
und allez din gesinde!'
,A wol dir süezem kinde!'
sprachen sine geverten do.
,Wis iemer saelic unde vro
und dir müez alse wol geschehen,
al vil gerne wir'z gesehen!'«[7]

So wurde Tristan der legendären Burg ansichtig, und der Wunsch seiner Gefährten, daß es ihm dort wohl ergehen möge, schien zunächst auch in Erfüllung zu gehen. König Mark empfing ihn, ließ sich von dem Jägermeister erzählen, welche außergewöhnliche Geschicklichkeit der Jüngling an den Tag gelegt hatte, und ernannte ihn gleichfalls zum Meister.

Tristan spielt für König Mark auf der Harfe. Kachel aus der Abtei von Chertsey, Surrey (England).

Tristan war beliebt bei Hofe, und obwohl niemand wußte, wer er wirklich war, gewann er die Herzen aller mit seiner Anmut und edlen Gesinnung. Und er wäre wohl auf Tintagel geblieben, wenn nicht Rual, der treue Gefolgsmann seines Vaters, eines Tages erschienen wäre, auf der Suche nach seinem verlorenen Sohn. Daß er dies in Wirklichkeit gar nicht war, erfuhr Tristan erst jetzt, und er beschloß, den Tod seines Vaters zu rächen.

So kehrte er in seine Heimat Parmenien zurück, rüstete sich zum Kampf und übte Vergeltung. Doch der Tod des Herzogs versöhnte ihn nicht; zu lange war er in der Fremde gewesen, und hatte nicht der König, sein Onkel, ihm die Thronfolge in Aussicht gestellt? Er wolle sogar, so hatte er ihm versichert, auf eine Heirat – und damit auf einen Thronfolger – verzichten, wenn er, Tristan, sich bereit erkläre, das Erbe anzutreten. Wie konnte er ihn da im Stich lassen?

Also überließ er seine Besitzungen dem treuen Rual, kehrte zurück und bot seine Dienste dem Onkel an. Dieser geriet alsbald in arge Bedrängnis, denn er war ein Vasall des Königs von Irland, und dieser schickte den Bruder seiner Frau, einen kampferprobten Ritter namens Morold, nach Cornwall, um die jährlichen Abgaben einzutreiben. Diese bestanden in der Bereitstellung von Kindern der Adligen – was den Vasall schwächte und den König stärkte –, und schon waren die Ba-

rone und edlen Ritter bereit, sich von ihren Söhnen zu trennen (um dadurch ihr eigenes Leben zu retten, wie Tristan in
einer anklagenden Rede vermerkt), da erbietet sich dieser, in
einem Zweikampf gegen den Herausforderer anzutreten:
siege er, so verkündet Tristan und beruft sich dabei auf eine
Abmachung, die bei der Festsetzung der Tributzahlungen getroffen wurde, dann werde ihnen der Zins erlassen.

Obwohl niemand ihm eine Chance gibt, den listigen Iren
zu bezwingen, läßt Tristan von seinem Plan nicht ab. Es
kommt zum Kampf, auf einer Insel vor der Küste, und obwohl der Junge den Älteren besiegt, wird er doch schwer verletzt: Morold hat sein Schwert mit Gift bestrichen, und nur
seine Schwester, die Königin, weiß, wie man sich der Wirkung dieses Giftes entziehen kann.

Morold ist tot, Tristan liegt fiebernd auf seinem Lager. Da
faßt er den Entschluß, sich in das Land des Feindes zu wagen, um dadurch sein Leben zu retten. Er läßt sich nach Irland herüberbringen, treibt in einem ausgesetzten Boot an
Land und wird, indem er sich als fahrender Spielmann ausgibt, der von Piraten überfallen wurde, an den Hof des Königs gebracht.

Isolde, so heißt die Schwester Morolds, ist von der Kunst-
fertigkeit des Fremden so beeindruckt, daß sie sich bereit erklärt, ihn von seinen Wunden zu heilen. Allerdings muß er
ihr versprechen, ihre Tochter, die glcichfalls Isolde heißt, in
den Künsten, die er so meisterhaft beherrsche, zu unterwei-
sen. Wogegen Tristan nichts einzuwenden hat, denn diese
Isolde, die jüngere, ist ein gar allerliebstes Kind. Sie macht
schnell Fortschritte und ist auch sonst nicht zu verachten:

Tristan tötet Morold
im Zweikampf.
Kachel aus der
Chertsey Abbey.

>»Diu gevüege Isot, diu wise,
>diu junge süeze künigin
>also zoch si gedanken in
>uz maneges herzen arken,
>als der agestein die barken
>mit der Syrenen sange tuot.
>Si sanc in maneges herzen muot
>offenlichen unde tougen
>durch oren und durch ougen.
>Ir sanc, den s'offenliche tete
>beide anderswa und an der stete,
>daz was ir süeze singen,
>ir senftez seiten clingen,

daz lute und offenliche
durch der oren künicriche
hin nider in diu herzen clanc.
So was der tougenliche sanc
ir wunderlichiu schoene,
diu mit ir muotgedoene
verholne unde tougen
durch diu venster der ougen
in vil manic edele herze sleich
und daz zouber dar in streich,
daz die gedanke zehant
vienc unde vahende bant
mit sene und mit seneder not.«[8]

Wahrscheinlich müßte man sie mal gesehen haben, die holde Isolde, um ermessen zu können, was der Dichter meint. Vielleicht ist es dies:

Tristan lehrt Isolde
das Harfespielen.
Kachel aus der
Chertsey Abbey.

»Die begabte und kluge Isolde,
die junge liebreizende Königin,
zog so die Gedanken
aus verschlossenen Herzen an
wie der Magnetstein die Schiffe
und der Sirenen Gesang.
Sie sang sich in die Herzen
gar vieler,
durch Augen und durch Ohren.
Ihr Gesang,
den sie öffentlich kundtat,
war so lieblich,
das Spiel der Saiten so klar,
daß es laut und vernehmlich
durch das Reich
in jedermanns Ohren drang.
Verborgen war
der Gesang ihrer Schönheit,
der mit leisem Klang,
heimlich und lieblich
durch der Augen Fenster
in manch edles Herze schlich
und dort einen Zauber bewirkte,
der die Gedanken fing und bannte
mit Sehnsucht und Liebesnot.«

Eine wahrhafte Versuchung, die Schülerin. Doch Tristan beißt nicht an: noch immer fürchtet er, entdeckt zu werden. Schließlich hat er ihren Onkel, auch wenn er ein Bösewicht war, getötet, und als er wieder genesen ist, nimmt er Abschied und kehrt nach Cornwall zurück.

Er wird mit Freude empfangen und wächst in der Gunst des Königs, bis eintritt, was vorauszusehen war: die Höflinge verargen dem Fremden seine bevorzugte Stellung und sinnen, wie sie sich seiner entledigen können. Einen Plan haben sie schnell zur Hand: diese Isolde, von der der Jüngling so begeistert sprach, wäre eine geeignete Partie für den König. Jung und ansehnlich und noch dazu die Erbin eines mächtigen Herrschers. Der Frieden würde gesichert sein, er, Mark, würde zum mächtigsten König. So wenigstens stellten sie es ihrem Herrn da, und da dieser sich zwei Feindschaften, bei Hofe und über See, nicht leisten konnte, willigte er ein, auch wenn es einen Wortbruch bedeutete. Denn hatte er Tristan nicht sein Reich versprochen und aus diesem Grunde auf eine Heirat verzichtet?

Tristan erklärt sich dennoch bereit, seinem Herrn zu helfen. Für ihn ist am Hofe im Augenblick keine Bleibe. Und ist er dem König, auch wenn es sein Onkel ist, nicht zu Gefolgschaft verpflichtet?

Er schifft sich ein, segelt nach Dublin, wo der Hof des irischen Königs liegt, und – findet das Land verwüstet, von einem Drachen, dem niemand Einhalt zu gebieten vermag. Trotz der Belohnung, die der König ausgesetzt hatte:

> »Swer ime benaeme daz leben,
> er wolte im sine tochter geben,
> der edel und ritter waere.«

Wer also den Drachen erlegte, der würde die Tochter des Königs gewinnen, vorausgesetzt, daß er von edler Abkunft sei. Doch, so fügt der Dichter hinzu:

> »Diz selbe lantmaere
> und daz vil wunnecliche wip
> diu verluren tusenden den lip,
> die dar ze kampfe kamen,
> ir ende da genamen.«[9]

Tausende hatten ins Gras gebissen, um die Freuden, die das »wonnigliche Weib« verhieß, zu erfahren.

Dennoch, Tristan nimmt das Wagnis auf sich, läßt sich Pferd und Lanze geben und reitet dem Ungeheuer entgegen. Dieses nistet im Tal von Anferginan, und als sich Tristan der Schlucht nähert, kommt ihm der Truchseß des Königs entgegen, der gleichfalls um die Hand der Königstochter anhält, doch feige und hinterlistig ist. Wieder einmal hat ihn der Drachen in die Flucht gejagt. Tristan setzt unbeirrt seinen Weg fort:

> »Nu Tristan wart vil wol gewar
> an der vliehenden schar,
> der trache der waere eteswa da,
> und stapfet ouch des endes sa
> und reit unlange, unz er gesach
> siner ougen ungemach,
> den egeslichen trachen.
> Der warf uz sinem rachen
> rouch unde vlammen unde wint
> alse des tiuveles kint
> und kerte gein im aldort her.
> Tristan der sancte daz sper,
> daz ors er mit den sporen nam.
> So swinde er dar gerüeret kam,
> daz er'm daz sper zem giele in stach,
> so daz ez ime den rachen brach
> und innen an dem herzen want
> und er selbe uf den serpant
> so sere mit dem orse stiez,
> daz er daz ors da totez liez
> und er da von vil kume entran.«[10]

Langsam liest man sich ein: »ors« heißt »Pferd«, und »giele« ist »Schlund«, »tiuvel« der »Teufel« und »serpant« die »Schlange«. Tristan legte also die Lanze an, rannte sie dem Untier in den Rachen, wo sie bis zum Herz eindrang, verlor aber gleichzeitig sein Pferd, das durch den Anprall getötet wurde, und konnte selbst nur mit knapper Not den Fängen des Ungeheuers entkommen.

Das genehmigte sich zunächst einmal das verendete Pferd, das es bis auf den Sattel verschlang, und wandte sich dann wieder seinem Angreifer zu. Der geriet in gar arge Bedrängnis, zog sein Schwert und versuchte, dem tödlichen Feuer des Drachen zu entkommen. Doch die Lanze tat ihre Wirkung, das Tier erlahmte, und als es sich am Boden wandt, stieß Tristan zu und durchbohrte von neuem das Herz.

Als Trophäe (und Zeichen, daß er das Untier besiegt) schnitt er dem Drachen die Zunge heraus und wollte nun aus der Hand des Königs den Lohn empfangen. Nicht für sich, sondern für seinen Herrn, denn das war ja sein Auftrag gewesen. Doch der Truchseß, der ihm auf den Fersen geblieben war, kam ihm in die Quere: er schnitt dem Drachen den Kopf ab und gab vor, indem er dies als Zeichen auswies, der wahre Sieger zu sein.

Zu allem Unglück entdeckt Isolde inzwischen auch noch, daß der edle Ritter, der um ihre Hand anhält, der Mörder ihres Onkels ist, denn ein Splitter, der an seinem Schwert fehlt, fand man am Helm des Erschlagenen. Sie ist außer sich, vor Schmerz und Liebespein, sinnt auf Rache und kann dennoch ihre Zuneigung nicht verleugnen:

»Si horte ir vint unde sahen
und mohte sin doch niht geslahen.
Diu süeze wipheit lag ir an
unde zucte si da van.
An ir striten harte
die zwo widerwarte,
die widerwarten conterfeit
zorn unde wipheit,
diu übele bi ein ander zement,
swa si sich ze handen nement.
So zorn an Isolde
den vint slahen wolde,
so gie diu süeze wipheit zuo.
‚Nein‘, sprach si suoze. ‚Niene tuo!‘«[11]

Der Stachel des Zorns und »süße Weibheit« stritten miteinander, und sie wäre nicht Isolde gewesen – »Swaz maget an manne spehen sol, daz geviel ir allez an im wol«, wie der Dichter an anderer Stelle schreibt –, wenn sie nicht der Verlockung nachgegeben hätte. Selbst als Tristan seine wahre Mission zu erkennen gibt, er also nicht für sich, sondern im Namen eines anderen um ihre Hand anhält, läßt sie sich besänftigen. Wenn es nur nicht der Truchseß ist, dem sie ausgeliefert wird.

Tristan kämpft mit dem Drachen und besiegt ihn. Isolde und Brangäne finden auf einem Ausritt in den Wald den erschlagenen Drachen und den erschöpften Tristan. Sie nehmen ihm die Rüstung ab und führen ihn ins Schloß. Isolde erkennt ihn an der Schwertscharte als Sieger über Morold und gerät darüber in großen Zorn. Illustration aus dem 13. Jahrhundert.

Der hat inzwischen das Haupt des Drachen zu Hofe geschleppt und verlangt vom König die Belohnung. Da gebietet Tristan Einhalt und fordert den Prätendenten auf, den Rachen des Tieres zu öffnen. Für jedermann ersichtlich, hat nur er die Trophäe, und der Brautfahrt der Isolde steht mithin nun nichts mehr im Wege.

Isolde, die Königin, besorgt wie alle Mütter, braut noch schnell einen Liebestrank, den sie Brangäne, ihrer Nichte, anvertraut mit den Worten:

>,Swaz ich dir sage, daz vernim.
Diz glas mit disem tranke nim,
daz habe in diner huote
hüete es vor allem guote.
Sich, daz es uf der erde
ieman innen werde.
Bewar mit allem vlize
daz es ieman enbize.
Vlize dich wol starke:
Swenne Isot unde Marke
in ein der minne komen sin,
so schenke in disen tranc vür win
und la si'n trinken uz in ein.
Bewar daz, daz sin mit in zwein
ieman enbize. Daz ist sin.
Noch selbe entrink es niht mit in.
Der tranc der ist von minnen.
Daz habe in dinen sinnen.'«[12]

Brangäne, welche die Königstochter begleiten wird, soll also darauf achten, daß das besagte Elixier nur den Brautleu-
ten ausgehändigt wird. Kein anderer darf davon trinken. Das
wäre Sünde.

Man besteigt also ein Schiff und nimmt Kurs auf Cornwall.
Kaum sind sie auf See, überfällt Isolde ein fürchterliches
Heimweh. Sie hadert mit ihrem Schicksal, macht Tristan
Vorwürfe, daß er sie entführt und den Onkel getötet habe,
und verkriecht sich in ihrem Kummer.

Tristan, der sie aufmuntern will, bietet ihr zu trinken an.
Ohne daß er es ahnt, reicht er ihr den Zaubertrank. Auch er
nimmt von dem vermeintlichen Labsal. Die Wirkung läßt
nicht lange auf sich warten:

»Nu daz diu maget unde der man,
Isot unde Tristan,
den tranc getrunken beide, sa
was ouch der werlde unmouze da,
Minne, aller herzen lagaerin,
und sleich z'ir beider herzen in.
E si's ie wurden gewar,
do stiez s'ir sigevanen dar
und zoch si beide in ir gewalt.
Si wurden ein und einvalt,

die zwei und zwivalt waren e.
Si zwei enwaren do nieme
widerwertic under in.
Isote haz der was do hin.
Diu süenaerinne Minne
diu haete ir beider sinne
von hazze gereinet,
mit liebe also vereinet,
daz ietweder dem anderm was
durchluter alse ein spiegelglas.«[13]

Die Liebe, die »Unmuße der Welt« hatte ihre Siegesfahnen aufgepflanzt, und wo einst Zwietracht geherrscht hatte, kehrte nun Versöhnung in ihre Herzen. Sie waren in Leid und Schmerz geeint.

Denn es war ein Frevel, den sie begangen, und nur Verderben konnte an seinem Ende stehen.

Brangäne war außer sich, als sie von dem Mißgeschick erfuhr. Es war ihre Schuld, denn sie war achtlos gewesen, und sie versprach, Stillschweigen zu wahren, was auch immer geschehe. Und natürlich geschah es, dazu war der Trank schließlich da:

»Des nahtes, do diu schoene lac,
ir triure unde ir trahte pflac
nach ir trutamise,
nu kam geslichen lise
zuo der kemenaten in
ir amis unde ir arzatin,
Tristan und diu Minne.
Minne diu arzatinne
si vuorte ze handen
ir siechen Tristanden.
Ouch vant s'Isote ir siechen da.
Die siechen beide nam si sa
und gab in ir, im sie
ein ander z'arzatie.
Wer haete ouch dise beide
von dem gemeinen leide
vereinet unde bescheiden
wan einunge an in beiden,
der stric ir beider sinne?
Minne diu strickaerinne

diu stricte zwei herze an in zwein
mit dem stricke ir süeze in ein
mit also grozer meisterschaft,
mit also wunderlicher craft,
daz si unreloeset waren
in allen ir jaren.«[14]

Eines Nachts lag also Isolde, von traurigen Gedanken geplagt, da schlich in ihre Kammer ihres Herzens Heilmittel.
Arznei, Medizin, nennt es der Dichter. Und ihrer bedurfte
das Mädchen ebenso wie der Mann. Sie gaben sich ganz dem
Kummer und der Heilung hin, fesselten ein Herz an das andere und waren fortan unlösbar einander verbunden.

Eine Medizin begrenzter Wirkung also, die genau das Gegenteil von dem erreichte, was sie vorgab zu bewirken:

»Swes gelieben gelanget,
des triben s'under in genuoc,
so sich diu zit also getruoc.«[15]

»Wonach es Verliebten verlanget,
das trieben sie oft genug,
wann immer die Gelegenheit sich dazu ergab.«

So verging die Reise im Fluge, und allmählich tauchte die
Frage auf, wie es denn nun weitergehen sollte. Nicht nur war
Isolde für einen anderen bestimmt, sie hatte auch das einge-
büßt, was sie ihm schuldete:

»Ouch twanc si beidiu noch ein leit:
Daz was Isote wipheit.«[16]

Da war guter Rat teuer. Aber zum Glück gab es ja noch
Brangäne, die ohnehin an allem schuld war. Also mußte sie
dafür herhalten, zumal sie nicht nur Jungfrau, sondern auch
noch schön war: »Fürwahr«, schreibt der Dichter, »ich
möchte wetten, daß seit Adams Tagen nicht so kostbares
Falschgeld geprägt noch ein so angenehmer Betrug einem
Manne zugefügt wurde.«

Und in der Tat, der gute Mark merkte von allem nichts: als
die Nacht der Hochzeit kam, steckte man Brangäne in das
Kleid Isoldes, löschte vorsorglich die Lichter und übergab sie
ihrem Schicksal:

»Marke Brangaenen zuo z'im twanc.
Ine weiz, wie ir der anevanc
geviele dirre sache.
Si dolte so gemache,
daz ez gar ane braht beleip.
Swaz ir gespil mit ir getreip,
si leiste unde werte,
swes er hin z'ir gegerte,
mit messing und mit golde,
als wol alse er wolde.«[17]

Der Dichter gesteht, daß er nicht weiß, wie der braven
Brangäne die Sache am Anfang gefiel. Aber sie machte ihre
Sache so gut, daß es wie Messing und Gold war, was sie für
ihre Schuld bezahlte.

Am Ende fürchtete Isolde, sie würde tatsächlich Gefallen
an der Sache finden. Was sie ihr nicht mißgönnte, nur: wenn
der König am Morgen erwachte und statt ihrer Brangäne an
seiner Seite fände, wäre der ganze Aufwand umsonst gewesen und sie Schimpf und Schande ausgesetzt.

Nun gab es aber einen Brauch, der noch rechtzeitig Ab-
hilfe versprach:

»Zehant iesch ouch der künec den win.
Da volgete er dem site mite,
wan ez was in den ziten site,
daz man des elliche pflac,
swer so bi einer megede lac
und ir den bluomen abe genam,
daz eteswer mit wine kam
und lie si trinken beide
samet ane unterscheide.«[18]

Wenn jemand also einem Mädchen die »Blume« genommen hatte, dann wurde beiden Wein kredenzt. Sowohl ihm
als auch ihr, zur Stärkung. Denn danach ging es weiter.

So auch hier. Nur daß inzwischen Isolde die Unterbre-
chung genützt und sich statt ihrer Zofe zum König gelegt
hatte. Nicht ohne Bangen:

»Nu si dem site gegiengen mite,
beidiu getrunken nach dem site,
diu junge künigin Isot

> diu leite sich mit maneger not,
> mit tougenlichem smerzen
> ir muotes unde ir herzen
> zuo dem künege ir herren nider.«[19]

Denn wenn die Gefahr, daß ihre Täuschung entdeckt würde, inzwischen auch behoben war, so bereitete ihr doch das Opfer, daß sie nun bringen mußte, neue Herzensqualen. Was dem König, durch den Trunk beschwingt, entging:

> »Der greif an sine vröude wider;
> er twanc si nahe an sinen lip.
> In duhte wip alse wip.
> Er vant ouch die vil schiere
> von guoter maniere.
> Ime was ein als ander.
> An ietwederre vander
> golt unde messinc.
> Ouch leisten s'ime ir teidinc
> also dan und also dar,
> daz er nie nihtes wart gewar.«[20]

Er fand also auch in dieser »Messing und Gold«. Im übrigen war »Frau gleich Frau«, eine erschien ihm wie die andere, und so zahlten beide ihre Schuld, ohne daß er etwas merkte.

Seine Hochzeitsnacht war jedoch das letzte, was er genoß. Denn wenngleich er auch keinerlei Argwohn hegte, entging anderen am Hofe die heimliche Liebe zwischen Tristan und Isolde nicht, und sie setzten alles daran, den Günstling und seine Geliebte in Mißkredit zu bringen.

Diverse Fallen wurden gestellt, um die Liebenden auf frischer Tat zu ertappen, und obwohl diese auf der Hut waren, denn sie hatten ihrerseits bemerkt, daß man sie beschattete, wurden die Beweise für ihre Untreue immer erdrückender. Bis sich Mark gezwungen sah, ein Konzil einzuberufen, um über das Verhalten der beiden, das seinen Ruf untergrub, zu beraten.

Illustration aus dem 13. Jahrhundert zu Tristan und Isolde. Das Verhalten der beiden erweckt Mißtrauen, und König Mark beruft ein Konzil ein. Isolde wird der Feuerprobe ausgesetzt.

Aber auch das brachte keine Entscheidung. Denn die Königin schwor – und wurde in einem Gottesurteil darin bestätigt –, daß

> »,... mines libes nie kein man
> dekeine künde nie gewan
> noch mir ze keinen ziten
> weder ze arme noch ze siten
> ane iuch nie lebende man gelac
> wan der, vür den ich niene mac
> gebieten eit noch lougen,
> den ir mit iuwern ougen
> mir sahet an dem arme,
> der wallaere der arme.'«[21]

Niemand habe je »Kunde von ihrem Leib erfahren«, noch habe sie »weder in den Armen noch an der Seite« eines Mannes gelegen außer ihrem Gemahl und »jenem armen Pilger, den ihr mit eigenen Augen gesehen«. Was in der Tat weder Meineid noch Gotteslästerung war, denn die ebenso schlaue wie verliebte Isolde hatte es so eingerichtet, daß sie kurz vor der erlauchten Versammlung in die Arme eines Pilgers gesunken war, der sie nach einer Bootsfahrt an Land bringen sollte. Von keinem anderen wolle sie sich tragen lassen als diesem »heiligen Mann«, der kein anderer als Tristan war. Nicht einmal er selbst wußte, was ihm geschah, als sie ihm zuflüsterte, er solle sich fallen lassen, wenn sie das Ufer erreichten. »Vor Erschöpfung«, gab Isolde vor, habe der Mann in ihren Armen gelegen, und alles rühmte sie, daß sie von dieser verfänglichen Situation nicht Gebrauch gemacht habe.

Nein, sie war unschuldig, und Gott, den man nur richtig bitten muß, wie der Dichter vermerkt, drückte ein Auge zu:

> »Da wart wol g'offenbaeret
> und al der werlt bewaeret,
> daz der vil tugenthafte Crist
> wintschaffen alse ein ermel ist.
> Er vüeget unde suochet an,
> da man'z an in gesuochen kan,
> alse gevuoge und alse wol,
> als er von allem rehte sol.
> Erst allen herzen bereit,
> ze durhte und ze trügeheit.

Ist ez ernest, ist ez spil,
er ist ie, swie so man wil.
Daz wart wol offenbare schin
an der gevüegen künigin.«[22]

Gott ist ein Verbündeter, paßt sich den Bedürfnissen der
Menschen an, hilft mit kleinen Tricks und wendet am Ende
alles zum Guten. Eine versteckte Kritik des Dichters, an der
Gesellschaft wie an der Kirche, wie überhaupt sein Werk
mehr als eine banale Liebesgeschichte ist. Es ist eine Aufkün-
digung gesellschaftlicher Konventionen: das Gefühl, sofern
es ehrlich ist, aus dem Herzen, dem innersten Sein des Menschen kommt, wird an die Stelle künstlicher Normen gesetzt,
die den Menschen gefangenhalten und seine Seele verküm-
mern lassen. Ein Rousseau des 13. Jahrhunderts, seiner Zeit
um ein halbes Jahrtausend voraus.

Diese kritische Haltung des Dichters kommt auch in der
Reaktion Marks zum Ausdruck, als er einsieht, obwohl er ihnen keinen konkreten Verstoß nachweisen kann, daß Tristan und Isolde einander mehr verbunden sind als ihm. Er
sagt:

»,Neve Tristan, min vrouwe Isot:
daz ich iu beiden den tot
oder iht herzeleides tuo,
da sit ir mir ze liep zuo ...‘«[23]

Von Rechts wegen hätte er sie töten können, sie büßen
lassen für ihre Indiskretion, den Kummer und die Scham, die
sie ihm bereiten. Aber nein, dazu liebt er sie zu sehr. Statt dessen gebietet er, weil er andererseits ihre Anwesenheit nicht
mehr ertragen kann, daß sie sich bei der Hand nehmen und
den Hof und das Land verlassen. Er will sie nicht mehr wiedersehen, die Gemeinschaft zwischen den dreien besteht
nicht mehr.

Gottfried zeichnet kein lebloses, unglaubwürdiges Ideal:
Kein Mensch ist so großherzig, daß er die Liebe seiner Geliebten zu einem andern stillschweigend erträgt. Er geht ihr –
falls er sich nicht rächt – aus dem Weg, und das tut Mark. Zumindest versucht er es.

Tristan und Isolde, obwohl sie die Verbannung kränkt, finden nun in der Wildnis, in die sie verstoßen sind, ihr wahres
Glück. In einer Grotte, die in grauer Vorzeit entstanden,

richten sie sich ein, und es fehlt ihnen nichts, denn ihre Liebe ist alles, was sie brauchen:

> »Genuoge nimet hier under
> virwitze unde wunder
> und habent mit vrage groze not,
> wie sich Tristan und Isot,
> die zwene geverten
> in dirre wüeste ernerten.
> Des wil ich si berihten,
> ir virwitze beslithen.
> Si sahen beide ein ander an,
> da generten si sich van.
> Der wuocher, den daz ouge bar,
> daz was ir zweier lipnar.«[24]

»Die Ernte, die das Auge einbrachte, war ihrer beider Nahrung«, sagt der Dichter und fügt hinzu:

> »Si truogen verborgen
> innerthalp der waete
> daz beste lipgeraete,
> daz man zer werlde gehaben kan.«[25]

Sie erlitten also keinen Hunger: die beste Nahrung stand ihnen zur Verfügung, »immer wieder frisch und neu«.

Die Grotte war ein ideales Liebesnest, für den Dichter geradezu der Inbegriff der Liebe. Sie war »rund, weit, hoch und steil, schneeweiß und überall eben und glatt«. Das hatte seinen Grund:

> »Diu sinewelle binnen
> daz ist einvalte an minnen.
> Einvalte zimet der minne wol,
> diu ane winkel wesen sol.
> Der winkel, der an minnen ist,
> daz ist akust unde list.
> Diu wite deist der minnen craft,
> wan ir craft ist unendehaft.
> Diu hohe deist der hohe muot,
> der sich uf in diu wolken tuot.«[26]

Die runde Form steht für die Einfachheit der Liebe, die ohne »Winkel und Ecken« sein soll, denn daraus ergäbe sich
nur »List und Trug«. Die Weite, das ist die Kraft der Liebe,
denn sie ist unendlich. Höhe und Steilheit sind wie das Ge-
müt, das sich, von der Liebe getragen, bis zu den Wolken erhebt. Und weiter:

> »Diu want was wiz, eben unde sleht.
> Daz ist der durnehte reht.
> Der wize und ir einbaere schin
> dern sol niht missemalet sin.
> An ir sol ouch kein arcwan
> weder bühel noch gruobe han.
> Der marmeline esterich
> der ist der staete gelich
> an der grüene und an der veste.«[27]

Die Wand ist weiß, weil das das Wesen der Lauterkeit ist,
der Boden aus Marmor, grün und fest, weil das die »Farbe
und Art« der Beständigkeit ist.

Und dann, in der Mitte der Grotte, das Liebeslager:

> »Daz bette inmitten inne
> der cristallinen minne,
> daz was vil rehte ir namen benant.
> Er haete ir reht vil rehte erkant,
> der ir die cristallen sneit
> z'ir legere und z'ir gelegenheit.
> Diu minne sol ouch cristallin,
> durchsihtic und durchluter sin.«[28]

Das Bett also ein Kristall, so durchsichtig, lauter und klar
wie die Liebe.

Wahrscheinlich hätten es Tristan und Isolde hier ewig aus-
gehalten. Doch Mark, der König, der sie zu ihrem Glück verbannt hatte, zweifelte an seinem Entschluß. Trauer überkam
ihn und die Sehnsucht nach seiner Geliebten, der er doch nie
ein Vergehen hatte nachweisen können. Als ein Jäger heim-
kehrte und berichtete, er habe das Paar im Walde entdeckt,
zog es ihn unwiderstehlich zum geheimen Versteck. Und er
hatte Glück:

»Da nam er manege kere
nach des jegeres lere
und vant ouch er ein vensterlin.
Er lie sin ouge dar in
nach liebe und nach leide.
Diu sach er ouch da beide
in der cristallen ligen enbor
und sliefen dannoch als da vor.
Er vant si, alse ouch jener vant,
wol von ein ander gewant,
daz eine her, daz ander hin,
daz bare swert enzwischen in.
Er erkante neven unde wip.
Sin herze in ime und al sin lip
erkaltete vor leide
und ouch vor liebe beide.«[29]

Schmerz und Freude überkamen ihn, hatte er sie doch zu Unrecht verdächtigt: sein Weib und sein Neffe lagen beieinander, das ist richtig. Aber ein Schwert, das zwischen ihnen lag, trennte sie.

Der einfältige Mark war nun von ihrer Unschuld und seinem Irrtum endgültig überzeugt und nahm die beiden Verstoßenen in Gnade wieder auf. Wobei sich die Frage erhebt, wie sie es anstellten, den König von neuem zu täuschen. Nun, sie hatten das Bellen der Hunde gehört, die den Jäger begleiteten, und da wußten sie, daß die Zeit des Glücks vorüber war.

»So kehrten sie«, schreibt der Dichter, »zu ihrem früheren Leben zurück. Doch niemals mehr, in all ihren Jahren, sollten sie die Liebe noch einmal so erfahren, wie sie es getan hatten.«

Was folgt, ist ein Nachspiel. Zwar ist das Feuer der Liebe noch nicht erloschen, doch Zwietracht und Mißtrauen schleichen sich auch in die Herzen der Liebenden ein. Sie werden entdeckt, Tristan flieht, kehrt zurück in seine Heimat und wendet sich einer anderen zu. Auch sie heißt Isolde, »die mit den weißen Händen«, und obwohl sie »die schönste Blume des Landes« ist, ist es doch einzig ihr Name, der ihn an seine Geliebte erinnert, weshalb er sich mit ihr verbindet.

Gottfried, der den Ausgang der Geschichte nur noch andeutet – denn er starb, bevor er sie zu Ende führen konnte –, schreibt:

*König Mark will sich
für die ihm zugefügte
Schmach rächen.
Miniatur eines unbe-
kannten Meisters aus
einer Tristandichtung
des 15. Jahrhunderts.*

>»So ime Isot sin herze ie me
>in dem namen Isote brach,
>so er Isote ie gerner sach.«[30]

>»Je mehr Isolde ihm das Herz
>im Namen Isoldes brach,
>desto lieber sah er sie.«

Er verweigert sich ihr jedoch, selbst als er sie heiratet. Aber
auch die »blonde Isolde«, sein Herzeleid, ist nun mit Mißtrauen erfüllt. Verleumdungen weist sie nicht einfach zurück, wie sie es früher getan hätte. Ja, sie verflucht ihren Geliebten, da er sie allein gelassen und nun auch noch ihrer
Zofe Brangäne berauben will, die er mit seinem Schwager zu
verbinden gedenkt.

Isolde auf ihrer letzten Reise zu Tristan. Kachel aus der Chertsey Abbey.

Dennoch sind Zorn und Verzagtheit nur ein Zeichen ihrer inneren Unrast: sie wissen, daß die Welt verkehrt ist – Isolde mit jemandem verheiratet, den sie nicht liebt, obwohl er sie verehrt, und Tristan einer Frau vermählt, die ihn liebt, obwohl sein Herz nicht ihr gehört –, und dennoch fügen sie sich in ihr Schicksal. Bis es zu spät ist.

Tristan wird bei einem Kampf verwundet. Wiederum ist es Gift, das sein Leben bedroht, und er weiß, daß es nur eine Rettung gibt. Wie ihre Mutter so hat auch Isolde das geheime Wissen, Kräuter auf eine Wunde aufzulegen, die sonst niemand heilen könnte.

Er schickt einen Boten und trägt ihm auf, daß er ein weißes Segel setzen soll, wenn er zurückkommt und Isolde seinen Ruf erhört hat.

Blanches Mains, die mit den »weißen Händen«, überbringt ihm die Nachricht:

»Ich bin sicher. Das Segel ist schwarz. Sie haben es gesetzt, damit sie schneller vorankommen.«[31]

Es ist die Rache einer Frau, die an der Tür gelauscht hat, weil sie eifersüchtig ist, und die nun für das Leid, das sie erfahren, Vergeltung übt:

»Da überkam Tristan ein so großer Schmerz, wie er ihn noch nie verspürt hatte, und er wandte sich ab und sagte: ,Gott sei uns gnädig, Isolde! Da du nicht gekommen bist, will ich sterben. Ich möchte nicht mehr leben. Für dich gehe ich in den Tod, Geliebte. Du hast kein Mitleid mit mir, aber mein Tod wird dich kränken. Es ist mein einziger Trost, meine Geliebte, daß du dich meiner im Tod erbarmen wirst.' Dreimal sagte er noch: ,Isolde, meine Liebe.' Und beim vierten Mal starb er.«[32]

Isolde, der sein letzter und einziger Gedanke gegolten, erreicht zu spät das Lager des Geliebten. Thomas von Britannien, ein normannischer Dichter, der am Hofe Heinrichs II. lebte und eine Fassung des Tristanstoffes schrieb, auf die Gottfried sich stützte, schildert, was sie tat, als sie den Leichnam des Geliebten gewahrte:

»Isolde kniete nieder und betete für den Toten: ,Tristan, mein Geliebter, wenn du tot bist, will auch ich nicht leben. Gestorben bist du für meine Liebe, und ich sterbe, Geliebter, vor Schmerz, da ich nicht gekommen, um dich und deine Wunde zu heilen. Geliebter, o Geliebter, um deines Todes willen werde ich niemals Trost finden, keine Freude, kein Vergnügen, keine Seligkeit. Verflucht sei das Unwetter, das mich aufhielt, mein Geliebter, und nicht rechtzeitig zu dir kommen ließ. Wäre ich gekommen, hätte ich dir dein Leben wiedergeschenkt und unsere Liebe beschworen: ich hätte von unserem Glück erzählt, der Wonne und Lust unserer Liebe, dem Schmerz und der Pein, die unsere Liebe über-schattete. Ich würde es immerfort dir erzählt haben, dich ge-küßt und umfangen haben. Und wenn ich nicht die Macht gehabt hätte, dich zu heilen, dann wären wir zusammen in den Tod gegangen. Da ich aber zu spät kam und nicht wußte um deine Not und nur noch deinen Tod bezeugte, werde auch ich Trost darin finden. Um meinetwillen bist du aus dem Leben gegangen, und so will ich tun, was wahre Liebe gebietet: für dich und mit dir will ich sterben.'«[33]

Erst im Tode fanden sie wieder zusammen. In den Worten des Dichters:

»Sie nahm ihn in die Arme, legte sich zu ihm, küßte seinen Mund, sein Antlitz, hielt ihn ganz fest umschlungen, Körper an Körper und Mund an Mund, und starb dort an seiner Sei-te. Aus Schmerz um den Geliebten gab sie ihr Leben. Tristan starb vor Sehnsucht, Isolde für ihr Versäumnis. Tristan starb aus Liebe und die schöne Isolde aus Mitleid.«[34]

Der Liebestrank

Die Geschichte, die wir hier nacherzählt haben, bildet den Höhepunkt der Tristanlegende. Ihre Wurzeln reichen bis in jene Zeit zurück, in der König Artus lebte – falls er lebte. Dennoch ist es mehr als fraglich, ob der edle Tristan, der ja angeblich ein Ritter der Tafelrunde war, jemals vor das Antlitz des legendären Königs getreten ist. Denn die frühen Berichte, die sich auf Artus beziehen, erwähnen Tristan – wie auch die übrigen Ritter der Tafelrunde – nicht. Sie wurden vielmehr erst in späterer Zeit mit dem Britenkönig und seinem Hof in Verbindung gebracht: Artus wurde der Schirmherr für eine Runde erlauchter Ritter, die ursprünglich eine eigene Geschichte hatten und zumeist auch nur sehr lose mit dem Schicksal des Königs verknüpft wurden. Lediglich Lanzelot, der mit Guinevere, der Frau des Königs, anbändelte, greift in die eigentliche Handlung, die um den König kreist, ein.

Tristan steht sozusagen am anderen Ende: sein Weg führt im wesentlichen an dem des Königs vorbei; außerdem ist er auch der Ritter unter denen der Tafelrunde, der sich am wenigsten um das geheiligte Ziel – die Suche nach dem Gral – kümmert. Sein Ziel ist irdischer, diesseits gerichtet. Nicht zu Gott oder Höherem strebt er; seine Seele bleibt dem Menschen verbunden, all seinen Höhen und Tiefen, und so ist er, obwohl nicht eigentlich ein Held und schon gar nicht ein Heiliger, zum beliebtesten, weil menschlichsten jener Ritter um König Artus geworden.

Wer war er, woher stammt seine Geschichte? Um diese Frage zu beantworten, müssen wir uns vergegenwärtigen, daß die Fassung, die uns Gottfried hinterlassen hat, sozusagen eine Endfassung ist. Er hat aus einer älteren Vorlage, eben jener des britischen Dichters Thomas, ein Kunstwerk geschaffen, das nur noch wenig gemein hat mit der ursprünglichen Form der Geschichte. Zumindest ist der Ursprung kaum noch zu erkennen.

Aber auch Thomas stützte sich bei seiner Arbeit auf eine ältere Fassung, die zugleich auch einem deutschen Dichter, Eilhart von Oberge, als Vorlage diente. Dieser Eilhart übersetzte um 1170 ein französisches Original, das seinerseits wiederum eine lange Geschichte hatte, aber doch deutlicher als die späteren Fassungen Rückschlüsse auf die Entstehung der Geschichte ermöglicht.

Nach Eilhart, dessen Übersetzung die älteste vollständige Fassung ist, die erhalten blieb, stammte Tristan ursprünglich aus einem Land, das Loonois hieß. Dieser Name weist auf Schottland hin, wo es eine Gegend gibt beziehungsweise gab, die Lothian hieß (dieser Name taucht unter anderem bei Geoffrey auf). In der Zeit, für die dieser Name belegt ist, siedelte in Schottland der keltische Stamm der Pikten, der zusammen mit den Skoten, die von Irland herüberkamen, zunächst den Römern und dann auch den Briten zu schaffen machte. Es war ein kriegerisches Volk, das ein Königreich bildete. Die Namen seiner Herrscher sind zum Teil überliefert: sie heißen Drust oder Drustan!

Einer dieser Herrscher wird als »Drustan, Sohn des Talorc« überliefert. Als Trystan oder Drystan, »Sohn des Tallwch«, taucht er in Wales auf. Hier findet eine Verschmelzung zweier Traditionen statt: die eine, die aus Schottland stammt, besagt, daß Drust – der Name ist mittlerweile zum Inbegriff des Heldentums schlechthin geworden – einst eine Königstochter rettete, die von drei Riesen bedroht wurde. Zum Dank bot ihm ihr Vater, der König auf den Hebriden war, die Hand seiner Tochter an, was der Held ausschlug.

Zu diesem Kern der Tristanlegende gesellte sich eine Saga aus Irland, die von der verbotenen Liebe zwischen »Dairmaid und Grainne« erzählt. Dairmaid ist wie Tristan seinem Onkel zu Gefolgschaft und Treue verpflichtet, und dennoch liebt er dessen Frau, Grainne, die – wie Isolde – seinem Werben nachgibt. Sie flüchten und finden in einem Wald Unterschlupf, wo sich ihre Liebe erfüllt.

In Wales werden nur die Namen geändert, »Esyllt« taucht jetzt auf und »March«, und ihre Geschichte und die des Dairmaid werden der des Drust oder Trystan aufgesetzt, und so entsteht – aus zwei Hälften – eine neue Legende, die dennoch nicht vollkommen ist. Denn noch fehlt das Ende, jenes, das einer griechischen Tragödie gleicht – und in der Tat auf antike Vorbilder zurückgeht.

Über Cornwall, wo March oder Mark schließlich angesiedelt wurde, wanderte die Geschichte hinüber zum Festland, wo in der Bretagne ja gleichfalls Briten saßen, und die verlegten nicht nur das Reich des Riwalin, des Vaters von Tristan, von Loonois nach Parmenien, also an die Küste der Bretagne, sie fügten der Geschichte von der verbotenen Liebe auch noch ein passendes Ende an, wobei sie sich von den klassischen Autoren inspirieren ließen.

So entstand – aus verschiedenen Quellen gespeist – jene Geschichte, die – vielleicht nicht zuletzt deshalb – sich uneingeschränkter Beliebtheit erfreute. Ob in Skandinavien oder in Frankreich, in England oder in Deutschland, Tristan und Isolde erregten für Jahrhunderte die Herzen der Menschen. Erst die Renaissance, die »Romeo und Julia« gebar, ließ die Erinnerung an das höfische Epos verblassen. Doch noch Tennyson schrieb:

> »Am Fenster dort am Meere saß,
> das Licht der Abendsonne auf ihrem Haar,
> Isolde, die Königin.
> Und als sie die Schritte gewahrte,
> die Tristan zu ihrer Kammer führten,
> sprang sie auf, die Wangen erglüht,
> und öffnete die Tür,
> drängte sich ihm entgegen und rief:
> ,Oh, nicht Mark – nicht Mark, mein Geliebter!
> Du erschrecktest mich: nicht er!
> Wie eine Katze schleicht er durch das Schloß,
> doch du, wie ein Krieger, durchschreitest seine Hallen,
> anders als er, der dich haßt,
> wie ich ihn – bis auf den Tod.
> Meine Seele, ich fühlte,
> wie Haß mich ergriff, gegen ihn,
> warst du doch fern.'
> Worauf Tristan erwiderte, mit einem Lächeln:
> ,Ich bin hier. Was kümmert uns Mark?
> Sehe ich doch, er ist nicht dein.'«[35]

Das Schloß, von dem Tennyson spricht, ist Tintagel. Auch Gottfried erwähnt es. Einen anderen – historischen – Beweis gibt es jedoch nicht, und es scheint, daß dieser Ort nur gewählt wurde, weil er sich an der Küste befand und das Meer überragte und weil er ohnehin im Nimbus eines geheiligten

Die Entstehung der Artuslegende

(5.–15. Jahrhundert)

Ortes stand. Schließlich war Artus hier geboren, und die Ruinen, die man dort fand, von wem sie auch stammten, zeugten immerhin von einem imposanten Herrschersitz.

Artus selbst hat hier nicht residiert – es war kein strategischer Ort, der ihm im Kampf gegen die Sachsen hätte nützen können –, aber sein Vater hatte der Überlieferung nach seinen Hof hierher verlegt. Was damit nach seinem Tode geschah, ist ungewiß. Möglich, daß ihn Artus einem verdienstvollen Gefolgsmann überließ, und das könnte natürlich auch jemand gewesen sein, der das Vorbild für König Mark abgab. Aber einen stichhaltigen Beweis gibt es dafür nicht.

Etwas anders verhält es sich mit Castle Dore, einem Ort gleichfalls in Cornwall. Er liegt allerdings nicht im Westen, also Irland zugewandt, sondern im Osten, in der Nähe von Fowey, dem Ärmelkanal und damit dem Festland, das heißt der Bretagne, gegenüber. Hier fand sich nicht nur einer jener Erdhügel, die vor Aufkommen der eigentlichen Burgen als natürliche Befestigungsanlagen dienten; man entdeckte in der Nähe dieses Hügels auch ein stelenartiges Steindenkmal, das eine bemerkenswerte Inschrift trug:

DRUSTANUS HIC IACIT
FILIUS CUNOMORI.

Mit anderen Worten, hier wurde jemand begraben, der Drustanus hieß und der Sohn eines gewissen Cunomorus war. Letzteres ist die lateinische Form von Cynvawr, was der Name eines Herrschers war, der Anfang des 6. Jahrhunderts unserer Zeitrechnung über Dumnonia herrschte, also jenen Teil Britanniens, der den südwestlichen Zipfel der Insel ausmacht. Da Drustanus die latinisierte Form von Tristan ist, lag es nahe, hier den Sitz des Königs, dem er sich verwehrt, zu suchen. Zumal besagter Cynvawr auch als Mark überliefert ist.

Man machte sich also in den Jahren 1935/36 daran, den Hügel von Castle Dore eingehender zu untersuchen. Dies ist, was man fand:

»Die Grabungen erbrachten den Nachweis, daß der Hügel eine lange Geschichte hatte. Er wurde erstmals in vorrömischer Zeit, im 3. oder gar 4. Jahrhundert v. Chr., besiedelt. Diese Siedlung war bis zum Beginn christlicher Zeit bewohnt; es fanden sich keinerlei Spuren einer Besiedlung während der römischen Periode, die in Cornwall im letzten Viertel des ersten nachchristlichen Jahrhunderts begann

und etwa 350 Jahre andauerte. Es folgte eine deutlich er-
kennbare Wiederbesiedlung in nachrömischer Zeit, die vom
5. bis zum 7. Jahrhundert reichte. Spuren einer späteren Besiedlung, die aus dem 12. oder 13. Jahrhundert datieren, stützen sich auf Keramikfunde; sie standen jedoch nicht in Verbindung mit irgendwelcher Bautätigkeit.«[36]

Mit anderen Worten, zu der Zeit, für die König Cynvawr
nachgewiesen ist, war Castle Dore bewohnt. Aus dieser Zeit
stammen Reste von Bauten, die – neben der eigentlichen
Verteidigungsanlage – aus größeren, hallenartigen Gebäu-
den bestehen und durchaus der Sitz eines bedeutenderen
Herrschers hätten sein können. Ob sie es tatsächlich waren,
läßt sich mit letzter Gewißheit nicht sagen. Noch viel weniger, ob sich hier wirklich das Drama zwischen Mark und Tristan (und Isolde) abspielte. Wie Radford, der Ausgräber,
schreibt:

»Der Beweis, daß Castle Dore ... der Sitz eines Herrschers
war, ist eindeutig, und daß es sich dabei um den Hof (llys)
Cynvawrs handelte, kann kaum geleugnet werden. Ob wir
jedoch weitergehen und sagen können, daß es der Sitz König
Marks war ..., kann im Augenblick nicht entschieden
werden.«[37]

Und selbst wenn: auf dem Grabstein steht »filius«, also
»Sohn«, was Tristan, soweit es Mark betrifft, ja nun nicht
war. Es sei denn, Isolde war seine Stiefmutter, vielleicht eine
zweite, jüngere Frau, die sich der Vater nahm und die dann
an dem Sohn mehr Gefallen fand als an ihrem Gemahl.

Wie auch immer, auszuschließen ist es nicht, daß zusätz-
lich zu den anderen, schon genannten Quellen der Legende
auch noch Cornwall, durch das sie ohnehin weitergegeben
wurde, eine weitere Wende hinzufügte, die im Falle Tintagels
ja sogar bewiesen ist. Andererseits ist es auch möglich – und
nach dem gegenwärtigen Stand der Erkenntnis wahrscheinlicher –, daß die Geschichte um Tristan und Isolde, als sie
Cornwall erreichte, Castle Dore und dem Grabstein nur
»aufgesetzt« wurde, da der Name Tristan (in der Form des
»Drustanus«, was ein verbreiteter, nicht nur auf die Pikten
beschränkter Name war), hier nun einmal konkret nachweisbar war.

Begnügen wir uns, daß auch im Falle der Tristanlegende
noch nicht alle Geheimnisse gelöst sind und daß auch sie
dadurch nur noch an Faszination gewinnt. Bedeutender
allerdings als die Frage um ihren historischen Kern ist ihre

Aussage und Wirkung. Die Geschichte hatte und hat – zumindest in der Form, wie Gottfried von Straßburg sie geschaffen hat – eine universale Anziehungskraft. Warum?

Hören wir dazu Shulamith Shahar, eine Historikerin, die sich mit den gesellschaftlichen Bedingungen des Mittelalters beschäftigt hat. Sie schreibt über die Institution der Ehe, soweit sie den Adel betrifft:

»Die meisten Ehen ... blieben unaufgelöst. Wie sahen sie aus? Obwohl sie in keiner sozialen Schicht auf freier Wahl basierten, so war doch der Adel fraglos am stärksten eingeschränkt. Er besaß nicht einmal die Möglichkeit, wie Angehörige anderer Klassen, Herzensneigung und Standespflicht miteinander zu vereinbaren. Leichter hatte es da schon der niedere Adel, wobei Männern etwas mehr Spielraum blieb als Frauen. Im Ehealltag regierte der Mann, wie es Gesetz und Moralschriften befahlen. Diese ermöglichten es ihm auch, unabhängig von seiner Standeszugehörigkeit, seine physische Überlegenheit gegen seine Frau und angebliche Gefährtin auszuspielen. In einem jener Werke, die von Wundertaten einzelner Heiliger berichten, ist von einem Adligen namens Hugo die Rede, der seine Frau so lange mit der Faust ins Gesicht schlug, bis ihr Blut auf seine Kleider spritzte. Viele Frauen fügten sich, einige rebellierten, so gut sie eben konnten. Schwermut und Feindseligkeit beherrschten das Leben eines Teils des Adels, wofür ein zeitgenössischer Chronist beispielhaft die Ehe der Margarete von Rivers, einer englischen Edelfrau, anführt: ,Das Gesetz vermählte sie, in Liebe und Bettgemeinschaft. Aber welches Gesetz? Welche Liebe? Welche Gemeinschaft? Das Gesetz war kein Gesetz, die Liebe Haß. Die Partnerschaft war Trennung.'«[38]

Vor diesem Hintergrund müssen wir die Geschichte von der verbotenen Liebe zwischen Tristan und Isolde betrachten. Was auch immer der Ursprung der Legende gewesen sein mag, spätestens Gottfried machte daraus ein soziales Manifest: sein *Tristan* war eine Kampfschrift, gegen die Kirche, den Adel, die Konventionen. Die Gesellschaft unterdrückte Gefühle, persönliche Belange, denn – soweit es die Ehe in adligen Kreisen betraf – hatte niemand die Möglichkeit zu einer freien Wahl: Männer wie Frauen gehorchten dem Diktat der Politik, des Standes oder der Wirtschaft. Allianzen wurden geschlossen, Kriege entschieden, Reiche geschaffen, Vermögen gehäuft – alles im Zeichen und zu Lasten ehelicher Verbindungen, die nach allem fragten, nur nicht nach dem Glück der Betroffenen. Die Kirche gab dazu ihr Plazet, der König, der Lehnsherr.

Gottfried mag es am eigenen Leibe erfahren haben. Bekennt er doch:

>»Ich weiz ez warez alse den tot
und erkenne ez bi der selben not:
der edele senedaere
der minnet senediu maere.«[39]

Nicht nur, daß er die Not selbst erfahren hat. Er weiß auch, daß daraus das Verlangen resultiert, und zwar beim Adel, »Geschichten der Liebe« zu hören.

Es ist also eine Form des Eskapismus, nicht nur Gottfrieds Geschichte, nein, die gesamte Minne, jener Dienst an der Herrin, der ihr (und ihm) das ermöglicht, was in anderer Form verpönt ist: die Sublimierung der Liebe.

Gottfried ist da kompromißloser als die meisten anderen Minnesänger, die es nicht wagen, sich gegen die Konventionen aufzulehnen und sich im Platonischen erschöpfen. Gottfried wandelt sogar das Motiv des Liebestrankes ab, der ursprünglich eine Art Freibrief für die Liebenden darstellte: sie selbst waren unschuldig, es war das Schicksal, das sie zusammenführte und – wie in den frühen Fassungen, wo die Wirkung des Trankes begrenzt war – sie wieder auseinander riß. Gottfried benutzt diesen Trank nur noch als ein Mittel, mit dem die Liebenden die Fesseln sprengen, die ihnen die Gesellschaft auferlegt. Einmal befreit, zu sich selbst gefunden, bedurften die Liebenden weder des Trankes, noch hat er die Macht über sie, ihre »entfesselte« Liebe zu beenden.

Freilich war es kein Modell, dem man nachleben konnte. Es war eine Utopie, die unerreichbar blieb, denn was Gottfried letztlich forderte, war die absolute Freiheit, und die gibt es nicht. Nicht in einer Gesellschaft, wie auch immer sie geartet sein mag. Aber er zeigte einen Weg in eine Alternative. Daß er gangbar war, wenn beide Extreme einander aufheben, haben spätere Zeiten bewiesen.

Don Quijote

Zunächst aber trat die Reaktion ein. Sie nahm zwei entgegengesetzte Formen an, die aber einen gemeinsamen Ursprung hatten. Zumindest lassen sie sich in ihrer konkreten Äußerung auf einen Mann zurückführen, welcher der Legende um Artus – und mehr noch der Ritter der Tafelrunde – einen neuen Auftrieb gab. Ja, mit Chrétien de Troyes erhielt die Artuslegende ihre eigentliche Ausformung.

Wir wissen nicht viel über diesen Dichter, außer daß er offenbar längere Zeit in Troyes lebte, einem bedeutenden Handelszentrum in der französischen Provinz Champagne. Dort verfaßte er um 1170 ein Versepos, das unter dem Titel *Der Karrenritter* bekanntgeworden ist. Wenig später folgte *Le Conte du Graal,* auf deutsch *Die Gralsgeschichte,* die den Grundstein für eine neue Literaturgattung legte.

Zwei Helden stehen im Mittelpunkt dieser beiden Erzählungen: im *Karrenritter* ist es Lanzelot, der Königin Guinevere den Hof macht, in der *Gralsgeschichte* Parzival, der sein Heil in Höherem sucht. Beide stehen im Gegensatz zu Tristan, der mit seinem absoluten Anspruch ein tragisches Schicksal erleidet. Auch Lanzelot leidet um der Liebe willen, und letztlich steht auch sie im Mittelpunkt seines Lebens. Doch es ist weniger eine tragische Gestalt, die Chrétien zeichnet, als vielmehr ein Narr, eine Art Don Quijote, der einem Trugbild nachjagt, das ihn am Ende doch nur erniedrigt.

Anders Parzival, der zwar auch im Leben irrt, doch nach langem Suchen des Heils ansichtig wird, auch wenn es ihm, der sich noch nicht ganz vom Irdischen gelöst, letztlich doch nicht teilhaftig wird.

Beide, Lanzelot wie Parzival, gehen über das Ideal hinaus, das Tristan kennzeichnete: der eine, indem er es ins Groteske steigert, der andere, indem er ihm den Rücken kehrt und statt des Menschlichen das Göttliche sucht.

Also zwei Extreme, auf welche die Stimme des Dichters weist: eine Übersteigerung der Liebe, die – so wie sie sich im *Tristan* offenbart – als Fauxpas empfunden und der Lächerlichkeit preisgegeben wird, und eine Abkehr von dieser Liebe, die Hinwendung zu einem höheren Ideal, das allein Aussicht auf Erlösung bietet.

Chrétien beschränkte sich nicht nur auf diese beiden Alternativen, sein Werk umfaßt einen ganzen Zyklus einander ergänzender oder ausgleichender Versepen. Doch mit dem *Karrenritter* und der *Gralsgeschichte* setzte er neue Zeichen, und sie erfreuten sich fortan der gleichen Beliebtheit wie die Tristanlegende.

Dieser taten sie trotz aller Kritik keinen Abbruch. Doch *ein* Opfer hatte die neue Wende, und das war König Artus. Schon beim *Tristan* war er in die Rolle eines Zuschauers, eines bloßen Statisten gedrängt worden: bei Chrétien – und seinen Nachfolgern – wird er letztlich zum Gespött, ein zaudernder, unfähiger Herrscher, der sich auch noch seine Königin ausspannen läßt.

Wie ist diese Verkehrung des einstigen Helden zum bemitleidenswerten Tropf zu erklären? Nun, es liegt auf der Hand: es waren nicht mehr Engländer, sondern Franzosen, die das Garn weiterspannen. Ihnen war an einem Herrscher, der im fernen Britannien lebte, nicht viel gelegen: sie benutzten ihn nur als Vehikel, an das sie ihre eigenen Helden anhängten, und in dem Maße, wie diese immer mehr an Konturen gewannen, trat der einstige Held in den Hintergrund zurück. Erst Malory, der sozusagen die entartete Artusdichtung wieder in seine Heimat zurückführte, verhalf seinem vermeintlichen Ahnherrn zu neuem Ansehen zurück.

Aber auch Malory mußte relativieren. Zwar steht Artus im Mittelpunkt seiner Dichtung, doch er wird umringt von jenem Kreis erlauchter Ritter, die sich um die Tafelrunde scharen und auf jene Vorbilder zurückgehen, die die französischen Dichter des 12. und 13. Jahrhunderts schufen. Neben Tristan und Parzival, Galahad und Gawain ist dies vor allem Lanzelot, denn er ist – wie Mordred – am Untergang des Königs nicht unwesentlich beteiligt. Das ist sein Fluch.

Hören wir, wie die Geschichte begann:

»An einem Himmelfahrtstag war König Artus von Carlion gekommen und feierte in Camelot ein großes Fest, wie es sich für einen solchen Tag geziemt. Nach dem Essen verweilte er noch, denn es waren gar viele Ritter im Saal versammelt. Auch die Königin war anwesend und viele der Edelfrauen, die artig Konversation machten. Und Kes, der für das Festmahl gesorgt hatte, saß bei den Dienern, die das Essen aufgetragen hatten. Während er so saß und aß, tauchte plötzlich ein Ritter auf, in Harnisch und Waffen, und begehrte, vor den König zu treten. Als ihm dies gewährt, hob er an zu sprechen und sagte: ‚König Artus, ich habe in meiner Gewalt Ritter, Frauen und Edelfräulein, die zu deinem Hof und Reich gehören. Doch ist es nicht meine Absicht, sie dir zurückzuführen, daß ich sie erwähne. Vielmehr möchte ich feststellen und dir zu wissen geben, daß du weder die Macht noch die Mittel hast, sie zurückzugewinnen. Eher wirst du sterben, als daß es dir gelingen wird, sie zu retten.'«[40]

Im Original hört sich das folgendermaßen an:

»A un jor d'une Ascansion
Fu venuz devers Carlion
Li rois Artus et tenu ot
Cort mout riche a Camaalot,
Si riche com au jor estut.
Aprés mangier ...«

Da man sozusagen ein neues Gedicht verfassen müßte, wollte man in der Übersetzung das Versmaß beibehalten, wollen wir uns im folgenden mit der einfachen Prosaform, die wir aus der angegebenen Quelle übersetzen, begnügen.

Bezeichnend ist nun die Antwort des Königs. Er sagt, daß er nun mal ertragen müsse, was zu ändern ihm nicht die Macht gegeben. Was den dreisten Ritter zu einer weiteren Herausforderung veranlaßt. An der Tür dreht er sich noch einmal um und ruft zurück:

»‚König, wenn du an deinem Hof einen Ritter hast, auf den du dich so verläßt, daß du ihm die Königin anvertraust, soll er sie bis zu jenem Wald begleiten, wohin ich gehen werde; ich verspreche dir, dort auf ihn zu warten und dir alle Gefangenen, die ich in mein Land entführt habe, zurückzugeben, wenn es ihm gelingen sollte, die Königin zu schützen und zurückzubringen.'«[41]

Mit anderen Worten: die Königin ist der Preis, mit dem Artus seine Leute zurückgewinnen könnte. Aber so abgeschlafft er auch ist: das geht denn doch zu weit! Lieber die Königin, als sich auf einen Handel einzulassen, der noch

Artus und die Ritter der Tafelrunde. Holzschnitt aus einer französischen Lanzelot-Ausgabe von 1488.

mehr Unheil verspricht. Denn wem könnte er trauen, wem
eine solche Aufgabe anvertrauen? Es gibt offenbar niemanden an seinem Hof, so ruhmreich er auch ist, der die Herausforderung annehmen könnte. Und Kes, den wir bereits als
Kay, Seneschall und Pflegebruder des Artus, kennengelernt
haben, hat sogar den Einfall, seinen Dienst am König aufzugeben. Lauter müde Krieger?

Oder? Der König ist außer sich, bittet und betet, daß Kes
doch bleiben möge, und als alles nichts nützt, holt er schließlich die Königin herbei, die sich vor Kes sogar auf den Boden
wirft, um ihn zur Nachsicht zu bewegen. Und wahrlich, er
willigt ein. Unter einer Bedingung: der König muß ihm einen
Wunsch erfüllen, den er ihm sogleich vorträgt. Der König,
der zugestimmt hat, steckt nun in der Zwickmühle. Denn
was fordert Kes? Er will der Ritter sein, der die Königin be-
schützt und die Gefangenen befreit!

Worauf der König zwar in Wehklagen und Kummer aus-
bricht, aber, da er nun mal sein Wort gegeben hat, die Königin anhält: »Du mußt mit Kes gehen, ohne Widerworte!«

Und so geschieht es denn – und wie zu erwarten: auch Kes
ist für den Herausforderer kein Gegner. Er wird aus dem Sattel gehoben und die Königin entführt. König Artus ist vom
Regen in die Traufe gekommen.

Zwar macht er sich nun selbst auf, nachdem ihn Gawain,
sein Neffe, einen Narren gescholten hat. Aber nur dieser
macht auch wirklich Anstrengungen voranzukommen. Die
anderen bleiben weit zurück und haben fortan auch nichts
mehr zu bestellen.

Statt dessen tritt ein neuer Ritter auf, zunächst inkognito.
Er hat sein Pferd zuschanden geritten, so daß sich Gawain
erbarmt und ihm ein neues gibt, das er mitführt. Doch auch
dieses hat kein Glück: es wird Opfer eines Kampfes, dessen
Spuren Gawain entdeckt, als er dem Ritter folgt.

Dieser hat inzwischen eine merkwürdige Begegnung: er
trifft auf einen Karren, den ein Zwerg lenkt. Er fragt ihn, ob
er seine Herrin, die Königin, gesehen habe. Worauf der
Zwerg antwortet: »Wenn du in meinen Karren steigst, wirst
du morgen erfahren, was mit der Königin geschehen ist.«

Der Ritter zögert, denn dieser Karren, das ist offensichtlich, ist kein gewöhnlicher Karren:

»Zu jener Zeit diente ein solcher Karren dem gleichen
Zweck wie ein Pranger heute; und in jeder größeren Stadt, in
der es heute mehr als dreitausend solcher Karren gibt, gab es

in jenen Tagen nur einen, und dieser diente, wie unsere Pranger, all jenen die einen Mord oder Verrat begangen hatten oder irgendeines anderen Vergehens schuldig waren wie Raub oder Plünderei. Wer immer eines Verbrechens überführt worden war, wurde auf einen Karren gestellt und durch die Straßen der Stadt gezogen, und er verlor all seine Rechte und durfte sich fortan an keinem Hof mehr blicken lassen. Die Karren waren damals so gefürchtet, daß es ein Sprichwort gab: ‚Wer einen Karren trifft, dem hilft nur Gott!‘«[42]

Verständlich also, daß der Ritter »zwei Schritte zögert«, ehe er den Karren besteigt. Was er später bereuen wird, denn gilt es doch, sich zu entscheiden, zwischen Stolz und Liebe. Wie der Dichter schreibt:

»Doch es war ein Unglück für ihn, daß er vor der Schmach zurückschreckte und nicht gleich aufstieg; denn er wird sein Zaudern später bereuen. Aber die Vernunft, die sich den Forderungen der Liebe widersetzt, hält ihn davon ab einzusteigen und warnt ihn, etwas zu unternehmen, was ihm Schimpf und Schande bringen könnte. Der Verstand, der es wagt, so zu sprechen, erreicht wohl seine Lippen, aber nicht das Herz; in seinem Herzen aber ist die Liebe, und sie bittet und drängt ihn, den Karren zu besteigen. Und so springt er auf, folgt dem Gebot der Liebe und vergißt die Schmach, die der Liebe nicht standhält.«[43]

Bereuen muß er seinen Entschluß schon bald, denn die Schande, die jedem widerfährt, der auf einem solchen Wagen steht, bleibt auch ihm nicht erspart. Doch es ist nur ein geringer Preis, den er für die Hoffnung zahlt, von seiner Herrin, der Königin, zu erfahren. Sie wird ihm später die eigentliche Buße abverlangen, denn – wie auch immer sie davon erfuhr – sie sollte ihn schelten, daß er es auch nur gewagt hatte, einen Augenblick zu zögern. Wahre Minne kennt kein Hindernis; kein Opfer ist zu gering!

Aber davon ahnt der Ritter noch nichts. Zunächst steigt er in einem Schloß ab, nachdem er zum Gespött der Stadt, die die Burg überragt, geworden ist. Auch die Herrin, die das Schloß führt, mißtraut ihm wie auch Gawain, der fortan den Ritter begleitet. So bietet sie den Fremden zwar Unterkunft, doch als es zur Nacht geht, reserviert sie ein Bett, das alle anderen an Prunk und Größe überragt, für einen Ritter, der diese Bezeichnung wahrlich verdient. »Für euch beide reichen diese beiden gemeinen Liegen!« erklärt sie und läßt

keinen Zweifel, daß sie sie für ganz gewöhnliche Land-
streicher hält.

Was dem Ritter, der um seiner Liebe willen den Karren bestieg, gar sehr mißfällt; und so fordert er, genau in diesem
Bett zu liegen. Auch wenn es, wie die Schloßherrin erklärt,
mit einem Fluch beladen sei, der alle treffen werde, die nicht
verdienten, in ihm zu ruhen.

Er läßt es darauf ankommen:

»Sogleich entkleidete er sich und legte sich in das Bett, das
sehr lang und ein wenig erhöht war, so daß es die beiden anderen überragte. Die Bettdecke war aus gelber Seide, darüber ein Überzug mit goldenen Sternen. Felle wärmten ihn,
aus kostbarem Zobel, und es war wahrlich das Bettzeug eines Königs, das ihn bedeckte.«⁴⁴

Dennoch, dieses Bett bot keinen Schutz, es sei denn, derjenige, der darin lag, hatte sich selbst geschützt. Durch das, was
er war, und nicht durch das, was er zu sein schien:

»Um Mitternacht sauste plötzlich eine Lanze von den
Dachbalken herab, so als wolle sie den Ritter durchbohren
und ihn an Bettdecke und Laken fesseln. Ein Wimpel, der in
Flammen stand, war an der Lanze befestigt. Die Bettdecke,
die Tücher, das ganze Bett fing sofort Feuer. Und die Spitze
der Lanze fuhr so dicht neben dem Ritter ein, daß sie seine
Haut ritzte, ohne ihn jedoch ernstlich zu verwunden. Da
sprang er auf, löschte das Feuer, nahm die Lanze und schleu-
derte sie mitten in die Halle, ohne das Bett auch nur zu verlassen. Vielmehr legte er sich wieder hin und setzte seinen
Schlaf so unbekümmert fort wie zuvor.«⁴⁵

Der Ritter, der schuldlos geschmäht, hatte seine erste Prüfung bestanden. Die zweite, wiewohl sie eigentlich keine
Prüfung war, wäre ihm dennoch fast zum Verhängnis geworden. Denn was der Zwerg versprochen – gegen die Schmach,
der sich der Ritter ausgesetzt –, offenbarte sich tatsächlich
am nächsten Morgen:

»Am Morgen, bei Tagesanbruch, ließ die Schloßherrin für
sie eine Messe lesen. Als dies geschehen war, setzte sich der
Ritter, der mit dem Karren gekommen war, nachdenklich an
ein Fenster und schaute auf die Wiese hinab, die sich am
Fuße des Schlosses erstreckte. Die Herrin ging zu einem anderen Fenster, wo sie sich mit Gawain unterhielt. Während
sie also hinausschauten, sahen sie, wie eine Bahre durch die
Felder getragen wurde, auf der ein Ritter lag, von drei Edelfräulein begleitet, die bitterlich weinten. Hinter der Bahre

näherte sich ein Zug, der von einem hochgewachsenen Ritter angeführt wurde. Er führte ein Pferd am Zügel, auf dem eine Dame mit blondem Haar saß. Der Ritter am Fenster erkannte, daß es die Königin war. Er folgte ihr mit dem Blick, von Freude erfüllt, solange er konnte. Und als sie seinen Blicken entschwand, überkam ihn das Verlangen, sich hinauszustürzen und in der Tiefe zu zerschellen.«[46]

Mit Mühe hielt ihn Gawain von seinem törichten Unterfangen ab, wenngleich auch die Schloßherrin meinte, daß es doch keinen besseren Ausweg für einen Verdammten gebe, als sich das Leben zu nehmen. Die Probe, die der Ritter in der Nacht überstanden, hatte sie offensichtlich nicht überzeugt.

Was sie schließlich aber doch nicht davon abhält, dem Karrenritter ein neues Pferd zu schenken. Für die Verfolgung gewappnet, machen sich die beiden Ritter auf den Weg, um die Königin zu befreien.

An einer Kreuzung angelangt, treffen sie auf ein Mädchen, das sie nach dem Weg fragen. Gegen das Versprechen, ihr eine Gunst zu erweisen, wenn sie danach verlange, gibt sie Auskunft:

»,In Wahrheit, meine Herren, hat Meleaganz, ein großer und mächtiger Ritter, Sohn des Königs von Gorre, die Königin in sein Reich entführt, aus dem keiner zurückkehrt, denn man wird dort in Sklaverei und Verbannung gehalten.'«[47]

Worauf die beiden fragen, wie man dahin kommt. Das Mädchen antwortet:

»,Das will ich euch sagen; aber ihr müßt wissen, daß euch viele Hindernisse und Gefahren erwarten, denn es ist nicht leicht, dahin zu gelangen, es sei denn, mit der Erlaubnis des Königs, dessen Name Baudemaguz ist. Es gibt zwei Wege, die beide sehr gefährlich und schwierig sind. Der eine führt über die ›Wasserbrücke‹, die deshalb so heißt, weil sie im Wasser liegt: unter wie über der Brücke ist gleich viel Wasser, so daß sie sich genau in der Mitte befindet; und sie ist nur anderthalb Fuß breit. Diesen Weg sollte man lieber meiden, und dennoch ist er nicht so gefährlich wie der andere. Ganz abgesehen von den anderen Hindernissen, die ich gar nicht erwähnen will. Die andere Brücke ist noch viel weniger begehbar; noch nie hat sie jemand überschritten. Sie gleicht einem scharfgeschliffenen Schwert, und deshalb nennen sie alle Leute die ›Schwertbrücke‹. Nun habe ich euch alles erzählt, was ich weiß, und es ist wahrlich wahr.'«[48]

Sie zeigt ihnen, welche die beiden Wege sind, und die beiden Ritter entscheiden sich, jeder einen zu nehmen: Gawain den Weg über die Wasserbrücke, der Karrenritter jenen, der über die Schwertbrücke führt.

Kaum haben sie sich getrennt, da versinkt der Karrenritter erneut in Gedanken, die ihn alles vergessen lassen. Allein die, der sein Suchen gilt, füllt ihn aus, und so bemerkt er nicht, daß er an eine Furt gelangt, die von einem Ritter bewacht wird, der ihm den Weg versperrt. Erst als dieser ihn, nach einer Warnung, vom Pferde stößt, wacht der Verträumte auf und stellt sich zum Kampf. So erbost ist er, wähnt er sich doch keines Vergehens für schuldig, daß er seinerseits den Angreifer in arge Bedrängnis bringt, so daß dieser um Gnade fleht. Im Namen Gottes schenkt der Karrenritter seinem Feind das Leben und hat somit die zweite Probe bestanden.

Die dritte erfolgt wenig später, denn noch am gleichen Abend trifft er erneut auf ein junges Mädchen, »das sehr hübsch und anmutig war, wohlgekleidet und reich geschmückt«. Er grüßt sie höflich, und sie antwortet:

»‚Herr, mein Haus steht Euch offen, wenn Ihr meine Gastfreundschaft annehmen wollt; doch werdet Ihr darin nur Obdach finden, wenn Ihr Euch bereit erklärt, mit mir zu schlafen. Unter dieser Bedingung mache ich Euch mein Angebot.‘«[49]

Was den Karrenritter in arge Verlegenheit bringt. Schließlich ist er müde und möchte sein Haupt an einem sicheren Ort betten, aber der Preis erscheint ihm zu hoch, und er lehnt ab. Worauf die Dame ihrerseits abwinkt, was ihn schließlich klein beigeben läßt. »Er fühlt nur Widerwillen«, schreibt der Dichter. »Aber noch größeres Ungemach wird ihn heimsuchen, wenn es Zeit ist, ins Bett zu gehen.«

Sie führt ihn in ein Schloß, das gänzlich verlassen scheint. Aber der Tisch ist reich gedeckt; sogar Kerzen brennen. Sie setzen sich und essen. Nach dem Essen heißt sie ihn, vor die Tür zu gehen und sich ein wenig zu gedulden, »bis ich zu Bett gegangen bin«. Worauf er erwidert, daß er sein Wort halten werde und zu kommen gedenke, wenn es soweit sei.

Als es dann tatsächlich nicht mehr aufzuschieben ist, kehrt er in die Halle zurück und hört plötzlich einen Schrei. Es ist die Stimme seiner Gastgeberin; aber wo ist sie?

Da, eine Tür steht offen! Er springt hinzu und sieht – »unmittelbar vor seinen Augen einen Ritter, der sie niedergeworfen hatte, so daß sie ausgestreckt und wehrlos auf dem Bett lag«. Zu allem Unglück rief sie auch noch: »Helft, helft,

Ihr Ritter! Ihr seid mein Gast! Wenn Ihr mich nicht von diesem Mann befreit, bin ich verloren. Wenn Ihr mir nicht sogleich zu Hilfe kommt, wird er mir vor Euren Augen Gewalt antun.« Was der Karrenritter natürlich nicht wollte, wiewohl es ihm nicht unlieb gewesen wäre, denn selbst in ihrer Not erinnert ihn die Bedrängte: »Ihr seid derjenige, der mit mir schlafen soll; so habt Ihr es versprochen. Wollt Ihr zusehen, wie dieser Mann gewaltsam sein Verlangen befriedigt?«

Nein, das heißt, ja! Ach – und da sind auch noch andere Schergen! Zwei an der Tür, vier dahinter, mit Äxten bewaffnet. Himmel, was soll er tun? »Auf nichts Geringeres habe ich mich eingelassen, als nach der Königin Guinevere zu suchen. Da sollte ich nicht das Herz eines Hasen haben, wenn ich um ihretwillen eine solche Suche unternommen habe!«

Also, obwohl ihn nicht Eifersucht treibt, auch nicht die Furcht, als Hahnrei dazustehen, als er sieht, wie »der Mann das Mädchen bis zu den Hüften entblößt«, erbarmt er sich ihrer und stürzt sich in den Kampf, der schon bald in blutiges Gemetzel ausartet.

Von seiner Tapferkeit überzeugt und seiner Treue gerührt, gebietet die vermeintlich Bedrängte Einhalt. »Herr«, ruft sie. »Ihr habt mich gar wohl gegen meine Leute verteidigt. Kommt nun, ich werde Euch zeigen, wie's weitergeht!« Und sie nahm ihn bei der Hand und führte ihn in die Halle, »aber er war keineswegs erfreut und würde sich nur zu gern ihrer entledigt haben«.

In der Halle war mittlerweile ein Bett aufgestellt worden, »dessen Laken alles andere als schmutzig waren; vielmehr waren sie weiß und breit und wohlausgestreckt«. Dahinein legten sie sich nun. Wohl oder übel, was den Ritter betraf. Aber, so sagte er sich, »es ist meine Pflicht! Gab ich ihr nicht mein Versprechen?«

So liegt er denn, Seite an Seite mit der Schönen, und rührt sich nicht. Denn mehr, als mit ihr zu liegen – und nicht eigentlich zu schlafen –, ist ihm nicht auferlegt. Und warum? Warum »wie ein Mönch« sich dem entziehen, was andere ihr »fünfhundertmal« gedankt hätten? »Weil«, so schreibt der Poet, »sein Herz sich ihr nicht entgegenstreckt. Sie war gewiß sehr schön und willig, aber nicht jeden erfreut, was schön und gefällig ist.« Und er fährt fort:

»Der Ritter hat nur ein Herz, und das ist eigentlich nicht mehr sein eigen, denn er hat es einer anderen anvertraut, so daß er es nicht mehr vergeben kann. Liebe, die alle Herzen in ihrem Bann hält, fordert, daß sie an einem Ort verweilen. Alle Herzen? Nein, nur solche, die sie für wert erachtet. Und derjenige, den die Liebe geruht zu beherrschen, sollte sich um so glücklicher schätzen. Liebe hatte von seinem Herz so sehr Besitz ergriffen, daß sie es verschloß, und er war stolz darob, so daß ich nicht geneigt bin, es ihm zu verübeln, wenn er davon abläßt, was ihm die Liebe verbietet, und standhaft bleibt, wo sie es verlangt.«[50]

So bestand er denn auch diesen Test und wurde alsbald durch einen kleinen Trost belohnt. Er findet einen Kamm, aus vergoldetem Elfenbein, und an seinen Zinken eine Strähne blonden Haars. Doch was offensichtlich ist, muß ihm erst das verschmähte Mädchen, das ihm jedoch nicht gram ist und ihn ein Stück seines Weges begleitet, erklären. »Es ist der Kamm der Königin«, sagt sie, und als er einfältig fragt: »Welcher?«, fügt sie geduldig hinzu: »Nun edler Herr, es ist die Frau König Artus', von der ich spreche!«

Worauf der Ritter alle Farbe verliert und kein Wort mehr herausbringt. Ja, er droht gar vom Pferd zu fallen, und nur mit Mühe kann das Mädchen das Unheil verhindern. »Niemals ward eines Menschen Auge etwas ansichtig«, schreibt der Dichter, »was so sehr verehrt wurde, wie diese Strähnen.« Und weiter:

»Hunderttausendmal hebt er sie hoch, vor die Augen, an den Mund, an die Stirn, das Gesicht: er zeigt seine Freude in jeder nur erdenklichen Weise und fühlt sich unendlich reich und glücklich. Er legt sie an seine Brust nahe dem Herzen, zwischen Hemd und nackter Haut. Nicht für eine Wagenladung Smaragde und Karfunkel würde er sie hergeben, und nichts, so glaubt er, weder Unglück noch Krankheit, kann ihm nun noch widerfahren. Nur noch Verachtung empfindet er für alle Essenzen und Kräutergetränke; nicht einmal für den heiligen Martin und den heiligen Jakob hat er noch Verwendung. Denn er hat so viel Vertrauen in dieses Haar, daß er keiner anderen Hilfe mehr bedarf.«[51]

Wohlgemut, nachdem er seine Fassung wiedererlangt hat, setzt der Karrenritter seinen Weg fort und gelangt schließlich zu einer Kirche, wo er einen Mönch trifft. Er fragt ihn, was es mit diesem Ort auf sich habe, denn dieser zeichnet sich durch eine Reihe prunkvoller Gräber aus. Besonders ein Grab, das neu und aus Marmor ist, erregt die Aufmerksamkeit des Ritters. »Sag mir«, bittet er den Mönch. »Für wen ist dies Grab bestimmt?« Der Mönch antwortet:

»,Ich werde es dir sagen. Dies ist ein großer Sarkophag, größer als alle, die es je gab; und so reich und prächtig ist er gear-
beitet, daß kein anderer ihm gleicht. Er ist außen prachtvoll
und noch prächtiger in seinem Innern. Aber das sollte dich
nicht kümmern, denn du wirst niemals hineinsehen; denn
sieben kräftige Männer wären erforderlich, den steinernen
Deckel zu heben, sollte irgend jemand den Sarkophag zu öffnen wünschen. Und du kannst sicher sein, daß es, um das zu
bewerkstelligen, sieben Männer bedürfte, die stärker wären
als du und ich. Auf dem Sarkophag steht eine Inschrift, und
die besagt, daß derjenige, dem es gelingt, diesen Stein ohne
fremde Hilfe zu heben, allen Männern und Frauen die Freiheit schenkt, die in jenem Land gefangen sind, das niemand
verläßt, es sei denn, er ist ein Bürger dieses Landes. Niemand
ist jemals von dort zurückgekehrt; sie sind alle gefangen. Wo-
hingegen die, die dort wohnen, gehen und kommen können,
wie es ihnen beliebt.'«[52]

Es versteht sich von selbst, daß der Ritter, der derart
herausgefordert, sich unverzüglich ans Werk macht und
den Stein »ohne die geringste Mühe, leichter, als wenn
zehn Männer all ihre Kraft aufgeboten hätten«, von seinem
Sockel hebt. Was den braven Mönch in gar große Verwunde-
rung versetzt, so daß er nur stammeln kann: »Wer seid Ihr?
Woher kommt Ihr?«

Was der Ritter im einzelnen nicht zu erläutern wünscht.
Vielmehr fragt er, für wen denn nun der Sarkophag bestimmt sei. Kräftig und von edlem Geist mag er sein; aber er
ist ebenso einfältig und ahnungslos.

»Herr«, antwortet der Mönch. »Der wird darin liegen, der
alle jene errettet, die in dem Land, aus dem keiner entflieht,
gefangen sind.« Worauf sie ihre Seelen Gott empfehlen, und
ein jeder seines Weges zieht.

Nunmehr der dritten Probe entledigt, nähert sich der tapfere Ritter alsbald der vierten: ein Engpaß, von einem Turm
überragt, versperrt ihm den Weg. Es ist der Zugang zum
Reich des Baudemaguz, und ein Ritter in Harnisch stellt sich
dem Eindringling entgegen. Doch für diesen ist er kein Gegner; er hebt ihn aus dem Sattel, und weiter geht es. Der fünften Prüfung entgegen.

Diese besteht aus einer List. Ein Mann, dem sich der Karrenritter anschließt, führt ihn in ein Schloß, wo er ihn gefan-
gensetzt. Er hat von der Mission des Ritters erfahren; mehr
noch, die Kunde von einem Aufstand breitet sich aus, und es

ist höchste Zeit, daß der Aufrührer hinter Schloß und Riegel kommt.

Doch der ist natürlich auch nicht durch ein einfaches Schloß aufzuhalten; auch nicht durch Balken, mit denen man die Tore verrammelt. Mit seinem Schwert haut er Schlösser und Balken in Stücke und stürzt sich in den Kampf, der zwischen den Aufständischen und ihren Peinigern entbrannt ist.

Der Sieg ist gewiß; der Held wird gefeiert, und weiter zieht er auf seinem endlosen Weg. Doch dann erreicht er schließlich die Brücke, jenes Hindernis, das alle anderen in den Schatten stellt. »Um die Wahrheit zu sagen«, schreibt der Dichter, »es hat noch niemals eine solche Brücke gegeben, so gefährlich und schändlich war sie.« Und er fährt fort:

»Die Brücke über den eisigen Fluß bestand aus einem blanken, schimmernden Schwert; aber es war fest und starr und so lang wie zwei Lanzen. An den Enden befand sich jeweils ein Baumstamm, in denen das Schwert sicher befestigt war. Es brauchte keiner zu fürchten, daß es brechen oder sich biegen würde; denn es war von solcher Vortrefflichkeit, daß es ein großes Gewicht zu tragen vermochte.«[53]

Was ein schwacher Trost war, denn der Fluß, den die Brücke überquerte, war »so wild und reißend, so schwarz und schrecklich, als ob es der Fluß des Teufels sei«. Ja, »er ist so gefährlich und tief, daß, was immer hineinfiele, so verloren wäre, als sei es in das Salzmeer gefallen«. Wozu dann noch – abgesehen von der polierten Schneide, die als Übergang diente – zwei »Löwen oder Leoparden« kamen, die am anderen Ende der Brücke auf ihren Bezwinger, sollte es so einen geben, warteten.

Also in der Tat ein würdiges Hindernis. Doch was macht unser Ritter?

»Er bereitet sich, so gut es geht, darauf vor, den Fluß zu überqueren, und entledigt sich all seiner Rüstung. Er wird in schlimmem Zustand sein, wenn er drüben ankommt. Denn er beabsichtigt, sich mit nackten Händen und Füßen auf dem Schwert zu halten, das schärfer ist als eine Sense. Er fürchtet sich nicht vor den Wunden an Händen und Füßen; lieber will er sich verstümmeln, als von der Brücke zu fallen und in das Wasser zu stürzen, aus dem er nie mehr entkommen würde. Und so macht er sich auf und passiert die Brücke unter großen Schmerzen und unseliger Pein, denn er verletzt sich an Händen, Knien und Füßen. Doch selbst diese

Probeseite zu einer Lanzelot-Ausgabe des 14. Jahrhunderts.

toir il acestui. et pozce dit il aiouutes ma
ins. ha mela franc. cħ. ne moz mie. car
en ma moz ne gaaignerois tu niens mez
lesse moi nuire. et ie te di que preu et ho
noz te uendza:~

Þant Gal entent ceste parole il pense
bien maintenant que ast soit huiz
hom qui ceste promesce li faut. et poz ce
sauoir faut il scemblant quil le bee trop
mortel mer si li dit ausint com par orgoil
il di moi tost ton nom ou tu es moz: .
ha faut il ie le uos dirai mes que uos
me creantois que ie m aurai garde de
mon cors. A dire le te coment ou tu uoil
les on non dit. Gal. si hauce lespee et fa
ir scemblant quil li uoille la teste colper
et ci se refaic autre foiz. ha ma ielin li
quens beuoins et il ueoir Gal. pres au
ſi bien com ſil fuſt loz. Car la lune luſo
it belle et clere:~

Þant Gal entent que ce est li quens
beuoins il en est amerueille liez. car
oz uoiril bien quil ala guerre ala da
me finee. Ozes toute uoies faut il ſcem
blant dome mult corroie ſi dit ie ne te
leroie en nulle guiſe uiure ſi es moz.
ha ma franc. dit li quens ſi ioint les
mains encontre ne moz mie. car ie fe
rai oltreement quât que tu mofens
comandez. fiance le moi dit. Gal. et al

li fiance mult eſpeuſez. car grant puoz
a quil nen puiſſe ia eſcup iuf. Oz ten
uien men apres moi dit. Galaȝ. et al
ſi fuit aquelque paine. Et li autre dui g
puignon quant il euuoient loz ſeignoz
meuer il noient cele pur aler poz le teſe
conre. Car bien ſeuent quil nen uauidier
riens ne au chaſtel noſent il retozner q
ſeuent bien que al deleieu les coztroieℓ
quant il les ueuroient reuenir fanu loz
ſeignoz. Et poz ce ſen tozuent il uers la
foreſte ſi com il poent er ſe meter de denz
la ou il la noient plus eſpeſſe dou llenz
et corroues deceſte auenture qui auenue
loz eſt:.

T Galahȝ quant il fu ueuuz as loges
il eſueille ſes compuignos et loz dit le
uez ſus et uoies com belle auenture nre
ſire nos aenuoie et il ſaillent ſus et li
demanden t. Sire que eſt ce veeȝ a faut
il le conre beuoin que ie uos amaing
la ten ma nos auom nre guerre finee
oroutez ſe nom aſi ſeur quil a teſerure
et li metrom entre les mams ſi enſern
ce que ele uoldza. ha ſire ma dit li quens
melȝ uoil ie que uos la moaoȝ que uos
la meignoz. Car ele me ber ſi moztelmer
que ie ſai bien quele me feroit de plus
eſtrange moz moar que mil lyme. Ceȝ
tes dit. Galahȝ. aaler uos icoment on

Prüfung erscheint ihm süß: denn Liebe, die ihn führt und leitet, lindert seine Schmerzen. Auf Händen, Füßen und Knien kriechend, arbeitet er sich voran, bis er das andere Ufer erreicht. Da entsinnt er sich der beiden Löwen, die er von der anderen Seite gesehen zu haben glaubte, doch als er sich umsieht, ist nirgends etwas zu sehen, was ihm noch Schaden zufügen könnte.«[54]

Er hat es geschafft! Auch die letzte Prüfung bestanden. Freilich mit der Hilfe Baudemaguz', des Königs, der von seinem Schloß aus zugeschaut hat, wie der Fremde sich abmüht, und sich dann erbarmt hat, denn er ist – im Gegensatz zu seinem Sohn, Meleaganz – von ritterlichem Wesen, ihn nicht auch noch gegen die wilden Tiere antreten zu lassen. Er weiß, wer die Probe der Brücke besteht, verdient Ehrfurcht und Achtung, und er rät seinem Sohn, mit dem Fremden Frieden zu schließen und die Königin auszuhändigen.

Dieser ist dazu jedoch keineswegs bereit. »Lieber«, so verkündet er, »werde ich mich ihm unterwerfen, als sie auszuliefern!« Womit er meint, daß er nur kommen solle, um sie zu holen. Er werde sich schon zu wehren wissen.

Da wird der König deutlicher: »Der Ritter steht unter meinem Schutz. Ich werde ihm alles geben, was er braucht. Waffen, Rüstung, ein Pferd. Niemand wird ihm etwas zuleide tun außer dir, und dafür ist er gerüstet!«

Mit diesen Worten schwingt sich Baudemaguz auf sein Pferd und reitet dem Ritter entgegen. Er begrüßt ihn freundlich und zeigt sich besorgt um seine Wunden. Er solle sich ausruhen, und einen Arzt werde er schicken. Es solle ihm an nichts fehlen.

Der Karrenritter jedoch winkt ab: er dürfe keine Zeit verlieren, und das mit den Wunden sei halb so schlimm. »Um Euch jedoch zu Gefallen zu sein«, verkündet er, »will ich mich bereit erklären, bis morgen zu warten. Doch, was immer man sagen möge, länger werde ich nicht warten!«

So kehrt der König unverrichteter Dinge in sein Schloß zurück, schickt den besten Arzt, den er finden kann, damit er den Fremden kuriere, und harrt in Bangen des kommenden Tages, der – so oder so – Unheil bringen wird. Entweder wird der Fremde sterben, der zwar tapfer, aber geschwächt ist, oder sein Sohn Meleaganz, der zwar unbelehrbar und ehrlos ist, dennoch aber ihm lieb und teuer.

Die Kunde von der ausstehenden Entscheidung, einem Kampf um die Gunst der Königin, verbreitet sich in Windes-

eile, und noch während der Nacht machen sich die Schaulu-
stigen auf, um dem Ereignis beizuwohnen. Am Morgen, als
sich die beiden Gegner zum Kampf rüsten, ist der Platz, den
man dafür vorgesehen hat, bereits von einer dichten Men-
schenmenge umringt.

Es ist der Schloßhof, der als Kampfstätte dient. Und während die beiden Kontrahenten die letzten Vorbereitungen
treffen, ihre Pferde besteigen, den Schild ergreifen, die Lanze
anlegen, eilt der König in die Gemächer der Königin und lädt
sie ein, dem Kampf, der um ihretwillen gefochten wird, beizuwohnen.

Und dann, als Baudemaguz und die Königin am Fenster
der großen Halle erscheinen, preschen die beiden Ritter aufeinander los. Holz splittert, Metall kreischt, Pferde wiehern,
und dann sind die beiden Ritter am Boden, ziehen ihre
Schwerter und gehen aufeinander los.

Es ist ein erbitterter Kampf. Beide sind geübte Krieger,
aber es zeigt sich doch, daß der Herausforderer, so tapfer er
auch kämpft, unterliegen wird: seine Kräfte lassen nach, die
Wunden öffnen sich, und es wäre wohl um ihn geschehen gewesen, wenn nicht eines der Edelfräulein, die die Königin zu
diesem Spektakel begleitet haben, sich einer letzten Chance
entsonnen hätte: sie will ihm zurufen, ihn anfeuern, ihm Mut
machen! Doch, o weh, sie kennt seinen Namen nicht! Eilig
wendet sie sich an die Königin:

»‚Herrin, um Gottes wie auch Eurer willen bitte ich Euch,
wenn Ihr es wißt, mir den Namen jenes Ritters dort zu nennen, denn es könnte ihm von Nutzen sein.‘ – ‚Edles Fräulein‘,
antwortete die Königin, ‚Ihr habt mir eine Frage gestellt, in
der ich keine böse Absicht, sondern nur edles Verlangen erkenne; der Name des Ritters, ich kenne ihn wohl, ist Lanzelot.‘ – ‚Oh, wie sich mein Herz freut!‘ ruft das Mädchen. Dann
lehnt sie sich hinaus und ruft so laut, daß es alle Leute hören
können: ‚Lanzelot, sieh her und schau, wer hier ist!‘«[55]

Dieser Satz:

> »… ‚Lancelot!
> Trestorne toi et si esgarde
> Qui est qui de toi se prant garde!‘«

beschwört vielleicht die rührendste Szene der ganzen Geschichte: das Edelfräulein, in seiner Unschuld und Ergebenheit, wird zum Retter des Ritters, ohne daß sie auch nur im

geringsten daran denkt, einen eigenen Vorteil davon zu haben. Aller Herzen schlagen für den tapferen Lanzelot, doch sie weiß, er ist nur einer ergeben, und dies ist seine Rettung.

Der Dichter erwähnt es nur mit wenigen Worten, und dennoch ist man versucht, ein wenig mehr über dieses Fräulein zu erfahren. Aber natürlich wartet man vergebens: so war das Gesetz der Minne – wer edel ist, ist zugleich auch adlig, und wenn er es nicht ist, ist er auch einer näheren Beachtung nicht wert.

Was nun folgt, entspricht dem Kanon:

»Als Lanzelot seinen Namen hörte, war er nicht müßig, sich umzudrehen: er schaute auf und sah dort oben die am Fenster sitzen, die zu sehen er mehr als alles in der Welt ersehnt hatte.«[56]

Aber noch ist die Wirkung eher gegenteilig, denn anstatt nun alle Kräfte zusammenzunehmen und den Gegner in einer beherzten Attacke aus dem Konzept zu bringen, schaut der liebestrunkene Ritter nur zu seiner Angebeteten auf und überläßt den Kampf sozusagen seiner linken Hand. Was das besagte Fräulein erneut auf den Plan bringt. Sie faßt sich ein Herz und ruft:

»,Ach, Lanzelot, wie ist es möglich, daß du nun so närrisch bist? Du warst einmal der Inbegriff von Tapferkeit und allem, was gut ist, und ich glaube, Gott hat keinen anderen Ritter geschaffen, der dir an Tapferkeit und Tugend gleichkommt. Doch nun müssen wir zusehen, wie du dich nur noch rückhändig und hinter deinem Rücken wehrst. Stelle dich so, daß du hinter ihm bist! Dann kannst du den Turm und das Fenster im Auge behalten.‘«[57]

Turm *und* Gegner, das beherzte Fräulein hätte sicher einen besseren Kämpfer abgegeben (verhielt sich deshalb die Königin so schweigsam?). Aber schließlich wacht auch unser guter Lanzelot auf, und nun gibt es kein Halten mehr!

Geliebte und Bösewicht im Visier, haut er zu, daß es eine Freude ist. Alle Schmerzen sind vergessen, Hände und Füße wie durch ein Wunder geheilt, und während das Auge der Königin auf ihm ruht und immer wieder sein Auge auf ihr, wird der Gegner endlich in die Knie gezwungen, und es bleibt nur dem König, Einhalt zu gebieten, was er in der Weise tut, verstöße es sonst doch gegen das höfische Gesetz, daß er die Königin bittet, dem blutigen Treiben ein Ende zu setzen. Wozu sie, da er sie stets mit Zuvorkommenheit bedacht, bereit ist, so daß Lanzelot auf einen Wink seiner Herzensdame von seinem Opfer abläßt.

Dieses ist erbost und gibt sich keineswegs geschlagen. Es begehrt auf und will den Kampf fortsetzen. Doch der König läßt sich nicht beirren. »Ich werde nicht zusehen, wie Torheit oder Stolz dir zum Verhängnis werden!« bedeutet er seinem Sohn, und der Friede wird geschlossen. Allerdings unter einer Bedingung:

»Er [Meleaganz] liefert die Königin an Lanzelot aus, vorausgesetzt, daß letzterer, ohne sich zu sträuben, im Laufe eines Jahres, nachdem er dazu aufgefordert, sich erneut zum Kampfe stellt.«[58]

Der Preis: die Königin. Wozu sie wie auch Lanzelot ihr Einverständnis geben.

Damit ist der Weg frei. Oder?

Lanzelot erwartet eine böse Überraschung!

Als der König ihn zu Guinevere führt, schaut sie ihn nicht einmal an! Wie der Dichter berichtet:

»Als die Königin den König sah, wie er Lanzelot herbeiführte, erhob sie sich, doch war ihr Blick ungehalten, und sie sagte kein Wort. ‚Herrin, hier ist Lanzelot, der gekommen ist, um Euch zu sehen‘, sagt der König. ‚Ihr solltet Euch freuen und glücklich sein.‘ – ‚Ich, o Herr? Es bereitet mir keine Freude, ihn zu sehen. Er kümmert mich nicht.‘ – ‚Na, meine Herrin‘, sagt der König, der sehr offen und höflich war, ‚was veranlaßt Euch, daß Ihr Euch so benehmt? Ihr seid undankbar gegen einen Mann, der Euch so treu gedient hat, daß er sein Leben wiederholt aufs Spiel gesetzt hat, um Euch zu retten und aus den Händen meines Sohnes Meleaganz zu befreien, der Euch so viel Unrecht zugefügt hat.‘ – ‚Herr, er hat seine Zeit gar wenig genutzt. Ich werde es niemals leugnen, daß ich für ihn keine Dankbarkeit empfinde.‘«[59]

Lanzelot ist wie vom Donner gerührt, doch er bewahrt seine Haltung und sagt: »Herrin, Ihr kränkt mich! Aber ich wage nicht, nach dem Grund zu fragen.« Worauf die Königin nur die Schultern hebt und sich abwendet:

»Die Königin hörte, wie er seine Enttäuschung zum Ausdruck brachte, aber um ihn noch mehr zu kränken, blieb sie stumm und wandte sich um, um in ihre Gemächer zurückzukehren. Und Lanzelot folgte ihr mit seinen Augen und seinem Herzen, bis sie die Tür erreicht hatte; es war nur ein kurzer Augenblick, denn es waren nur wenige Schritte. Seine Augen wären ihr gerne gefolgt, wäre das nur möglich gewesen; aber das Herz, das ungestümer und stärker ist, folgte ihr durch die Tür, während die Augen zurückblieben und mit dem Körper weinten.«[60]

Alles umsonst! Die Gefahren und der weite Weg. Was hatte er nur falsch gemacht, daß er diesen Lohn verdiente?

Der König weiß es nicht, der Seneschall, Kes, der gleichfalls gefangen und jetzt frei ist, weiß nichts. Niemand kann es sich erklären. Da ist es wohl das beste, erst einmal nach Gawain zu suchen, der den anderen Weg, den über die Wasserbrük-ke, genommen hat.

So macht sich Lanzelot auf, seinen Gefährten zu suchen. Doch er kommt nicht weit: die Untertanen des Königs Baudemaguz rebellieren und setzen ihn gefangen. Denn ist er, der fremde Ritter, der alle Hindernisse überwunden und die Gefangenen befreit, nicht eine Gefahr für das Land, Gorre?

Man bringt ihn zurück zum Schloß. Doch bevor er dort ankommt, hat sich die Kunde verbreitet, daß er bei dem Überfall getötet worden ist. Und nun ist es die Königin, Guinevere, die bitterer Zweifel erfaßt, Selbstverachtung und Trauer. »Sie ist so außer sich«, schreibt der Dichter, »daß sie sich mehrmals an die Kehle faßt, mit dem Wunsch sich zu töten; doch zuvor bekennt sie ihre Schuld und bereut aus tiefem Herzen das Unrecht, das sie jenem zugefügt, der, wie sie wußte, ihr immer ergeben gewesen war und es noch immer sein würde, wäre er noch am Leben.« Ja, sie gesteht sich ein: »Wieviel besser würde ich mich fühlen und wie sehr würde es mich trösten, wenn ich ihn nur einmal, bevor er starb, in den Armen gehalten hätte.« Und überrascht fügt sie hinzu: »Was sage ich da? Ja, gewiß, völlig nackt, damit ich ihn besser hätte fühlen können!«

Doch dazu ist es nun zu spät, wie sie vermeint. Und es verbleibt nur, sich das Leben zu nehmen. Wenn er, dessen Unglück sie verschuldet, tot ist, wäre es ein Frevel zu leben.

Und doch: »Es ist nicht recht«, sagt sie sich, »daß eine Frau lieber sterben sollte, als um ihres Geliebten willen zu leiden.« Was eine ebenso rühmliche wie glückliche Einsicht war, denn Lanzelot war zwar nicht bei bester Gesundheit, aber er hatte wenigstens seine Haut retten können.

Tragisch ist, daß ihn nun die Nachricht erreicht, daß die Königin ob seines angeblichen Todes so sehr gefastet habe – in der Tat verweigerte sie anfangs jegliche Nahrung –, daß sie nun ihrerseits gestorben sei. Was auch ihn, nun gänzlich erschüttert, auf den Gedanken bringt, seinem Leben ein Ende zu machen.»Ihr braucht keinen Zweifel zu haben«, schreibt der Dichter, »an dem Kummer, der ihn überkam. Ihr könnt sicher sein, daß er völlig am Boden zerstört war.«

Und was macht unser tapferer Lanzelot? Er nimmt seinen Gürtel, zu einer Schlinge geformt und am Sattel befestigt, legt ihn sich um den Hals und läßt sich zu Boden fallen.

Aber ach, es ist ihm nicht gegeben, seiner Geliebten nachzufolgen, denn noch ehe sein letztes Röcheln verstummt, werden seine Bewacher aufmerksam und machen seinem voreiligen Unterfangen ein Ende. Nicht er, sondern der König soll über ihn richten!

So entgeht auch er einem unnützen Tod, und es wendet sich doch noch alles zum Guten. Er erfährt, daß sie lebt, und sie, daß er noch einmal davongekommen. Einer Versöhnung, aus dem Bangen um das Leben des anderen geboren, steht nun nichts mehr im Weg. Zumal der König Lanzelot unverzüglich auf freien Fuß setzt; schließlich war seine Gefangennahme nur ein Irrtum, da seine Häscher nicht wissen konnten, daß der König sich mit dem Eindringling ausgesöhnt hatte.

So führt er Lanzelot abermals in die Gemächer der Königin, und diesmal wendet sich Guinevere nicht ab:

»Die Königin senkte diesmal nicht ihre Augen, sondern kam Lanzelot freudig entgegen, erwies ihm alle Ehre und bat ihn, sich neben sie zu setzen. Da sprachen sie lange über alles, was ihnen auf dem Herzen lag, und die Liebe lieferte so viel Gesprächsstoff, daß ihnen die Zeit nicht lang wurde. Und als Lanzelot erkennt, wie gut die Sache steht und daß alles, was er sagt, mit Freude von der Königin aufgenommen wird, vertraut er ihr an: ‚Herrin, ich frage mich, warum Ihr mich mit solchem Widerwillen empfingt, als ihr mich das erste Mal saht, und warum Ihr mit mir kein Wort sprechen wolltet: Fast wäre ich gestorben unter dem Schmerz, den Ihr mir zufügtet, und ich hatte nicht den Mut, Euch nach dem Grund zu fragen, wie ich es nun tue. Ich bin bereit, Herrin, es wiedergutzumachen, wenn Ihr mir sagt, was es war, das mir so viel Kummer bereitet hat.‘ Da antwortete die Königin: ‚Nun, habt Ihr nicht gezögert, den Karren zu besteigen? Ihr sträubtet Euch und habt zwei Schritte gezögert. Das ist der Grund, weshalb ich weder mit Euch sprechen noch Euch sehen wollte.‘«[61]

Zwei Schritte: Stolz oder Liebe. Er bezwang ersteren um letzterer willen, und dennoch: für wahre Minne war das

nicht genug! Blind sich selbst in das Verderben stürzen, das
ist wahre Liebe. Nur so gewinnt und erhält man sich die
Gunst der Angebeteten.

Diesmal, da Guinevere ihrerseits für ihren Stolz bestraft
wurde, kommt Lanzelot noch einmal glimpflich davon, und
wenn dieses zweite Treffen auch nicht der richtige Augenblick ist, beim dritten klappt es bestimmt!

»Komm durch den Garten heute nacht«, flüstert Guinevere ihrem Liebhaber zu. »Dort am Fenster können wir sprechen, wenn alles schläft!«

Nur sprechen? Nun ja: »Es wird nicht möglich sein, daß du
hereinkommst«, fügt die Königin hinzu. »Ich werde drinnen
sein und du draußen; Zutritt zu erlangen ist unmöglich!«

Und warum? »Unsere Körper werden nicht zueinander
finden«, erklärt sie, »denn dicht neben mir in meinem Gemach liegt Kes, der Seneschall, der noch immer nicht genesen ist. Und die Tür ist nicht offen; sie ist fest verschlossen
und gut bewacht.«

Das ist natürlich nur eine halbe Freude. Trotzdem kann es
Lanzelot gar nicht erwarten, daß es Abend wird, und als alles
schläft, das letzte Licht verlöscht, macht er sich auf den Weg
zu seiner Liebsten.

Fürwahr, das Fenster ist vergittert! Er kann nicht rein und
sie nicht raus. Und nur die ganze Nacht sich unterhalten?
Dafür ist er nicht gekommen, der Karrenritter. Auch wenn er
zwei Schritte gezögert hat.

Also fragt er die Königin, ob sie es zuließe, wenn er herein-
kommt. »Aber«, antwortet sie, »siehst du nicht, wie fest das
Gitter ist? Es würde dir niemals gelingen, auch nur eines der
Eisen zu lösen.«

Was natürlich kein Argument ist. Nicht für Lanzelot!

»Herrin«, sagt er. »Habt keine Angst! Es würde mehr be-
dürfen als nur dieses Gitters, um mich aufzuhalten. Nichts
außer Eurem Befehl könnte mich daran hindern, zu Euch zu
gelangen.« Und er fragt sie noch einmal, ob es ihr genehm ist.

»Gewiß«, antwortet sie. »Mein Wille steht dir nicht im
Weg!«

Das größte Hindernis also beseitigt, macht sich Lanzelot,
der schon ganz andere Barrieren bezwungen, ans Werk:

»Da trat die Königin zur Seite, und er schickte sich an, die
Stäbe zu lösen. Er packt das Eisen, zieht und dreht und win-
det es, bis es sich aus der Mauer löst. Doch das Eisen war so
kantig, daß er sich den kleinen Finger bis zum Nerv auf-

schlitzte, und auch der zweite Finger wurde arg verletzt; doch er, dessen Sinnen auf anderes gerichtet war, achtete nicht auf seine Wunden noch auf das Blut, das heruntertropfte. Obwohl es nur ein enger Durchlaß war, schlüpfte Lanzelot schnell und mühelos hindurch. Zuerst trifft er auf Kes, der in seinem Bett liegt und schläft; dann erreicht er das Bett der Königin, die er über alles verehrt, und kniet vor ihr nieder, als sei es der Schrein einer Heiligen. Sie streckt die Arme aus und zieht ihn zu sich, so daß sich all seine Wünsche erfüllen: ihre Liebe und ihr Herz umfangen ihn. Liebe ist es, was sie so handeln läßt; und wenn ihre Liebe groß ist, so ist seine hunderttausendmal größer. Denn es gibt überhaupt keine Liebe in anderen Herzen, verglichen mit der, die in seinem Herzen wohnt; mit seinem Herzen war die Liebe so sehr verschmolzen, daß kaum noch etwas für andere Herzen übrigblieb.«[62]

Sein Herz quoll also über, und der Dichter fährt fort:

»Nun besaß Lanzelot alles, was er wollte: hatte sie ihm doch ihre Liebe freiwillig gegeben, und er hielt sie in den Armen wie sie ihn. Ihr Spiel ist so köstlich und süß, als sie einander küssen und liebkosen, daß sie wahrlich eine solche Wonne überkommt, wie sie noch niemals zuvor gehört oder gekannt.«[63]

So groß war ihre Freude, daß selbst dem Dichter Worte fehlen. »Aber ihre Freude soll nicht enthüllt werden«, schreibt er. »Denn sie hat hier keinen Platz.«

Immerhin, der Höhepunkt – auch der Geschichte – ist erreicht, und was folgt, ist nur noch ein Ausklang, der selbst den Dichter nicht mehr interessierte. Denn Chrétien beendete seine Geschichte nicht; sie wurde von einem anderen – von dem wir nicht mehr als seinen Namen wissen: Godefroiz de Leigni – zu Ende geführt.

Wie zu erwarten, fällt zunächst der Abschied schwer:

»In jener Nacht waren Lanzelot die höchsten Freuden vergönnt. Doch, zu seinem Kummer, es dämmert der Tag, und er muß seine Geliebte verlassen. Es bereitet ihm so viel Schmerzen, sie zu verlassen, daß er wahrhaftig die Qualen eines Märtyrers ausstand. Sein Herz läßt er dort, wo die Königin verweilt; er hat nicht die Kraft, es fortzureißen, denn es findet an der Königin so sehr Gefallen, daß es nicht den Wunsch hat, sie zu verlassen: so geht sein Körper, und sein Herz bleibt.«[64]

Am Morgen gibt es eine Überraschung: Meleaganz findet Blutspuren im Bett!

»Ich hatte Nasenbluten!« verkündet Guinevere, weniger einfältig, als es klingt. Denn sie hatte tatsächlich nicht bemerkt, daß sich ihr nächtlicher Besuch bei dem Bemühen, sich einen Zugang zu verschaffen, verletzt hatte.

Meleaganz zieht falsche Schlüsse, bezichtigt Kes, der noch immer aus seinen Wunden blutet, schändlichen Verrats und fordert ihn zum Kampf. Da dieser jedoch noch immer entkräftet (und eben unschuldig) ist, springt Lanzelot ein, was dazu führt, daß Meleaganz ein zweites Mal eine Niederlage einstecken muß (und wiederum nur durch eine Intervention der Königin gerettet wird).

Man vertröstet den Erfolglosen mit dem Hinweis, daß die eigentliche Entscheidung ja noch aussteht: durch jenen Kampf, der über das Schicksal der Königin entscheiden wird. Und dieser soll am Hof des Königs Artus stattfinden. Wo könnte er einen größeren Triumph erringen?

Meleaganz ist inzwischen jedoch von seinen Illusionen geheilt. Auf ehrliche Weise wird es ihm nie gelingen; also läßt er seinen Widersacher, als dieser sich erneut auf die Suche nach seinem Gefährten Gawain macht, kurzerhand entführen und nimmt ihn in Gewahrsam. Zunächst vertraut er ihn einem seiner Gefolgsleute an, und als dieser beziehungsweise seine Frau dem Charme des edlen Ritters erliegt und ihn für die Dauer eines Turniers freiläßt, zu dem auch die Königin geladen – die wiederzusehen sein einziger Wunsch ist –, sperrt er ihn in einem Turm ein, den er auf einer abgelegenen Insel errichten läßt.

Derart seinen verhaßten Gegner hinter Schloß und Riegel gebracht, macht sich Meleaganz auf zum Hof des König Artus, wo inzwischen die Königin wieder eingetroffen ist, und setzt ein Ultimatum für den vereinbarten Kampf. Dann kehrt er auf das Schloß seines Vaters zurück und rühmt sich, seinen Widersacher vertrieben zu haben, denn er sei nirgends zu finden. Baudemaguz schilt ihn einen Narren, daß er noch immer das Schicksal fordere, während seine Tochter – wie eigentlich alle Frauen in diesem Stück – praktischer veranlagt ist und ihren Bruder nicht nur verachtet, sondern auch etwas unternimmt. Sie macht sich auf die Suche nach Lanzelot.

Er kann nur irgendwo gefangen sein, denn einfach wegzulaufen, wie ihr Bruder es in die Welt posaunte, das sähe dem edlen Ritter Lanzelot nicht ähnlich. Also sucht sie und findet ihn in jenem Turm; sie befreit ihn, und bald schon ist der einfältige Ritter, der um seiner Ehre willen in die Gefangenschaft zurückgekehrt war, so weit genesen, daß er den Kampf, zu dem er herausgefordert, annehmen kann.

Und jetzt übt er Vergeltung, ohne Rücksicht. Was zuviel ist, ist zuviel:

»Nachdem die Menge auf Anweisung des Königs zurückgetreten ist, stürzt sich Lanzelot auf Meleaganz, so als hasse er ihn aus ganzem Herzen, was er wahrlich tat, doch bevor er auf ihn einschlug, rief er mit lauter und grimmiger Stimme: ‚Wehr dich deiner Haut, ich fordere dich heraus! Und diesmal kannst du sicher sein, ich werde dich nicht verschonen.'«[65]

Man atmet richtig auf, daß Lanzelot endlich der Kragen platzt und daß er nun auch einmal wirklich zuschlägt, Königin hin, Königin her. Und wahrlich, diesmal werden wir nicht enttäuscht:

»Dann gibt er seinem Pferd die Sporen und reitet ans Ende der Bahn zurück. Und nun jagen sie mit höchster Geschwindigkeit aufeinander zu, und so gewaltig ist der Aufprall, daß sie einander die Schilde durchbohren. Aber keiner von beiden ist verwundet; nicht einmal die Haut geritzt. So preschen sie aneinander vorbei, machen kehrt und kommen zurück, um erneut gegen die schweren, starken Schilde anzurennen. Beide Ritter sind stark und tapfer, und beide Pferde sind kräftig und schnell. Und der Anprall ist so groß, daß die Lanzen, ohne zu brechen oder zu splittern, die Schilde glatt durchbohren, bis ihre kalten Spitzen die Haut berühren.

Von der Wucht aus dem Sattel gehoben, gab es nichts, weder Zügel noch Steigbügel, das sie oben halten konnte. Die Pferde stürmten reiterlos über Hügel und Tal, aber sie traten und bissen einander, so groß war ihr Haß. Und was die Ritter betrifft, die zu Boden gefallen waren, so sprangen sie auf, so schnell sie konnten, und zogen ihre Schwerter, die mit ihren eingravierten Namen versehen waren.«[66]

Und dann hauen sie aufeinander ein, in der Art, wie wir es schon kennen, so daß wir es uns ersparen wollen. Nur so viel ist noch zu erwähnen, daß Meleaganz, der Bösewicht, erst seinen Arm verlor und dann seinen Kopf:

»Meleaganz ist so außer sich vor Wut und Schmerz, daß er kein Wort herausbringt. Noch geruht er, um Gnade zu bitten, denn sein Herz ist so verschlossen, daß es ihn selbst jetzt noch täuscht. Lanzelot nähert sich ihm, öffnet seinen Helm und haut ihm den Kopf ab. Nie mehr wird ihm dieser Mann Kummer bereiten: es ist alles vorbei, als er tot zu Boden stürzt.«[67]

Das Streben nach Höherem

Die Geschichte des Ritters Lanzelot ist noch nicht zu Ende. Doch bevor wir fortfahren, wollen wir uns fragen, wie es zu ihrer Entstehung kam. Denn kein anderer Ritter der Tafelrunde ist so sehr mit dem Schicksal König Artus' verbunden wie Lanzelot, was allerdings erst später deutlich wird.

Woher kam diese Gestalt? Was bedeutet sie? Wir wissen, daß Chrétien sich auf Quellen stützte, die zwar einen Lanzelot betrafen, doch mit der Legende um König Artus nichts gemein hatten. Mit anderen Worten, erst Chrétien brachte die Gestalt des Lanzelot in den Sagenkreis um Artus ein, mit dem sie fortan untrennbar verbunden war.

Chrétien sagt nur, daß ihm Marie, die Gräfin von Champagne, die seine Auftraggeberin war, die »Materie«, also das Material, das ihm als Grundlage seiner Geschichte diente, übergab. Auch den »Sinn«, die Bedeutung, welche die Geschichte hat, führt Chrétien auf seine Gönnerin zurück. Doch davon später.

Lanzelot verrät sowohl in seinem Namen als auch in einzelnen Episoden, die seine Geschichte kennzeichnen, einen keltischen Ursprung. In Wales findet sich die Überlieferung von einem Helden namens Lluch Llaunnnauc, der seinerseits auf eine irische Gottheit, Lugh Lamhfada, zurückgeht. Lugh Lamhfada verkörperte zugleich die Sonne und den Wind. Noch heute wird in England der unglückliche Artusritter »Launcelot« genannt.

Auch die Episode mit dem Karren, die bei Chrétien ein Schlüsselereignis ist, weist auf Irland hin. Desgleichen das Zwischenspiel mit dem Bett, das eine Lanze durchbohrt, wie auch die letzte Prüfung, die Schwertbrücke. Keltisch ist auch eine Szene, die bei Chrétien zwar nur eine untergeordnete Bedeutung hat, dennoch aber den Ursprung seiner Vorlagen deutlich verrät: die Tochter Baudemaguz', der Lanzelot seine Befreiung aus dem Turm verdankt, erwies ihm diesen

Dienst nicht ganz uneigennützig. Vielmehr hatte sie ihn vorher, bei einer früheren Begegnung, um den Kopf eines Ritters gebeten, mit dem er gekämpft und der ihr Unrecht zugefügt hatte. Diese Trophäe (ein Hinweis darauf findet sich auch an anderer Stelle der Artuslegende) erinnert an den Brauch der Kelten, ihren Feinden den Kopf abzuschlagen und ihn als Sitz magischer Kräfte in ihren Tempeln zu verehren.

Lanzelot, wiewohl ihm ein französischer Dichter zum »Durchbruch« verhalf, geht also eindeutig – nicht anders als Artus, mit dem er dann doch nicht ganz willkürlich verknüpft wurde – auf einen Mythos zurück, der von den Britischen Inseln stammte. Ähnlich verhält es sich mit seiner Angebeteten, der treulos-treuen Guinevere.

Ihre Entführung bildet das zentrale Motiv einer Geschichte, die ein Mönch namens Caradoc in dem Waliser Kloster Llancarfan um 1150 schrieb. Als *Vita Gildae,* also die Lebensgeschichte eines Heiligen ausgegeben, schildert Caradoc, wie Melvas, der König des »Sommerlandes«, Guinevere, die Frau des Artus, entführt. An einem Ort, der als Glastonbury bezeichnet wird, hält er sie gefangen.

Artus macht sich auf, um Guinevere zu befreien. Doch bevor es zum Kampf kommt, greift der besagte Heilige, Gildas, der in Glastonbury, einem berühmten Wallfahrtsort, weilte, ein, und die beiden Rivalen schließen Frieden. Guinevere kehrt zu Artus zurück.

Das Sommerland ist Somerset; Glastonbury – der Ort wird uns noch beschäftigen – erscheint bei Caradoc als »Town of Glass« – die »gläserne Stadt«. Dies ist die Bedeutung, die er dem Namen gibt. Französische Kompilatoren machten daraus »Voirre« (Glas) und schließlich – durch einen Schreibfehler – »Goirre« beziehungsweise »Gorre«. So taucht der Ort – als Name für das Reich, über das Baudemaguz herrscht – bei Chrétien auf.

Melvas ist kein anderer als Meleaganz, der Sohn Baudemaguz'. Der Name läßt sich auf die beiden walisischen Wörter mael und gwas zurückführen, was soviel wie »junger Prinz« bedeutet. Als Maheloas, König von Voirre, taucht Melvas alias Meleaganz im ersten Ritterroman, den Chrétien schrieb, im sogenannten *Erec,* auf. Die Quelle, die er benutzte, ist also eindeutig.

Was er änderte beziehungsweise worin seine eigentliche schöpferische Leistung lag, war der Versuch, die beiden ursprünglich voneinander unabhängigen Traditionen – hier Lanzelot, dort Guinevere und Artus – miteinander zu verknüpfen und im Verlaufe dieses Bemühens Artus zugunsten Lanzelots in den Hintergrund zu drängen. Nicht der legendäre Britenkönig macht sich auf, die bedrohte Guinevere zu befreien – seine Suche, so wie sie Chrétien schildert, ist eher ein halbherziges Unternehmen –, sondern Lanzelot trägt den Sieg (und die Gunst der Königin) davon! Was bezweckte er damit? Wollte er den König lächerlich machen? Hegte er gar Groll gegen die Engländer?

Ohne Grund wäre ein solches Ressentiment nicht gewesen, hatten die Engländer doch kürzlich – durch die Thronbesteigung Heinrichs II. und seine Ehe mit Eleonore von Aquitanien – ihre Herrschaft über weite Teile Frankreichs, darunter auch die Bretagne, ausgedehnt. Um so mehr mag Chrétien dies als Schmach empfunden haben, da Frankreich eine überragende Stellung in Wissenschaft und Kunst erlangt hatte, die seine politische Ohnmacht nur noch offensichtlicher machte. Doch so sehr ihn, den Literaten und Intellektuellen, das auch gekränkt haben mag, es war doch etwas anderes, das Chrétien mit seiner Arbeit bezweckte. Ihm beziehungsweise seiner Auftraggeberin ging es darum, Stellung in einer gesellschaftlichen Kontroverse zu beziehen, die seit dem Aufkommen der Troubadoure, die gerade Eleonore von Aquitanien besonders förderte, an Bedeutung zugenommen hatte.

Freilich ist keineswegs sicher, welche Position Marie, die Gräfin der Champagne, in dieser Auseinandersetzung bezog. Immerhin war sie die Tochter jener Eleonore von Aquitanien (und des Königs von Frankreich, Ludwig VII.), und wie diese mag sie sehr wohl eine *Befürworterin* jener Form der Liebe gewesen sein, wie sie die Troubadoure besangen. Denn es wird von ihrem Kaplan, Andreas Capellanus, überliefert, daß sie sich in einem Brief, den sie 1174 (also zu der Zeit, da Chrétien seinen Lanzelot verfaßte) schrieb, ablehnend gegenüber der Liebe, wie sie in der Ehe herrsche, äußerte. Denn diese Liebe beruhe nicht auf Zuneigung, sondern einem gesellschaftlichen Vertrag. Sie empfehle deshalb die freie Liebe, außerhalb der Ehe, womit sie nur eine Meinung vertrete, die auch von anderen Frauen geäußert würde.

Marie mag da aus eigener Erfahrung sprechen. Zum einen ließ sich ihre Mutter, Eleonore, von Ludwig scheiden (um dann, in zweiter Ehe, jenen Heinrich zu heiraten, der Frankreich zu einem Land zweiter Kategorie degradierte); zum anderen wurde auch sie selbst von ihrem Mann, Graf Heinrich, verstoßen. War dies auch nur vorübergehend, und sind die näheren Umstände, die dazu geführt haben, nicht bekannt, so weist doch das eine wie das andere Beispiel darauf hin, daß das »heilige Band der Ehe« sich keineswegs immer mit den Wünschen des Herzens deckte.

Wenn Marie jedoch tatsächlich für die freie, »höfische« Liebe eintrat, dann ergibt sich eine Diskrepanz zu dem Werk Chrétiens, das – soweit es *Lanzelot* beziehungsweise *Der Karrenritter* betrifft – kaum als ein Manifest dieser Liebe aufgefaßt werden kann. Wie wir gesehen haben, erweckt der Dichter den Eindruck, als nehme er seinen Helden selbst nicht ernst. Zwar erfüllt er alle Regeln des Kanons, den die Troubadoure mit ihrer Minnelyrik aufgestellt haben, doch bildet dieser Kanon nur den äußeren Rahmen: Lanzelot, so wie ihn Chrétien zeichnet, ist nicht nur nicht eine unglaubwürdige Gestalt, die keinerlei Bezug zur Realität hat, der Karrenritter ist geradezu eine Karikatur aller, die der Minne nachstreben.

Besondere Bedeutung kommt in diesem Zusammenhang der ehebrecherischen Beziehung Lanzelots zu Guinevere zu. In einem früheren Werk, *Cligès*, das gleichfalls von der Liebe eines Ritters zu einer verheirateten Frau handelt, war Chrétien ausdrücklich bemüht, eine »ménage à trois«, wie sie die Tristangeschichte kennzeichnet, zu vermeiden. Und in seinem letzten Roman, dem *Parzival*, welcher der Suche nach dem Gral gewidmet ist, wendet sich der Dichter einem Thema zu, das – in der Abkehr von höfischer Liebe – das Heil des Menschen in göttlicher Verehrung sucht.

Es ist also höchst unwahrscheinlich, daß Chrétien in der gleichen Weise ein Verfechter der freien, außerehelichen Liebe war wie vermutlich seine Auftraggeberin. *Lanzelot* ist ein Bruch, eine Ausnahme in seinem Werk, das sich durch das Bemühen auszeichnet, die überschwengliche Literatur seiner Zeit auf vertretbare, ethische und religiöse Normen zurückzuführen.

Es gab für ihn nur einen Ausweg: einen Kompromiß zwischen seiner Auffassung, seinen Idealen und denen seiner Gönnerin zu schließen, auf die er möglicherweise angewiesen war. Er akzeptierte den Auftrag, verherrlichte vorgeblich die Freuden der Minne und blieb doch, indem er das Ganze ad absurdum führte, seinen innersten Überzeugungen treu. Marie durchschaute natürlich seine List, entzog ihm den Auftrag und gab ihn einem anderen: so könnte es geschehen sein, daß Chrétien seinen Roman nicht zu Ende führte, sondern ein anderer an seine Stelle trat.

Der »Schaden« aber war dennoch angerichtet. Lanzelot wurde geboren und erfreute sich bald der gleichen Gunst beim Publikum wie sein Vorläufer Tristan, den er doch eigentlich hatte »zurechtrücken« sollen.

Was war es, das das Publikum so sehr begeisterte? Durchschaute es die List des Dichters? Wohl kaum. Lanzelot wurde als das angesehen, was er angeblich zu sein schien: der Inbegriff eines edlen Ritters!

Worin bestand dieses Rittertum, diese *chevalerie*, die sich alle zum Vorbild nahmen? Und prägte es tatsächlich ihr Leben, brachte es irgendwelche Änderungen?

Chrétien war keineswegs der erste, der jenen Kodex entwarf, der für Jahrhunderte das Ideal der Gesellschaft in Europa sein sollte. Die Anfänge der Chevalerie, eigentlich weniger das Rittertum als vielmehr die Ritter*würde,* sind in jener Lyrik zu finden, die die Troubadoure verfaßten. Und kein Ort tat sich darin mehr hervor als der Hof von Aquitanien, wo bereits Wilhelm IX., der Großvater jener Eleonore, die ihn an Berühmtheit noch übertreffen sollte, das hohe Lied der Minne sang. Zuerst recht derb und keineswegs »höfisch«, befleißigte sich Wilhelm allmählich eines Stils, der ihn zum Begründer der klassischen Liebeslyrik machte.

Die Frau stand im Mittelpunkt: ihr zu dienen, war höchstes Ziel. Sie war die Herrin, »mi dons«, und indem man sich ihrem Bilde unterwarf, das dem einer Heiligen glich, erwarb man nicht nur ihre Gunst, sondern wurde auch zu edlem Handeln angeregt.

Es ist keineswegs übertrieben zu sagen, daß Eleonore das Vergehen, das Eva angeblich beging, wiedergutmachte: die Frau war es, die den Mann aus jener Barbarei befreite, in der er seit der Vertreibung aus dem Paradies vegetiert hatte.

Aber natürlich erschöpfte sich das Ritterideal, wie es das Hohe Mittelalter kennzeichnete, nicht nur in der Anbetung der Frau, was allerdings auch über die eigentliche Liebesbeziehung hinaus zu einer Verfeinerung der Sitten führte. Ein Ritter mußte zugleich auch tapfer, loyal, gottesfürchtig und mildtätig sein.

Chrétien war der nächste, der ein Bild des Rittertums entwarf. Bei ihm tauchen bereits alle jene Eigenschaften auf, die den vollkommenen Ritter, wie er fortan akzeptiert wurde, auszeichneten. Lanzelot ist dabei nur das populärste Beispiel; seine anderen Werke, die gleichfalls aus dem Kreis der Artuslegende stammen, balancieren das Bild, das ihm vorschwebte, etwas genauer aus.

Aber Chrétien – und die anderen höfischen Dichter – entwarfen ein Bild, das der Wirklichkeit nicht entsprach. Sie schufen etwas Fiktives, ein Ideal, eine Utopie, die mit der Gegenwart recht wenig gemein hatte.

Dies trifft auch für eine andere Quelle zu: die Kirche. Auch sie fühlte sich zu Äußerungen bemüßigt, wie der Mensch beziehungsweise der Stand, der für die Ordnung der Welt verantwortlich sei, beschaffen sein sollte. So schrieb beispielsweise der Bischof von Lisieux, Etienne de Fougères, eine Abhandlung, die er *Livre des manières* – Buch der Sitten – nannte, in dem er zum ersten Mal systematisch darlegte, was unter einem Ritter zu verstehen sei. Für ihn – wie für alle, die im Namen der Kirche ihre Stimme erhoben – hatte der Ritter vor allem die Aufgabe, das Reich Christi auf Erden zu wahren: der war der perfekte Ritter, der hinauszog, mit Kreuz und Schwert, und die Welt unter das Gebot des Herrn brachte.

Für das Gros derer, die sich angesprochen fühlten, war diese Forderung nicht minder utopisch als die Traumwelt der Dichter, auch wenn sie sich aufmachten, um das Grab Christi zurückzugewinnen. Es bedurfte erst eines dritten Ansatzes, der bezeichnenderweise von denen ausging, die es auch betraf, daß das Ideal des Rittertums auf ein realistischeres Fundament gestellt wurde, das tatsächlich als Orientierungsbasis dienen konnte. Es waren dies Handbücher, die – von Rittern geschrieben – speziell auf das Rittertum abgestimmt waren.

Zwei Namen verdienen in diesem Zusammenhang Erwähnung: einmal Ramón Lull, ein spanischer Edelmann, der ein *Buch über den Ritterorden* schrieb, zum andern der Franzose Geoffrey de Charny, der gleich drei solcher Traktakte verfaßte. Lull spricht die Ehre eines Ritters nur dem zu, der von adliger Abstammung ist, von edler Gesinnung und ehrenhaftem Streben. Er sollte ein Pferd haben, »das nobelste aller Tiere«, gut gerüstet und von einem Knappen umsorgt sein. Das gemeine Volk sei ihm untertan, bestelle die Felder und ernähre ihn.

Soweit die Rechte. Und die Pflichten? Der Ritter sei Verteidiger des Glaubens, stehe zu seinem Herrn, beschütze die Schwachen, Frauen und Waisen, übe sich ständig in Sport und Spiel und sei nicht nur im Krieg, sondern auch im Frieden eine Stütze seines Herrn. Mit anderen Worten, er solle ihm helfen bei seinen Regierungsgeschäften und in der Verwaltung, weshalb nötig sei, sich durch sorgsames Studium auf diese Aufgaben vorzubereiten. Er sei immer höflich, wohlgekleidet und gastfreundlich. Besonders erwähnt Lull, daß man seinen Herrn nicht erschlagen, mit seinem Weib schlafen oder seine Burg ausliefern soll. Gefolgschaftstreue – neben einem festen Glauben – ist also das Wichtigste, was von einem Ritter erwartet wird; es ist der Garant für die Aufrechterhaltung der gesellschaftlichen Ordnung.

Charny fügt dem hinzu, daß ein Ritter sich nie mit Erreichtem zufriedengeben soll. Es gelte, ständig nach Höherem, mehr Ehre und Ansehen zu streben, und nichts gebe dem mehr Ansporn als die Liebe zu einer Dame der Gesellschaft. Mit ihrem Ruhm steige auch der ihres Anbeters, wenngleich seine Gefühle für sie auch ein Geheimnis bleiben sollten.

Also zurück zum ursprünglichen Ideal, die Frau ist das Maß aller Dinge? Nicht ganz: sie ist das Mittel, mit dem der Ritter über sich hinauswächst, letztlich zu Gott findet. »Das ewig Weibliche zieht uns hinan« – in der Tradition des Rittertums hat dieser Gedanke seinen Ursprung, und es ist diese Aufwertung der Frau (die freilich erst in unseren Tagen verwirklicht wurde), eine Sublimierung der Liebe, die damit einhergeht, was zu einem bleibenden Vermächtnis für die Menschheit wurde.

Das Rittertum, so paradox es erscheint, gab den Anstoß zur Emanzipation der Frau. Damit hatte es eines der Gebote erfüllt, die ihm auferlegt waren. Wie sah es mit den anderen aus? Der Treue, der Tapferkeit, der Gottesfurcht?

Das Rittertum war eine Folge der politischen Unruhen, die mit dem Zerfall des Karolingischen Reiches einhergingen. Dem Ansturm berittener Eindringlinge hatte das Abendland nicht standgehalten. Man übernahm deshalb das Beispiel der Araber und Ungarn und setzte die Krieger auf Pferde, wodurch sie beweglicher und stärker wurden. Gleichfalls wurde die Verteidigung dezentralisiert, das heißt in die Hände lokaler Fürsten gelegt, die ihrerseits sich auf eine Gefolgschaft berittener Vasallen stützten. Voraussetzung für diese neue militärische Ordnung war das Lehenswesen, das – durch die Vergabe von Ländereien – den Vasallen an den

Herrn band, ihm aber zugleich auch eine Grundlage für seine Existenz gab, denn die Ausrüstung eines Ritters war ein kostspieliges Unterfangen. So kostete beispielsweise ein Pferd (im Frankreich des 11. Jahrhunderts) fünfmal soviel wie ein Ochse, und die Rüstung, wozu Helm, Brustpanzer, Arm- und Beinschienen gehörten, entsprach dem Wert eines mittleren Bauernhofes.

So wird verständlich, wenn die Propagandisten der neuen Ordnung neben der standesgemäßen Geburt auch auf einen angemessenen Wohlstand hinwiesen, wenn sie die Voraussetzungen für einen angehenden Ritter definieren. Nur der konnte letztlich ein effektiver Krieger sein, der auch über die Mittel verfügte, die ihm zu dieser Funktion verhalfen. Zweit- oder gar Drittgeborene hatten keine Chance: sie gingen in den Kirchendienst oder – wurden Minnesänger.

Die Treue des Vasallen zu seinem Herrn war also unabdingbar: kündigte er sie auf, hatte er auch sein Lehen und damit seine Existenz verwirkt.

Der Ritter mußte für Pferd und Rüstung aufkommen. Er hatte sich auch in Kampf und Sport zu stählen, denn als Gegengabe für das Land, das er erhielt, war er seinem Lehnsherrn zu Kriegsdienst verpflichtet. Mangelte es auch nicht an Gelegenheiten zu tatsächlichen Gemetzeln, so übte sich jedoch der Ritter zumeist in friedlichen Wettkämpfen. Turnier und Tjost waren ein beliebter Sport; ersteres, das gewöhnlich in ein allgemeines Handgemenge ausartete, war das Gefährlichere, während sich die Tjosten auf einen Zweikampf beschränkten, der festen Regeln unterworfen war. Lanzelot und Meleaganz maßen sich in einem solchen Wettstreit, freilich mit tödlichem Ausgang.

Zugegen bei diesen Turnieren und Tjosten waren zumeist auch Herren und Edeldamen, die auf einer erhöhten Tribüne thronten und dem Schauspiel mit Interesse folgten. Zu gewinnen gab es neben Ruhm und Gunst Pferd, Waffen und Rüstung des Unterlegenen; zuweilen auch ein Lösegeld. Nicht wenige verstanden es, sich auf diese Weise ihren Unterhalt zu verdienen. Von drei Franzosen wird berichtet, daß sie gegen 36 Engländer antraten und einen nach dem anderen besiegten (Artus war nicht dabei).

Nicht alle, aber viele Ritter, die es sich leisten konnten, errichteten einen angemessenen Herrensitz. Er nahm, nachdem es ursprünglich ein einfacher Turm oder ein befestigtes Haus gewesen war, allmählich die Form einer besonderen

Festung an, die mit dem Bild des Rittertums eng verknüpft ist: die Ritterburg.

Sie bildete sich im 11. Jahrhundert heraus und blieb das Wahrzeichen des Rittertums bis zu seinem Ende im 16. Jahrhundert. In Form und Größe war jede Burg verschieden, doch entsprachen sie alle einem einheitlichen Grundmuster. Umgeben von einer Mauer, die zumeist einen Graben überragte, den man nur mit einer Zugbrücke überqueren konnte, bestand die eigentliche Burg aus dem sogenannten Palas, dem Herrenhaus und Rittersaal, der Kemenate, den Frauengemächern, und dem Bergfried, dem Hauptturm, der als letzte Zuflucht diente. Hinzu kamen Kapelle, Küche, Vorratsräume und Stallungen sowie Unterkünfte für die Bediensteten, Knappen, fahrende Edelleute und Gäste.

Eine Burg war mehr als nur ein Herrensitz. Sie war Verwaltungszentrum, Regierungssitz, Marktflecken und Theater in einem. Hier erfolgte die Ausbildung der Ritter, wurden Vorräte für Notfälle gelagert, wohnte die Familie des Burgherrn und verfaßten Spielleute und Troubadoure ihre Lieder und Verse. Die Burg war – bis zum Erstarken der Städte – der Mittelpunkt des Lebens; Kultur und Politik waren hier konzentriert, und im Falle eines Krieges mußte auch die umwohnende Bevölkerung in den Mauern einer Burg Schutz finden können.

Der Herr war nicht selten abwesend – auf einem Feldzug, einem Turnier, beim König. Es ergab sich deshalb tatsächlich so manche Gelegenheit für jene angeblich erhabene Romanze, die die Troubadoure besungen haben. Ritter und Knappen, Spielleute und Dichter, sie alle bevölkerten den Hof des Herrn; und wenn er – was zuweilen tatsächlich vorkam – seinem Weib die *Clavette* anlegte, den Keuschheitsgürtel, ehe er sich verabschiedete, so war auch das keine Sicherheit. Denn klug und kokett, wie sie war, hatte sie sich längst einen Zweitschlüssel anfertigen lassen – so berichten es jedenfalls die höfischen Dichter, die es andererseits wissen mußten.

Überhaupt war die Frau, zumal die Edeldame, ein verlokkender Vogel, der sich schmückte wie ein Pfau, stolz einherschritt und mit seinem bunten Gefieder und herausfordernden Blick so manches Herz versengte.

Das Ideal der Schönheit schrieb vor, daß sie nicht zu groß und wohlproportioniert sei, mit zierlichen Füßen und hohen, festen Brüsten. Die Haut sei weiß wie ein Schwan, das Haar blond wie ein Kornfeld und die Augen so blau wie das

Meer. Ihre Wangen seien leicht getönt und ihr Mund so rot wie eine Rose.

Sie kleidete sich in Hermelin und Seide, die langen, wallenden Gewänder unter der Brust enggeschnürt, auf dem Kopf eine spitze Haube, die einen Schleier trug. Mit Gold und Silber war ihre Robe durchwirkt, und Perlen und Edelsteine schmückten Hals, Arme und Finger. Der Handschuh war mit Parfum getränkt, und wenn sie ihn einem Ritter in die Arena warf: wer konnte es ihm verdenken, wenn er in Verzückung geriet? »Vous ou la mort« steht auf einem Schild aus dem 15. Jahrhundert; er zeigt einen Ritter, der vor seiner Dame kniet: »Ihr oder der Tod«!

Der Tod war allgegenwärtig, und niemand stand mit ihm auf so vertrautem Fuß wie der Ritter. Sein Geschäft war der Krieg, und da es ständig Kriege gab, wurde er gewöhnlich nicht alt. Auch deshalb war seine Frömmigkeit sicher nicht nur eine Schablone.

Den Beweis erbrachte die Inbrunst, mit der sich der Ritter auf den Kreuzzug begab. Wenigstens einmal gegen die Ungläubigen in den Kampf gezogen zu sein, gehörte zum guten Ton; wer sich drückte, wurde scheel angesehen.

Sicher war es auch die Aussicht auf Abenteuer und Beute, die den Ritter und den, der in diesen Stand aufrücken wollte, in die Ferne lockte. Auch gab es für viele in der Heimat keine Möglichkeiten, so daß sie dem Aufruf der Päpste nur zu willig folgten. Aber über allem stand doch die Aura eines gottgefälligen Werkes, und wer sich ihm verschrieb, der erntete, wenn er Glück hatte, nicht nur in diesem Leben, sondern auch im nächsten das Paradies.

Glück aber hatten nur wenige; die Kreuzzüge erwiesen sich im Endeffekt als Fehlschlag. Was blieb, war ein Traum, das Sehnen, doch noch ans Ziel zu gelangen. Im Osten, im Orient war der Weg versperrt. Also im Westen?

Parzival

Kolumbus war, als die Kreuzzüge endeten, noch kein Gedanke. Amerika wurde erst zwei Jahrhunderte später entdeckt. Aber es gab ein anderes Land, ein Reich nicht von dieser Welt, doch deshalb nicht weniger verheißungsvoll: einst, so berichtete die Legende, machte sich Joseph von Arimathia auf und ging über das Meer, bis er in ein Land kam, das »Avaron« hieß. Dort ließ er einen Tempel errichten und hinterlegte in ihm eine Reliquie. Ein Orden von Rittern entstand, die dem Heiligtum dienten, und über ihnen stand ein König, der zum Wächter der Reliquie wurde. Er zog sich jedoch eine schwere Verwundung zu, derart, daß er fortan der »Verstümmelte« hieß. Zugleich, als hinge auch das Wohl seines Reiches von seiner Gesundheit ab, verödete das Land; es wurde wüst und leer. Man nannte es nur noch die »Einöde«.

Es verbreitete sich die Kunde, daß dieses Land Hilfe brauche. Aber nur wer dieser Aufgabe würdig sei, würde es von seinem Fluch befreien. Denn die Reliquie, die der kranke König bewachte, war der Kelch des Herrn. Magische Kräfte gingen von ihm aus, und man nannte ihn den *Gral.*

> »Eins tages gieng er den weideganc
> an einer halden, diu was lanc:
> er brach durch blates stimme ein zwic.
> Da nahen bi im gienc ein stic:
> da horte er schal von huofslegen.
> Sin gabylot begunde er wegen:
> do sprach er: ,Waz han ich vernomen?
> Wan wolte et nu der tiuvel komen
> mit grimme zornecliche!
> Den bestüende ich sicherliche.
> Min muoter vreisen von ihm sagt:
> ich waene ir ellen si verzagt.'
> Alsus stuont er in strites ger.

Nu seht, dort kom geschuftet her
dri ritter nach wunsche var,
von vuoze uf gewapent ger.
Der knappe wande sunder spot,
daz ieslicher waere ein got.
Do stuont ouch er niht langer hie,
in den pfat viel er uf siniu knie.
Lute rief der knappe san:
‚Hilf, got: du maht wol helfe han.‘«[68]

So beginnt die Geschichte dessen, der auserwählt war, den unglücklichen König und sein notleidendes Reich aus ihrer Bedrängnis zu erretten. Es war Chrétien, der französische Dichter, der diese Geschichte erstmals schrieb. Mit seinem *Perceval* oder *Le Conte du Graal*, der »Erzählung vom Gral«, fügte er der Artuslegende eine weitere Komponente, die zum wesentlichen Bestandteil dieser Legende wurde, hinzu. Denn die Suche nach dem Gral, die mit der Geschichte von Parzival begann, bildet sozusagen den Höhepunkt der Artuslegende. Nicht den Menschen, Gott schuldet der König Gehorsam! Und wenn er auch selbst – da er nun einmal ein britischer König ist, den die Franzosen offenbar nicht mögen – an der Suche, der Kreuzfahrt nicht teilnimmt, so geschieht sie doch letztlich in seinem Namen. Es sind *seine* Ritter, die Ritter der Tafelrunde, die sich aufmachen und das Heil erringen.

Freilich ist nur wenigen beschieden, auch tatsächlich ans Ziel zu gelangen. Denn, wie gesagt, der Weg ist eine Prüfung, und wer ihr nicht gewachsen ist, der hat sich vergeblich bemüht.

Lanzelot ist mit von der Partie. Doch er erschien Chrétien, der sich ja mit diesem einfältigen, sich dennoch aber in Schuld verstrickenden Ritter nie so sehr hatte anfreunden können, offenbar nicht würdig genug. Jedenfalls überging er ihn und wandte sich statt dessen einer neuen Gestalt zu, die das rechte Maß von Tugend und Reinheit zu verkörpern schien. Es war ein gewisser Peredur, der Held einer walisischen Sage, und indem Chrétien beziehungsweise sein Gewährsmann, dem er den Stoff für seine Geschichte verdankte, sie mit der Überlieferung der Gralslegende verband, schuf er jenes Heldenepos, mit dem er den »rechtschaffenen Ritter«, Parzival, unsterblich machte.

Bei Chrétien ist Parzival allerdings nur Fragment; er ist

eine unfertige Gestalt, die den wahren Sinn ihrer Mission nicht mehr erfährt. Chrétien hat auch den *Perceval* nicht zu Ende geführt; diesmal nahm ihm der Tod die Feder aus der Hand. Glücklicherweise gelangte die Geschichte in die Hände eines Mannes, der dem Wesen des Helden, dessen Mission es zu Ende zu führen galt, nicht unähnlich war: Es war dies Wolfram von Eschenbach, ein Ritter, der aus Bayern stammte, an allerlei Höfen diente und so eine Einsicht in das Leben gewann, die ihn dazu bewegte, seinen *Parzival* zu schreiben.

Es ist die Geschichte eines Ritters, der auszieht, Gott zu suchen. Wie er an leidvollen Ereignissen erfährt, ist es zunächst ein vergebliches Bemühen. Erst nach langem Irren, nachdem er mit Gott und der Welt verzagt, findet er zu seinem Heil zurück. So unschuldig, wie er am Anfang war, ist er auch an seinem Ende.

Er hat die Welt erfahren, ist geläutert. Anstelle der Unschuld der Jugend ist die Weisheit des Alters getreten.

Die Geschichte beginnt mit der Begegnung zwischen Parzival und den Rittern. Dies ist der Augenblick, wo er die Welt entdeckt. Bislang war er in einsamer Wildnis versteckt, wohin ihn seine Mutter Herzeloyde, die den Tod ihres Mannes Gahmuret betrauert, verdammt hat. Sie selbst ist die Königin von Wales und zugleich die Schwester jenes »verstümmelten Königs«, den es zu erretten gilt.

Parzivals Vater gewann die Hand seiner Mutter bei einem Turnier, bei dem er sich auszeichnete. Er selbst erbte das Königreich von Anjou. Doch weder das eine noch das andere mochte ihn zu halten: neue Reiche galt es im Morgenland zu erobern. Und von einem solchen Kreuzzug kehrte er nicht mehr zurück.

Die Mutter, die außer sich ist über den Tod ihres Gatten, entsagt aller weltlichen Ämter und Würden und zieht sich mit ihrem Sohn, der ihr kurz nach dem Tod Gahmurets geboren, in die Einsamkeit eines Waldes zurück. Den Dienern, die sie begleiten, hat sie aufgetragen, nie in Gegenwart ihres Sohnes das Wort »Ritter« zu erwähnen. Nicht noch einmal möchte sie einen geliebten Menschen verlieren.

Aber das Schicksal hat es anders bestimmt. Eines Tages, als der bereits herangewachsene Knabe durch die Wälder streift, um ein Wild zu erlegen, hört er plötzlich Hufschläge und meint, es sei der Teufel, denn noch nie hat er derlei Laute gehört. Zwar hat ihn seine Mutter gewarnt, aber tapfer tritt er der Gefahr entgegen.

Wie überrascht ist er, als drei Reiter auf ihn zukommen, prächtig in ihrer Rüstung anzusehen. Das können nur Götter sein, denkt er und wirft sich zu Boden: »Hilfe!« ruft er. »Ihr Götter, so helft mir!« Ein vierter Ritter nähert sich. Er ist noch prächtiger geschmückt als die andern:

>»Da kam in Hast, den Zaum verhängt,
> ein vierter Ritter nachgesprengt.
> Die andern waren seine Mannen;
> sie suchten Räuber, die entrannen.
> Er zügelt des Kastiliers Lauf
> und ruft: ‚Was ist? Wer hält uns auf?'
> So ritt er zu dem Knaben vor;
> der blickt verzückt an ihm empor:
> wann sah er je so Lichtes wieder?
> Lang fiel der Wappenrock hernieder,
> daß er den Tau vom Grase strich;
> viel goldne Glöcklein wiegten sich
> am Stegreif; auch sein Arm erklang
> von Schellen, wenn das Schwert er schwang.
> So hielt der Fürst in prächt'ger Zier
> und fragte: ‚Jungherr, sahet Ihr
> zwei Reiter hier vorüberkommen,
> die eine Maid mit Raub genommen?'«[69]

Es steckt viel unfreiwilliger Humor in dieser Art Geschichten; auch eine gewisse Naivität. In der Übersetzung geht vieles davon verloren, so wollen wir uns weitermühen und nur im Notfall auf die moderne Fassung zurückgreifen.

Der junge Prinz ist ganz geblendet von der Pracht der Ritter. Nur Gott kann einem Menschen so erscheinen. Hatte ihm nicht seine Mutter erklärt, daß Gott ein lichtes Wesen sei?

Der Fürst aber sagt, es seien Ritter, die vor ihm stünden. Was ein Ritter sei, fragt darauf der Junge:

>»Der knappe vragte vürbaz:
> ‚Du nennest ritter: waz ist daz?
> Hastu niht gotliche craft,
> so sage mir, wer git ritterschaft?'
> ‚Daz tuot der künec Artus.
> Juncherre, komt ir in des hus,
> der bringet iuch an ritters namen,

daz irs iuch nimmer durftet schamen.
Ir mugt wol sin von ritters art.'«[70]

Damit hatte der Ritter in dem Jungen den Wunsch geweckt, selbst Ritter zu werden. Nichts vermochte den Knaben mehr aufzuhalten.

*Idealbildnis des Wolf-
ram von Eschenbach.
Holzstich nach Mo-
ritz von Schwind mit
Randzeichnungen
von Bernhard Mörlins.
Um 1880.*

Doch die Mutter versucht eine List: sie gibt ihm einen alten Gaul und steckt ihn in Narrenkleider. Wenn die Leute ihn verspotten, so dachte sie, wird er von selbst zurückkommen.

Aber sie wußte wohl, daß es eine vergebliche Hoffnung war. Und so erteilt sie ihm Rat, wie er sich im Leben verhalten solle:

> »Diu küngin was also bedaht,
> si bat beliben in die naht.
> ‚Dune solt niht hinnen keren,
> ich wil dich list e leren.
> An ungebanten strazen
> soltu tunkel vürte lazen:
> die sihte und luter sin,
> da soltu al balde riten in.
> Du solt dich site nieten,
> der werlde grüezen bieten.
> Ob dich ein gra wise man
> zuht wil leren als er wol kan,
> dem soltu gerne volgen,
> und wis im niht erbolgen.
> Sun, la dir bevolhen sin,
> swa du guotes wibes vingerlin
> mügest erwerben unt ir gruoz,
> daz nim: ez tuot dir kumbers buoz.
> Du solt ze ir kusse gahen
> und ir lip vast umbevahen:
> daz git gelücke und hohen muot,
> ob si kiusche ist unde guot.‘«[71]

Er sollte also dunkle Wege meiden, dem Rat der Alten folgen, und wenn er einer edlen Maid begegne, die keusch und züchtig sei, solle er nicht zögern, ihr den Ring zu nehmen und sie zu küssen und fest umfangen. Das vertreibe trübe Gedanken und stärke den Mut.

Parzival verspricht's und nimmt Abschied, worauf die Mutter, die den Schmerz nicht verwinden kann, tot zu Boden sinkt:

> »Des morgens do der tag erschein,
> der knappe balde wart enein,
> im was gein Artuse gach.
> Herzeloyde in kuste und lief im nach.

Der werlde riuwe alda geschach.
Do si ir sun niht langer sach
(der reit enwec, wem ist deste baz?),
do viel diu vrouwe valsches laz
uf die erde, alda si jamer sneit
so daz si ein sterben niht vermeit.«[72]

»Der Welten Reue allda geschah«! Parzival hatte seine erste Schuld auf sich geladen.

Die zweite folgte, als er auf seinem Weg ein Zelt auf einer Wiese entdeckte. Darinnen lag Jeschute, eine edle Herzogin:

»Diu vrouwe was entslafen.
Si truoc der minne wafen,
einen munt durchliuhtic rot,
und gerndes ritters herzen not.
Innen des diu vrouwe slief,
der munt ir von einander lief:
der truoc der minne hitze viur.
Sus lac des wunsches aventiur.
Von snewizem beine
nahe bi ein ander cleine,
sus stuonden ir die liehten zene.
Ich waen mich iemen küssens wene
an ein sus wol gelobten munt:
daz ist mir selten worden kunt.«[73]

So lieblich war die edle Dame, mit rotem Mund und weißen Zähnen, daß selbst der Dichter sich danach sehnt, sie zu küssen. Parzival aber hatte anderes im Sinn:

»Ouch hete daz minnecliche wip
langen arm und blanke hant.
Der knappe ein vingerlin da vant,
daz in gein dem bette twanc,
da er mit der herzoginne ranc.
Do dahte er an die muoter sin:
diu riet an wibes vingerlin.
Ouch spranc der knappe wol getan
von dem teppiche an daz bette san.«[74]

Er sprang also auf das Bett und rang mit der Herzogin. Ihr »vingerlin«, der Ring, hatte es ihm angetan. Hatte ihm nicht seine Mutter geraten, wenn er einem Weib begegne, einen solchen zu erwerben?

Er rang also mit der schönen Herzogin, worauf diese erwachte:

> »Diu süeze kiusche unsanfte erschrac,
> do der knappe an ir arme lac:
> si muose iedoch erwachen.
> Mit schame al sunder lachen
> diu vrouwe zuht geleret
> sprach: ‚Wer hat mich enteret?
> Juncherre, es ist iu gar ze vil:
> ir möht iu nemen ander zil.‘«[75]

Er möge sich ein anderes Ziel suchen, bedeutet sie ihm, ist sie doch an Zucht gewöhnt. Aber es nützt ihr nichts: der Jüngling entwindet ihr den Ring, küßt ihr die Lippen und hält sie fest umschlungen.

Derart dem Rat seiner Mutter Genüge getan, macht er sich auf und setzt seinen Weg fort. Jeschute jedoch, die entehrte Herzogin, hat nicht nur den Schaden, sondern auch den Spott: ihr Ehemann ist gar nicht erbaut, als er sie in derart zerzaustem Zustand findet. »Frau«, schimpft er. »Ihr werdet mir gar zu übermütig! Ich will Euch eines Besseren lehren: von jetzt ab ist's vorbei mit unserer Gemeinschaft von Tisch und Bett!«

Ein Jahr hatte die Schöne darunter zu leiden. Das war die zweite Schuld, die der einfältige, junge Parzival auf sich lud.

Wohlgemut setzt er seinen Weg fort, bis er, schon nahe an seinem Ziel, einen Ritter trifft. Es ist Ither, auch der »Rote Ritter« genannt, da er eine rote Rüstung trägt. Selbst sein Pferd ist mit rotem Zaumzeug geschmückt. In der Hand hält er einen Becher, und er rühmt sich:

> »‚Ich reit vür tavelrunder,
> mins landes ich mich underwant:
> disen Kopf min ungevüegiu hant
> uf zucte, daz der win vergoz
> vroun Ginovern in ir schoz.‘«[76]

Er goß also Wein in Guineveres Schoß, doch nur aus Unachtsamkeit. Ihm geht es eigentlich darum, sein Land zurückzubekommen, das der König ihm entwendet. Deshalb

*Parzival raubt Jeschute
den Ring.
Miniatur aus der
Heidelberger Lieder-
handschrift,
14. Jahrhundert.*

ist er vor der Tafelrunde erschienen und hat zum Zeichen
seines Trotzes einen Kelch entwendet. Man möge ihn sich
wiederholen, wenn man wagt, es mit ihm aufzunehmen.
Andernfalls sei ihr Ruf dahin.

Parzival hört kaum zu; wie gebannt schaut er auf die Rüstung. Wenn er doch auch nur ein Ritter wäre! Mit einer solchen, prunkvollen Rüstung!

»Geh!« sagt der Ritter. »Überbring dem König die Botschaft!« Und damit hat er sein Todesurteil gesprochen.

Denn Parzival zögert nicht, vor den König zu treten, und er
fordert sogleich, daß er ihn zum Ritter mache. Was der König
auch zu tun verspricht. Er wolle dem tapferen Knäblein, das
so furchtlos spreche, eine Rüstung schenken. Er möge sich
bis morgen gedulden. Doch das ist es nicht, was Parzival
sucht:

»Er sprach: ‚Ichn wil hie nihtes biten.
Mir kom ein ritter widerriten:

> mac mir des harnasch werden niht,
> ichne ruoch wer küneges gabe giht.
> So git mir aber diu muoter min:
> ich waen doch diu ist ein künegin.'«[77]

Er will um nichts bitten; wenn er die Rüstung des Ritters nicht bekommt, den er getroffen hat, dann will er auf alle Gaben des Königs verzichten. Die kann er auch von seiner Mutter erlangen: schließlich ist sie Königin!

Artus, so sehr er dem Jungen zugetan ist: diesen Wunsch kann er ihm nicht erfüllen:

> »Artus sprach zem knappen san:
> ,Daz harnasch hat an im ein man,
> daz ich dirs niht getörste geben.
> Ich muoz doch sus mit kumber leben
> an alle mine schulde,
> sit ich darbe siner hulde.
> Ez ist Ither, von Gaheviez,
> der truren mir durch vröude stiez.'«[78]

Ither, der Rebell, macht ihm Kummer, und er wagt nicht, auch noch über seine Rüstung zu verfügen.

Keye, der Seneschall, macht einen Vorschlag: er, das Knäblein, solle sich die Rüstung holen. Und obwohl der König sich sträubt, denn er fürchtet nur zu Recht, daß das dem tapferen Jüngling zum Verderben würde, willigt er schließlich ein. Es gibt niemanden in der ganzen Tafelrunde, der es mit dem Roten Ritter aufnehmen würde: nur Parzival ist dazu bereit. König Artus ist wahrlich nur noch eine Karikatur seiner selbst.

So reitet denn das tapfere Bürschlein vor die Tore der Stadt und fordert Ither auf, ihm seine Rüstung zu geben. Andernfalls werde er sie sich mit Gewalt holen.

Ither, der zwar erbost, aber ein edler Ritter ist, will den vorwitzigen Wicht züchtigen. Doch was ihm als Spiel erscheint, ist dem Jüngling ernst:

> »Der ritter umbe kert den schaft
> und stach den knappen so mit craft,
> daz er und sin pfärdelin
> muosen vallende uf die bluoen sin.
> Der helt was zornes draete:

er sluog in daz im waete
von dem schafte uz der swarten bluot.
Parzival der knappe guot
stuont al zornic uf dem plan.
Sin gabylot begreif er san.
Da der helm unt diu barbier
sich locheten ob dem härsnier,
durchz ouge in sneit daz gabylot,
und durch den nac, so daz er tot
viel, der valscheit widersatz.«[79]

Mit dem Schaft seiner Lanze stieß der Rote Ritter den kleinen Wicht zu Boden. Doch der springt auf, nimmt seinen
Jagdspeer und schleudert ihn mit aller Wucht in den Schlitz
zwischen Helm und Visier, so daß er ein Auge durchbohrt
und im Nacken des Getroffenen wieder herauskommt. Tot
fällt der Ritter zu Boden.

Die Frauen, so berichtet der Dichter, brachen in großes
Wehklagen aus, als sie vom Tode des edlen Ritters erfuhren.
Doch Parzival, einfältig bemüht, sich die Rüstung des Ritters
anzuziehen, sieht auch diese Schuld nicht: nur um der Rüstung willen hat er den Roten Ritter umgebracht.

Stolz klettert er auf das Pferd des Gefallenen und zieht von
dannen. »Wie die Geschichte berichtet«, schreibt Wolfram,
»gab es zwischen Köln und Maastricht keinen Maler, der ein
vortrefflicheres Bild eines Reiters hätte malen können.« Er
war also stattlich anzusehen, auch wenn der Schein trog.
Noch war er kein wirklicher Ritter; dazu fehlte ihm die nö-
tige Erziehung.

Aber auch die besorgte er sich, als er Gurnemanz, einen edlen, betagten Fürsten traf, der ganz dem Bild zu entsprechen
schien, das seine Mutter ihm mit auf den Weg gegeben hatte:
Triffst du einen alten edlen Mann, so höre auf ihn; er wird
dich unterrichten.

Und so geschah es: Gurnemanz nimmt sich seiner an, erteilt ihm Rat, wie ein Ritter sich verhalte und übt ihn in Waffen und Kampf.

Schon bald hat Parzival alle anderen am Hofe des Fürsten
überflügelt, und dieser denkt daran, da er seine eigenen Söhne im Krieg verloren, ihn mit seiner Tochter, einer ebenso
schönen wie unschuldigen Maid, zu vermählen. Doch Parzival, wiewohl er ihren kirschroten Mund nicht verschmäht,
hat anderes im Sinn:

>»Bi sime herzen kumber lac
anders niht wan umbe daz.
Er wolt e gestriten baz,
e daz er dar an wurde warm,
daz man da heizet vrouwen arm.«[80]

Er wollte also erst einmal kräftig »gestritten« haben, ehe er in den Armen einer Frau »warm« wurde. Er war der rechte Sohn seines Vaters, den ja auch seine Mutter nicht hatte halten können.

Also bedankt er sich für Gastfreundschaft und Schule und zieht hinaus ins Leben.

Weit kommt er nicht, denn noch am gleichen Abend erreicht er Pelrapeire, einen Ort, der in ärgster Bedrängnis ist. Clamide, der König von Brandigan, hält um die Hand der schönen Condwiramur an, der Herrin von Pelrapeire. Doch diese ist ihm nicht wohl gesonnen und will sich »eher vom höchsten Turm der Stadt stürzen, als ihm zu gehören«.

Was den Abgewiesenen mächtig kränkt, so daß er beschließt, sich mit Gewalt zu holen, was ihm im guten versagt. Er belagert die Stadt, und es herrscht eine furchtbare Hungersnot. Parzival kommt gerade zur rechten Zeit.

Er verschafft sich Zutritt zur Stadt und begehrt, mit der Königin zu sprechen. Man führt ihn zum Palast, und dort tritt die Königin ihm entgegen:

>»Sie giengen gein dem palas,
da hoch hin uf gegredet was.
Ein minneclich antlützes schin,
dar zuo der ougen süeze sin,
von der küeginne gienc
ein liehter glast, e si in enpfienc.«[81]

Ein liebliches Antlitz erwartete ihn, dazu zwei süße Augen: so hell wie die Sonne erstrahlte die Königin.

Sie reichte ihm die Hand und führte ihn in den Palast. Die Ritter und Diener, die er dort traf, waren alle von Kräften gekommen, so sehr peinigte sie der Hunger. Auch die Königin dachte: Ich gefalle ihm nicht, ich bin zu dünn.

Womit sie allerdings im Unrecht war, denn wie der Dichter vermerkt, hätte sie bei einem Vergleich mit Jeschute, Enite und wie sie alle hießen, den Siegespreis davongetragen. Ja, selbst die beiden Isolden stellte sie in den Schatten. Sie besaß

»den rehten bea curs«. Zu deutsch: »Schoener lip«, was
nicht »Lippe«, sondern »Körper« heißt.

Nein, sie brauchte sich nicht zu ängstigen. Warum der
schöne Parzival schwieg, hatte einen anderen Grund: ihm
hatte der edle Gurnemanz als eine der ersten Regeln aufgetragen, nicht einfach wie ein Narr draufloszureden, sondern
sich in Schweigen und Demut zurückzuhalten. Also schwieg
er.

Schließlich besann sich die Königin eines Besseren: sie war
die Gastgeberin und zugleich die Herrin, also oblag es ihr,
das Wort an ihn zu richten, was sie denn auch tat, so daß sich
ein lebhaftes Gespräch entspann, was beide einander näher-
brachte.

Da inzwischen die Gefolgsleute der Königin auch noch etwas Nahrung auftrieben, ging man allseits wohlgemut zu
Bett. Doch die Königin fand keinen Schlaf; allzu sehr peinigte sie die Not ihres Reiches. Da stand sie auf und suchte
Tröstung:

> »Juncvrouwen, kameraere,
> swaz der da bi ir waere,
> die lie si slafen über al.
> Do sleich si lise an allen schal
> in eine kemenaten.
> Daz schuofen die ez da taten,
> daz Parzival al eine lac.
> Von kerzen lieht alsam der tac
> was vor siner slafstat.
> Gein sinem bette gieng ir pfat:
> uf den teppich kniete si vür in.«[82]

Sie schlich also in das Gemach, in dem Parzival sich zur Ruhe gelegt hatte, und kniete vor seinem Bett nieder. Tränen
strömten ihr aus den Augen, und ihr Schluchzen weckte ihn.
Da richtete er sich auf und sagte:

> »‚Vrouwe, bin ich iuwer spot?
> Ihr soldet knien alsus vür got.
> Geruochet sitzen zuo mir her
> (daz was sin bete und sin ger)
> oder leit iuch hie alda ich lac.
> Lat mich beliben swa ich mac.‘«[83]

Er bietet ihr also sein Bett an; wie könne er es zulassen, daß er darin liege, während sie auf dem Boden knie. Er werde schon woanders einen Platz finden. Sie aber antwortet:

> »Si sprach: ‚Welt ir iuch eren,
> sölhe maze gein mir keren
> daz ir mit mir ringet niht,
> min ligen alda bi iu geschiht.'«[84]

Wenn er ihr also verspreche, sie nicht zu entehren, dann wolle sie sich zu ihm legen. Was Parzival ihr gern verspricht, denn was sie fürchtet, davon weiß er nichts: er ist genauso unschuldig wie die junge Königin.

So liegen sie denn beieinander, und sie erzählt ihre Geschichte. Parzival hört zu und bietet sich an, Kingrun, den Bösewicht, zum Kampf zu fordern. Er ist der Seneschall Clamides und hat schon so manchen Ritter, der die Ehre der Königin verteidigen wollte, besiegt.

Er sprach also zu Condwiramur:

> »‚Vrouwe, ist kingrun
> Franzoys oder Bertun,
> oder von swelhem lande er vert,
> mit miner hant ir sit gewert
> als ez min lip volbringen mac.'«[85]

Ob Franzose oder Bretone, dieser Kingrun werde ihr nichts mehr zuleide tun.

Und so geschieht es: am nächsten Morgen treffen sich die beiden Gegner vor dem Stadttor, und Parzival gewinnt seinen ersten Kampf. Damit ist der Feind zwar noch nicht bezwungen, aber die Königin ist vor Freude außer sich:

> »Nu wart gecondwieret
> Parzival zer künegin.
> Diu tete im umbevahens schin,
> si dructe in vaste an ir lip,
> si sprach: ‚Ichn wirde niemer wip
> uf erde deheines man,
> wan den ich umbevangen han.'«[86]

Sie erschien ihm im höchsten Maße »unbefangen«, denn nicht nur drückte sie ihn an sich, sie sagte auch, daß sie nie einem anderen Mann gehören werde als dem, den sie in den Armen hielt.

Auch das Volk strömte herbei und forderte, er solle ihr Herrscher werden, was er nur zu gern versprach. Als es Abend wurde, fragte man, ob man ihr Lager richten sollte, was sie nicht ablehnten, wiewohl sie nicht recht wußten, wofür es nützlich sei:

»Bi ligens wart gevraget da.
Er unt diu küngin sprachen ja.
Er lac mit sölhen vuogen,
des nu niht wil genuogen
mangiu wip, der in so tuot.«[87]

Er lag also so sittsam da, daß es, so meint der Dichter, so mancher Frau, die nur so tut, nicht genügt hätte. Womit er nicht nur die Unschuld Parzivals bezeugt, sondern zugleich auch mit einem kräftigen Seitenhieb gegen die Unsitten, wie er es nennt, zu Felde zieht. Jedenfalls preist er den, der Maß zu halten versteht, und gibt den Rat:

»Vor slafe süeziu maere
sint vrouwen site gebaere.«[88]

Vor dem Schlafengehen sollte man also mit seiner Geliebten nur zärtlich plaudern. Dennoch, Parzival entsinnt sich der Worte seiner Mutter, die ihm geraten hatte, eine Frau fest in die Arme zu nehmen. Auch Gurnemanz hatte darauf hingewiesen, und so versuchte er es denn in der vierten Nacht, was weder er noch sie bereute:

»Si waren mit ein ander so,
daz si durch liebe waren vro,
zwen tage unt die dritten naht.
Von im dicke wart gedaht
umbevahens, daz sin muoter riet:
Gurnemanz im ouch unterschiet,
man und wip waern al ein.
Si vlahten arm unde bein.
Ob ichz iu sagen müeze,
er vant daz nahe süeze:
der alte und der niuwe site
wonte alsa in beiden mite.«[89]

Sie schlangen also Arme und Beine umeinander, und obwohl man nicht weiter darauf hinzuweisen braucht, wie der Dichter vermerkt, erfüllte sie alsbald »die Süße des alten und doch ewig neuen Brauchs«.

Als der Honigmond vorüber war, wurde es Zeit, wieder an den Alltag zu denken. Noch stand das Heer des Rivalen Clamide vor den Toren der Stadt, und obwohl Kingrun, der Seneschall, im Zweikampf besiegt war und erniedrigt, war der König von Brandigan doch noch immer auf sein Opfer aus. Mit einer Verstärkung rückt er an und berennt die Stadt im Sturmangriff.

Parzival läßt die Gefangenen aus dem Heer des Clamide verpflegen. Miniatur aus der Heidelberger Liederhandschrift, 14. Jahrhundert.

Doch die Eingeschlossenen erfüllt nun neuer Mut, und sie wehren den Angriff ab; ja, sie wagen auch – unter der Führung ihres neuen jungen Königs – einen Ausfall, der die Angreifer endgültig entmutigt.

Nur Clamide gibt nicht auf: er fordert Parzival zum Zweikampf. Ihre Tapferkeit allein soll entscheiden, wer über Pelrapeire – und die Königin – herrscht.

Parzival läßt sich auf diesen Vorschlag ein: siegesgewiß tritt er dem Herausforderer entgegen. »Weder Mensch noch Tier haben jemals einen härteren Kampf gefochten!« So sagt es der Dichter. Aber der Ausgang ist klar: Parzival siegt, läßt auch diesmal Gnade walten, und der Krieg ist endlich beendet.

Man widmet sich dem Wiederaufbau des Reiches, die Königin war glücklich – »Er war ihr alles und sie ihm« –, und das Volk schaute zu ihnen auf, in Ehrfurcht und Liebe. Dennoch, das Glück währte nicht lange:

>»Eins morgens er mit zühten sprach
>(manc ritter ez horte unde sach):
>‚Ob ir gebietet, vrouwe,
>mit urloube ich schouwe
>wie ez umbe mine muoter ste.
>Ob der wol oder we
>si, daz ist mir harte unkunt.
>Dar wil ich ze einer kurzen stunt,
>und ouch durch aventiure zil.
>Mag ich iu gedienen vil,
>daz giltet iuwer minne wert.'«[90]

So sprach Parzival vor versammelter Runde: Er wolle sehen, wie es seiner Mutter geht, und wenn er unterwegs einige Abenteuer bestehe, so könne das der Liebe, die er für seine Frau empfinde, nur nützlich sein.

Ein schwacher Trost, mit dem er seinen »Urlaub« erbittet, aber Condwiramur willigt ein. Ihre Liebe ist so groß, daß sie ihm den Wunsch nicht abschlagen kann.

>»Swenn ich daz maere an mich nu nim,
>daz si sich müezen scheiden,
>da wehset schade in beiden.«[91]

Der Dichter beklagt, daß es so gekommen ist, denn, so prophezeit er, aus dieser Trennung wird ihnen großer Schaden erwachsen.

Parzival nimmt den Weg zurück in seine Heimat. Doch unterwegs hat er eine seltsame Begegnung: er kommt durch ein Land, das völlig verlassen scheint. Nur eine Burg ist bewohnt, und dort geschehen merkwürdige Dinge.

Man nimmt ihn gastlich auf, badet und kleidet ihn in festliche Gewänder, und dann führt man ihn vor den Burgherrn:

> »In den palas kom gegangen
> der da wart wol enpfangen,
> Parzival der lieht gevar,
> von im der in sante dar.
> Er liez in da niht langer sten:
> in bat der wirt naher gen
> und sitzen. ‚Zuo mir da her an.
> Sazt ich iuch verre dort hin dan,
> daz waere iu alze gastlich.'
> Sus sprach der wirt jamers rich.«[92]

Der Burgherr liegt auf einer Ruhestatt. Kostbare Mäntel und Pelze bedecken ihn; ein Kamin wärmt seinen Rücken. Sein Gesicht ist schmerzverzerrt, und er leidet offensichtlich große Qualen.

Er bittet Parzival sich zu setzen. Schweigen herrscht unter den anwesenden Rittern. Plötzlich tut sich eine Tür auf, und ein Knappe kommt herein. In der Hand hält er eine Lanze; Spitze und Schaft sind blutverschmiert:

> »Da saz manec ritter cluoc,
> da man jamer vür si truoc.
> Ein knappe spranc zer tür dar in.
> Der truog eine glaevin
> (der site was ze truren guot):
> an der sniden huop sich bluot
> und lief den schaft unz uf die hant,
> deiz in dem ermel wider want.
> Da ware geweinet unt geschrit
> uf dem palase wit:
> daz volc von drizec landen
> möhtz den ougen niht enblanden.
> Er truoc si in sinen henden

alumb zen vier wenden,
unz aber wider zuo der tür.
Der knappe spranc hin uz dervür.
Gestillet was des volkes not,
als in der jamer e gebot,
des si diu glaevin hete ermant,
die der knappe brahte in siner hant.«[93]

Ein großes Wehklagen hob an, als der Knappe die Lanze, von der Blut herabtropfte, im Raum herumzeigte, und es legte sich erst wieder, als er gegangen war.

Doch nun geschehen neue Wunder: Edelfräulein, in kostbaren Gewändern und mit Blumen im Haar, bringen Kerzen und einen Tisch, zwei Messer und dann – einen Gegenstand, »den Inbegriff paradiesischen Glücks«:

»Nach den kom diu künegin.
Ir antlütze gap den schin,
si wanden alle ez wolde tagen.
Man sach die maget an ir tragen
pfellel von Arabi.
Uf einem grüenen achmardi
truoc si den wunsche von pardis,
bede wurzeln unde ris.
Daz was ein dinc, daz hiez der Gral,
erden wunsches überwal.«[94]

»Ein Ding« nennt es Wolfram von Eschenbach, was die Königin auf einem grünen Seidentuch in den Saal trug. Sie hieß Repanse de Schoy und verdiente es wohl, Trägerin dieses kostbaren Gegenstandes zu sein:

»Repanse de schoy si hiez,
die sich der gral tragen liez.
Der gral was von sölher art:
wol muose ir kiusche sin bewart,
diu sin ze rehte solde pflegen:
diu muose valsches sich bewegen.«[95]

Sie war also keusch und züchtig, denn sonst hätte sich der Gral von ihr nicht tragen lassen.

Sie setzte den Gral vor dem Burgherrn ab und gesellte sich zu den anderen.

Wieder öffnen sich die Türen, und herein kommen Diener, mit Schüsseln und Tüchern, auf daß die Ritter ihre Hände säubern. Dann tragen Knappen Speisen auf, von so erlesener und vielfältiger Art, daß es wie ein Füllhorn der köstlichsten Gaben erscheint. Und alles, Speise und Trank, verdankt man dem Gral:

> »Hundert knappen man gebot:
> die namen in wize tweheln brot
> mit zühten vor dem grale.
> Die giengen al zemale
> und teilten vür die taveln sich.
> Man sagte mir, diz sage ouch ich
> uf iuwer iesliches eit,
> daz vor dem grale waere bereit ...
> swa nach jener bot die hant,
> daz er al bereite vant
> spise warm, spise kalt,
> spise niuwe unt dar zuo alt,
> daz zam unt daz wilde.
> Esn wurde nie kein bilde,
> beginnet maneger sprechen.
> Der wil sich übel rechen:
> wan der gral was der saelden vruht,
> der werlde süeze ein sölh genuht,
> er wac vil nach geliche
> als man saget von himelriche.«[96]

Es gab also warme und kalte Speisen, Fleisch vom Haustier oder auch Wild, und wer's nicht glaubt, dem sei versichert: der Gral war von solcher Art, daß er dem Himmelreich glich!

Parzival nahm alles mit Staunen gewahr, doch er fragte nicht. Hatte ihm nicht sein edler Lehrherr Gurnemanz geraten, niemals unnütze Fragen zu stellen?

> »Er dahte: ‚Mir riet Gurnamanz
> mit grozen triuwen ane schranz,
> ich solte vil gevragen niht.
> Waz ob min wesen hie geschiht
> die maze als dort bi im?
> Ane vrage ich vernim
> wie ez dirre massenie stet.'«[97]

Er wollte nicht noch einmal als Tor erscheinen wie dort. Und außerdem: man würde es ihm schon sagen, was hier geschah. Er brauchte nur Geduld zu üben.

Doch der Burgherr erzählte ihm nur, als er seinem Gast ein Schwert zum Geschenk machte, daß er selbst es nicht mehr führen könnte, da er eine schwere Wunde davongetragen habe.

> »Owe daz er niht vragte do!
> Des bin ich vür in noch unvro.
> Wan do erz enpfienc in sine hant,
> do was er vragens mit ermant.
> Ouch riuwet mich sin süezer wirt,
> den ungenade niht verbirt,
> des im von vragen nu waere rat.«[98]

Wehe, daß der Unglückliche auch jetzt nicht fragte! Sollte ihn doch die Gabe dazu ermuntern. Denn durch eine einzige Frage hätte er den Kranken von seiner Pein erlösen können.

Er tat es nicht, und obwohl auch das nur eine unschuldige Schuld war, begann sich nun für Parzival das Blatt zu wenden. War ihm bislang nur Glück beschieden gewesen, so lernte er nun das Leid des Lebens kennen.

Am Morgen findet er die Burg verlassen; böse Träume plagten ihn in der Nacht. Ohne zu wissen, was der Grund für die plötzliche Stille ist, zieht Parzival von dannen.

Schon bald trifft er auf seine Cousine Sigune, die am Wegesrand sitzt und einen toten Ritter beklagt. Sie hat all ihren Liebreiz verloren, und Mitleid erfaßt ihn. Sie aber sagt, nur eines könne sie jetzt noch erfreuen, und das wäre die Nachricht, daß Anfortas, der schmerzbeladene König, von seinem Siechen erlöst sei.

»Hast du die Frage gestellt?« fragt sie ihn, der ihr erzählt hat, daß er auf jener Burg gewesen sei, die der kranke König bewohne. Er verneint, und da verflucht sie ihn: kein Erbarmen habe er. Statt Treue sei nur Falschheit in ihm. Er sei gefährlicher als ein Wolf. Sie wolle nichts mehr mit ihm zu tun haben, und sie wendet sich ab.

Bedrückt zieht Parzival weiter: nun weiß er, was das Geheimnis war, dessen Lösung er nicht erkannt. Ihm war es vergönnt, was noch keinem vor ihm gelungen, das Wunder der Welt zu schauen. Ja, er stand an der Quelle des Glücks und hat doch allen Ruhm verspielt!

Zu den folgenden Farbseiten:

Seite 225
Der Zweikampf zwischen Tristan und Morold.
Illustration aus dem 13. Jahrhundert
zu Gottfried von Straßburgs Versepos.

Seite 226
Die Einschiffung von Tristan und Isolde.
Illustration aus einer französischen Tristan-Dichtung.

Seite 227
Tristan beim Turnier.
Illustration aus einer französischen Tristan-Dichtung.

Seite 228
Oben: Eine Ballspiel-Szene aus der Tristansage.
Wandgemälde aus dem 14. Jahrhundert in Schloß Runkelstein
bei Bozen.
Unten: König Mark und Isolde betrauern Tristans Tod.
Aquarell von Alexander Hubert von Volborth.

Seite 229
Die Gralsritter.
Miniatur aus einer französischen Handschrift aus dem
14. Jahrhundert.

Seite 230
Illustrationen aus einer Handschrift des 13. Jahrhunderts zu
Wolfram von Eschenbachs Parzival-Dichtung.

Seite 231
Oben: Die Jungfrau von Astolat.
Gemälde von John William Waterhouse, 1888.
Unten: Lanzelot und Guinevere über dem Grab des Artus.
Gemälde des Präraffaeliten Dante Gabriel Rosetti, 1860.

Seite 232
Die Ruinen der Abteikirche von Glastonbury.

Et dit secompte q̃
cestui chaslet esto
mōlt bel et isse
riche et si estoit

N ceste partie dit li
compte que apres ce
que Pals se fu parti
de ses compaignoe

qil la nouslisent lesier en nulle mení
ere. car il na nuls qi ne fist parunes.
et ce seroit trop grant desloiaute. qi
de ce les uoulroit requere par soi fer
li rois ge soi bien qe uos dites uoir.
mes la grant amors qe ge auoie auoc
et as autres. les me rououes dire. et
ne fust inconuenable chose ne se au
ge le nouisse bien. Car trop me greua
li departimens de uos uous. et des autres
conpaignons

Tant ont parle ensemble. qe li iors fu
leuz a esclairs alisolan. et la auus
a latue la rosee. et li piler comenca aen
plir des barons del roiaumes. Et la mie
qi si fu leuee. et uint la ou li rois estoit
et dit sur cil. chis. nos atandes leaini
por aler on messe. Atant se leua li rois.
si esmusez taus poice qe cil qe leue
ront ne sachent le uel qil ne mene
Et mesire. Gau comande. qe len li aport
ses armes. et aulsi fist lancelot. Et qint
il sunt arme. de leu armes sens des eslai
et sens des humnes. se ment el piler.
atrouerent loz paignons qil estoient a

apreillie por aler a le glesse
Tant il furent uenu au mostier. et
il orent oi le sirise tot. isi arme ai
il estoient. et il furent retorne el piler
si saleront ascou li uins de les autre. cil
qi compaignons estoient de la queste. Si
ir sed li rois. Bademagu au roi aitu.
puis qe cest afferes est enpris si fere
mat. qil ne puet mes estre leisier. ielo
eroie qe li saint fuissant apo te si aue
uont le seirema aulsi com cil font qi
enquere uoulent entre. Ge le noil bien.
puis qil uos plest fer li rois. puis qil
ne puet estre. autremat.

Des furet as clere de leens. les sa
int aporter. soi coi en feroit le seue
mant de la cort. et qint il furent apo
te deuant le matin. don li rois
mon seigneur. Gau. ce li dit uos esme
ustes pinreremat ceste queste. Venes
auant et si feres. le seiremat qe cil
reuoient fere. qi en ceste quele uot

So nähert er sich dem Lager König Artus', der seinerseits ausgezogen ist, ihn zu suchen. Er hat von den Heldentaten des jungen Parzival vernommen und bietet ihm an, in den Kreis seiner erlauchten Ritter einzutreten.

Damit scheint sich das Schicksal noch einmal zum Guten zu kehren. Parzival wird in großem Triumph empfangen, und sogar Königin Guinevere drückt ihn an ihr Herz. Wozu der König sie ermuntert, freilich unter der Voraussetzung, daß ihm das gleiche vergönnt sei, wenn er einmal nach Pelrapeire käme:

»,Ich wil iuweren claren lip
lazen küssen min [altez] wip.
Des endorft ir doch hie niemen biten,
sit ir von Pelrapeire geriten:
wan da ist des kusses hohstez zil.
Eins dinges ich iuch biten wil:
kome ich imer in iuwer hus,
gelt disen kus‘, sprach Artus.«[99]

Condwiramur, »des Küssens höchstes Ziel«, möge sich also revanchieren. So einfältig er auch ist, der König, so weiß er doch die Schönheit einer Frau zu schätzen.

Der Kuß ward also gegeben, und Parzival nimmt Platz unter den Rittern der Tafelrunde, der anzugehören ihm nun gewährt wird. Kein edlerer Ritter habe jemals diese Runde geziert, so vermerkt es die Geschichte, auf die sich Eschenbach beruft. Doch dann geschieht das Unglück:

»Da ward an seinem Ehrentag
Herrn Parzival mit einem Schlag
die Freude mitten durchgeschnitten:
denn eine Jungfrau kam geritten
auf einem Maultier, falb von Haar,
das hoch wie ein Kastilier war,
schlitznasig und am Bug gebrannt
gleich Rossen aus dem Ungarland.
Aus fleiß'gen Meisterhänden stammt'
ihr prächtig Reitzeug insgesamt.
Sie war nicht frauenhaft getan.
O weh, was soll ihr plötzlich Nahn?
Sie kommt, sie ist nicht abzuwenden:
sie wird das Fest mit Trauer enden.«[100]

Es ist Kundrie, die Zauberin. Allein schon ihr Anblick erweckte Schrecken:

> »Kundrie hieß die weise Maid,
> auch La Surziere zubenannt,
> von rascher Zunge, wohlgewandt.
> Doch war sie auch an Wissen reich,
> so sah sie denen wenig gleich,
> die man um ihrer Schönheit nennt.
> Aus blauem Brautgeweb' von Gent
> trug sie den Mantel wohlgeschnitten,
> ganz nach der Franzosen Sitten,
> den Rock von Seide fein und gut.
> Von London war der Pfauenhut,
> der ihr mit Goldgewirk' gefüttert
> an Schnüren auf dem Rücken schüttert.
> Darüber von dem bloßen Kopf
> bis auf das Maultier schwankt der Zopf,
> schwarz, hart und allen Glanzes bar,
> lind wie des Schweines Rückenhaar.
> Die Nase war erborgt vom Hund;
> es krümmten sich aus ihrem Mund
> zwei spannenlange Eberzähne,
> und jede Wimper starrt als Strähne.
> Sie hatte Ohren gleich dem Bären;
> zu rauh für zärtliches Begehren ...«[101]

Kurzum:

> »Um ihre Minne brachen Ritter
> selten ihren Speer in Splitter.«

Diese schmucke Erscheinung nun trat vor König Artus
und sagte:

> »,Sohn Königs Uterpendragon,
> du und manch tapferer Breton
> hast hier erworben Schimpf und Schande.
> Die Besten über alle Lande
> säßen würdig hier gesellt,
> wär' ihnen nicht ihr Stolz vergällt.
> Hin ist der Tafelrunde Heil;
> denn Falschheit hat nun an ihr teil.

Ja, König Artus, wie dein Lob
dich über alle Fürsten hob,
so sinkt es nun in Spott und Scham,
und deiner Ehre Schritt wird lahm;
in deinen Ruhm, so weit er drang,
mischt fortan sich ein falscher Klang.
Geschändet ist die Tafelrunde,
seit Parzival in ihrem Bunde.
Ihm ist wohl Ritterstracht verliehn;
den roten Ritter nennt ihr ihn
nach ihm, dem er den Tod gegeben;
doch ungleich war ihr beider Leben:
an Ither war kein Fehl und Mal.'«[102]

So sprach die Dame, und dann ritt sie zu Parzival:

»,Daß meinem Gruß an diesem Tage
ich Artus und dem Hof versage,
davon habt Ihr die Schuld allein.
Schmach über Euren lichten Schein
und Eurer Glieder Kraft und Kühne!
Geböt' ich über Fried' und Sühne,
Euch würde beides teuer.
Dünk' ich Euch ungeheuer,
ich bin geheurer doch als Ihr.
Herr Parzival, steht Rede mir!
Wie kam's doch, als vor Euch im Saal
der Fischer saß in seiner Qual
ungefreut und ungetröstet,
wie kam's, daß Ihr ihn nicht erlöstet?
Er wies Euch, ungetreuer Gast,
seines schweren Jammers Last;
doch Euch ward kein Erbarmen kund.
Der Zunge leer sei Euer Mund,
wie Euer Herz des Mitleids bar!
Unter der Verdammten Schar
wird Euer Name mit genannt
im Himmel vor der höchsten Hand:
so sollt Ihr auch schon hier auf Erden
verdammt von allen Guten werden.
Vom Glück verflucht, vom Heil verbannt,
nur mit Verachtung noch genannt ...'«[103]

Mit Geringschätzung wendet sie sich ab, nicht ohne den Versammelten noch einmal zuzurufen:

»‚Ach Munsalväsche, Haus der Wehn,
daß dir kein Tröster will erstehn!‘«

Happy-End

ier nun setzt die eigentliche Suche nach dem Gral
ein. Denn nicht nur Parzival macht sich auf, seine
Schuld zu sühnen. Auch die anderen Ritter der Tafelrunde begeben sich auf die Suche: der Gral wird zu ihrem
höchsten Ziel.

Eschenbach, wiewohl auch er sich anderen Rittern zuwendet, behält doch Parzival immer im Auge: für ihn ist Parzival
der Schlüssel zu seiner Geschichte.

Nicht so in der *Vulgata*, jenem Zyklus von Prosaepen, welche die Geschichte von Lanzelot fortsetzen. Darin ist Parzival nur eine Randfigur, wiewohl es ihm auch hier vergönnt
ist, sein Ziel zu erreichen. Im Mittelpunkt aber steht Lanzelot – und sein Pendant Galahad.

Die Vulgataversion der Artuslegende geht auf Chrétien zurück, der ja beide Motive – Lanzelot und die Suche nach dem
Gral – in diese Legende eingeführt hat. Eschenbach nahm
sich nur des letzteren Motivs an, indem er die Gestalt des
Parzival in den Vordergrund stellt. Die Verfasser der *Vulgata*
– wahrscheinlich Zisterziensermönche, die das mehrbändi-
ge Werk in der Zeit zwischen 1210 und 1230 verfaßten – hatten mehr im Sinn. Ihnen ging es um eine Parabel: was mit einer scheinbar simplen Liebesgeschichte beginnt, endet mit
dem Niedergang eines ganzen Reiches. Lanzelot, indem er
das Gesetz der Ehe und Gefolgschaft bricht, vergeht sich
gegen die überkommene Ordnung, und daraus kann nur Unheil, das Chaos der Welt entstehen.

Die Suche nach dem Gral nimmt darin nur eine untergeordnete, wenn auch nicht unbedeutende Rolle ein: sie ist das
Ziel, an dem die Akteure ihre Taten messen. Nur einer wird
für würdig befunden, es auch tatsächlich zu erreichen. Alle
anderen scheitern; sie haben es nicht verdient, die Prüfung
zu bestehen.

Die Vulgata bildete die eigentliche Grundlage für das Werk
Malorys. Über ihn, der allerdings vieles abwandelte, da er

auch andere Quellen übernahm, ist diese Version zum eigentlichen Inhalt der Artuslegende geworden. Wir werden deshalb im folgenden auf seine Fassung zurückkommen.

Parzival geht bei Eschenbach einen besonderen Weg. Nicht nur kündet er seine Mitgliedschaft in der Gemeinschaft der Tafelrunde auf, da er sich ihrer – nach der Schande, die ihm widerfahren – nicht für würdig erachtet, er wendet sich auch gegen Gott, von dem er sich verraten wähnt:

> »... ,We waz ist got?
> Waer der gewaldec, sölhen spot
> het er ... [mir] niht gegeben,
> kunde got mit creften leben.
> Ich was im dienstes untertan,
> sit ich genaden mich versan.
> Nu wil ich im dienst widersagen:
> hat er haz, den wil ich tragen.'«[104]

Wäre Gott so allmächtig, wie man sagt, hätte er ihn nicht solchem Spott ausgesetzt. Hatte er ihm nicht treu gedient? Nun wolle er ohne ihn auskommen, und wenn Gott ihm dafür zürne, wolle er auch das ertragen.

Er macht sich auf, mit Gott und der Welt entzweit, und will nicht eher ruhen, bis er seine Schuld, deren er sich nicht bewußt, bereinigt hat. Es wird ein langes Ringen, immer auf der Suche. Doch der Gral – und die Erlösung – entzieht sich ihm. Erst muß er einsehen, daß ein wahrer Ritter nicht nur Mitleid zeigt, sondern auch Demut. Er hat sich Gott zu unterwerfen, wie undurchschaubar seine Wege auch sein mögen.

Parzival ist damit fünf Jahre beschäftigt, und so haben wir Gelegenheit, uns den anderen zuzuwenden, die gleichfalls ausziehen, um das Heil der Welt zu finden.

»Alsbald nun hörten sie ein solches Krachen und Donnern, daß sie dachten, das Haus würde über ihnen zusammenfallen. Inmitten dieses Getöses leuchtete ein Sonnenstrahl auf, heller als jeder Tag, und sie alle wurden angestrahlt von dem Zeichen des Heiligen Geistes. Da sahen sie einander an, und jeder erschien dem anderen wie eine Quelle des Lichts. Niemand wagte zu sprechen; sie saßen, als seien sie stumm.

Da kam, von einem weißen Seidentuch bedeckt, der Heilige Gral herein; niemand konnte ihn sehen und keiner trug ihn. Die Halle war voller Wohlgerüche, und jeder Ritter fand

Speisen und Getränke von auserlesenem Geschmack auf
seinem Platz. Als der Heilige Gral den ganzen Raum durch-
messen hatte, verschwand plötzlich das heilige Gefäß, so daß
sie nicht wußten, wohin. Da erst wagten sie, wieder zu sprechen.«[105]

Nicht weniger verwundert als die Ritter der Tafelrunde, denen hier der Heilige Gral erschien, war offenbar auch Thomas Malory. »There was none might see it«, schreibt er. »Nor
who bare it.« Er schwebte also sozusagen unsichtbar durch
den Raum, der Heilige Gral, auch wenn er am Ende sich als
»holy vessel« – heiliges Gefäß – entpuppt.

Malory ging es nicht so sehr um das Geheimnis des Heiligen Grals (auch bei anderen, namentlich bei Eschenbach, erscheint er eher verschwommen) als vielmehr um die Wirkung, die dieses Wunder auslöst. Denn nachdem König
Artus, der seine Ritter zum Pfingstfest versammelt hat,
Gott und »Unserem Herrn Jesus« für die Gnade, die ihnen
zuteil geworden war, gedankt hat, steht einer der Ritter auf
und sagt:

»‚Nun … wir haben zwar die edelsten Speisen und Getränke genossen, aber um eines sind wir betrogen worden: wir
konnten den Heiligen Gral nicht sehen, so sorgsam war er
verdeckt. Deshalb möchte ich hiermit ein Gelübde ablegen,
daß ich morgen, ohne noch länger zu weilen, mich auf die Suche nach dem Heiligen Gral machen werde, und sollte es
auch ein Jahr und ein Tag dauern, ich werde erst dann nach
Camelot zurückkehren, wenn ich ihn wirklich gesehen habe.
Und sollte ich es dennoch nicht schaffen, so werde ich es immer wieder versuchen, bis ich den Auftrag Unseres Herrn
Jesus Christus erfüllt habe.‘«[106]

Es war Sir Gawain, der so sprach, und seinem Beispiel folgten alle anderen – bis auf König Artus, der es beklagt, daß so
die Gemeinschaft der Tafelrunde ein Ende hat:

»‚Ach‘, sagte König Artus zu Sir Gawain. ‚Ihr habt mir das
Herz gebrochen mit Eurem Gelübde und Versprechen.
Denn durch Euch werde ich der treusten Gemeinschaft und
edelsten Ritterschaft beraubt, die es jemals gegeben hat;
denn wenn sie diesen Ort verlassen, bin ich sicher, daß wir
uns nie mehr wiedersehen, denn viele werden umkommen.
Und so bin ich traurig, denn ich habe sie geliebt wie mein
Leben, und es wird mir schweren Schmerz zufügen, wenn
ich sie scheiden sehe. Waren sie doch alle meine treuen
Gefährten.‘«[107]

So sehr der König auch bittet, ja, Tränen fließen ihm über das Gesicht: niemand ist bereit, seinem Entschluß abzuschwören. Selbst die Edeldamen und Jungfrauen, die ihrerseits die Ritter bestürmen, vermögen sie nicht umzustimmen. Zwar denkt so mancher, man könne sie doch mitnehmen, aber da taucht ein alter Mann in heiligem Gewande auf und sagt:

»,Edle Herren, die Ihr Euch der Suche nach dem Gral verschrieben habt, hört, was Nacien, der Einsiedler, Euch sagen läßt: niemand, der sich auf diese Reise macht, führe eine edle Dame oder Frau mit sich, denn bei einem solch würdigen Unterfangen geziemt es sich nicht. Ich warne Euch wohl: wer nicht von Sünden frei ist, dem wird das Geheimnis Unseres Herrn Jesus Christus nicht offenbart werden.'«[108]

Womit das Urteil über Lanzelot eigentlich schon gesprochen ist. Aber er versucht es trotzdem.

Man zieht also los und läßt den König weinend zurück. Hundertfünfzig an der Zahl, die ganze Tafelrunde macht sich auf den Weg.

Es würde zu weit führen, all die Ritter und Abenteuer aufzuzählen, die mit der Suche nach dem Gral verknüpft sind. Eine Gestalt aber verdient besondere Erwähnung: Galahad.

Er ist, wie wir bereits vermerkten, das Gegenstück zu Lanzelot; denn während dieser das höchste Glück im Irdischen sucht – durch seine Liebe zu Guinevere –, strebt jener nach himmlischen Ehren: ihm allein ist es vergönnt, das Geheimnis des Grals zu lösen.

Die Verfasser der Vulgata hatten die Absicht, einen Ausgleich zu schaffen: ihnen erschien die verbotene Liebe Lanzelots zerstörerisch, und so stellten sie ihm jemanden zur Seite, der jeglicher irdischen Liebe entsagt. Und damit auch ja keiner ihre kirchliche Botschaft übersieht, machten sie Lanzelot zum Vater dessen, der seine Sünden sühnte.

Was diesem gar nicht recht war, denn er liebte nur die Königin, und wenn diese sich ihm auch nicht verschloß, so war sie doch offenbar nicht gewillt, davon vor aller Welt Zeugnis abzulegen (falls sie dazu überhaupt in der Lage gewesen wäre, denn bislang war König Artus ohne Erben geblieben). Kurzum, die Königin schied also aus, und so mußte jemand anders für das hochwohllöbliche Werk einspringen. Warum nicht Elaine, die Tochter des Königs Pelles?

Pelles war der Sohn von Pellam, und dieser wiederum war identisch mit Anfortas, dem Hüter des Grals. Daß er bei Malory anders heißt, geht auf die unterschiedlichen Quellen zurück, die der Gralsgeschichte als Vorlage dienten. Jedenfalls war auch das ein Wink mit dem Zaunpfahl: nur der konnte letztlich den verwundeten Gralshüter erlösen, der mit ihm verwandt war.

Das Problem, dem sich die Schöpfer dieser Geschichte gegenübersahen: wie bringen wir Lanzelot und Elaine zusammen?

Lanzelot auf den Weg nach Carbonek, wie die Gralsburg bei Malory heißt, zu schicken, war weiter keine Schwierigkeit. Auch wenn er – zu diesem Zeitpunkt – noch nicht nach dem Gral suchte, so war er doch wie jeder Ritter auf Abenteuer aus (soweit er nicht an Guineveres Rockzipfel hing).

Jedenfalls war er gerade einmal abkömmlich, und da der Gral beziehungsweise die Burg, in der er aufbewahrt wird, sich gewöhnlich nicht jedem offenbart, mußte er vorher zwei Prüfungen bestehen. Eine Jungfrau aus der Not zu retten – diesmal aus einem heißen Bade, wo sie fünf Jahre lang gelitten hatte –, gehört sozusagen zum guten Ton und ist für Lanzelot wahrlich keine Herausforderung. Auch ein Drachen, den man für ihn als zweite Prüfung bereithält, kann ihm nichts anhaben. Wie Malory schreibt:

»Da nun hob Lanzelot den Grabstein hoch, und hervor schoß ein schrecklicher und wilder Drachen, aus dessen Maul Flammen schlugen. Lanzelot zog sein Schwert, und lange kämpften sie miteinander. Schließlich gelang es ihm unter großen Mühen, den Drachen zu töten.«[109]

Damit hat er sich den Weg nach Carbonek verdient, und tatsächlich wird er auch des Geheimnisses dieses Ortes ansichtig. Doch der Gral macht auf ihn wenig Eindruck (wie sollte er auch? Die Zeit ist noch nicht gekommen, wo die Jagd nach dem Gral beginnt), und er zieht sich zurück.

Womit dem König, Pelles, die Gelegenheit gegeben wird, über die Tapferkeit seines Gastes nachzudenken und über die Möglichkeit, sie zu nutzen. Denn dieser und seine Tochter wären sozusagen die ideale Verbindung, aus welcher der Retter dieses kranken Reiches und der Welt hervorgehen könnte.

Gesagt, getan! Aber o weh, die Zofe Brisen weiß zu berichten, daß Lanzelot schon eine andere liebt und daß er davon nicht ablassen würde. Doch er solle sich deshalb nicht grämen, denn sie wüßte einen Weg, wie man es anstellen müßte, »damit er bei Eurer Tochter liegt«.

Worauf der König wieder Hoffnung schöpft und der Zofe alles Weitere überläßt. Dieser kommt zugute, daß die Auserwählte zwar noch Jungfrau ist, dafür aber um ihre sozusagen göttliche Mission weiß. Im übrigen gilt Lanzelot als ein schmucker und edler Ritter; niemand übertrifft ihn, es sei denn jener, dem er nun das Leben schenken soll.

Die umsichtige Zofe, »die größte Zauberin, die es weit und breit gab«, versteckt Elaine, die Jungfrau, in einem Schloß in der Nähe, schickt dem Gast einen Ring und eine Botschaft, in der es heißt, daß die Königin Guinevere ihn erwarte. Der Ring scheint echt, die Botschaft wahr, und auf macht sich der edle Ritter, um seiner Herrin zu Diensten zu sein. Zwar ist es dunkel, doch Brisen geht kein Risiko ein:

»Da brachte sie Lanzelot einen Becher Wein, und kaum hatte er den Becher leer getrunken, da war er so benommen und fröhlich, daß er sogleich ins Bett stieg; dachte er doch, daß Elaine, die Jungfrau, Königin Guinevere war. Und ob ihr's glaubt oder nicht, Lanzelot war glücklich, und so war es Elaine, denn nun hielt sie Lanzelot in ihren Armen.«[110]

Doch als der Morgen kam, erkannte Lanzelot den Schwindel, und er zog sein Schwert, um sich für die Schmach zu rächen.

»Da sprang Elaine, nackt, wie sie war, aus dem Bett, warf sich vor ihm zu Füßen und sagte: ‚O edler, hochgeborener Ritter, habt Mitleid mit mir und erschlagt mich nicht, denn ich trage in meinem Leib den, den Ihr mir geschenkt und der der edelste Ritter der Welt sein wird.'«[111]

So sprach sie in ihrer Not, und Lanzelot ließ sich erweichen:

»‚Nun', sagte Lanzelot, ‚ich will dir vergeben!' Und damit nahm er sie in die Arme und küßte sie, denn sie war von anmutiger Gestalt, dazu jung und begierig, und wußte wohl, wie sie ihm gefallen konnte.«[112]

Dennoch, daß er bei ihr bliebe, war nicht seine Absicht, und so vernimmt man die Worte, die sie ihm mit auf den Weg gibt, nicht ohne Rührung:

»Da sagte sie: ‚Mein Herr, Lanzelot, ich flehe Euch an, kommt zurück, sobald Ihr könnt, denn es war der Rat meines Vaters, dem ich gehorchte. Um die Prophezeiung zu erfüllen, gab ich den größten Schatz und die edelste Blume, die ich jemals hatte, und das war meine Unschuld, die ich nie wiedererlangen werde. Deshalb edler Ritter, seid mir wohlgesonnen!'«[113]

Lanzelot kam nicht wieder, Galahad wurde geboren und wuchs in einem Kloster auf. Nur einmal gelang es Elaine, ihren Geliebten aus Camelot zu entführen (was ihr einen argen Streit mit ihrer Rivalin, Guinevere, einbrachte). Doch Lanzelot ließ sich nicht halten, und so erkannte er selbst seinen Sohn nicht wieder, als dieser ihn bat, ihn zum Ritter zu schlagen.

Als dies geschah, näherte sich bereits jenes Pfingstfest, das die Erscheinung des Grals zeitigte. Was bedeutete, daß Galahad auch noch einen anderen Test zu bestehen hatte, denn er war ja mit von der Partie.

Eigentlich waren es zwei Prüfungen, die die Zisterzienser dem edlen Ritter auferlegten: er mußte sich der Mitgliedschaft der Tafelrunde würdig erweisen, und er mußte eine Probe seiner Kraft und Geschicklichkeit ablegen. Beides mußte zugleich auch den Anschein erwecken, daß nur er, Galahad, diese Proben bestehen würde. Kurzum, jedermann sollte erkennen: Dies ist der erwählte Ritter!

Was die erste Probe betrifft, so war es eigentlich nur die Bestätigung einer Prophezeiung: es gab nämlich, wir entsinnen uns, unter den hundertfünfzig Sitzen, die um die Tafelrunde angeordnet waren, zwei, die nur den edelsten aller Ritter vorbehalten waren. Einer davon, der sogenannte Gefährliche Platz, war noch frei. Alle, die versucht hatten, sich darauf zu setzen, hatten ihren Hochmut mit dem Leben bezahlen müssen.

Nicht so Galahad: er findet auf dem Platz in goldenen Lettern die Worte: *Dies ist der Platz Galahads, des edlen Prinzen.*

Sich dann auf den besagten Platz niederzulassen, war eigentlich keine große Kunst mehr. Die Prüfung lag darin, daß er jene edle Gesinnung hatte, die vom »vollkommenen Ritter« erwartet wurde.

Auch die zweite Probe war im Grunde nur ein Kinderspiel: sie bestand in der Erwerbung eines Schwertes, das in einem Steinblock steckte. Diese Prüfung kennen wir auch schon von anderer Stelle: Artus hatte damit sein erstes Schwert erworben.

In diesem Falle handelte es sich um jenes Schwert, mit dem Balin seinen Bruder Balan erschlagen hatte. Auf einem Fluß war es in einem Stein von der Kampfstatt geschwommen. Am Tag des Pfingstfestes nun, das in der Erscheinung des Grals gipfelte, tauchte es in Camelot auf.
Am Griff des Schwertes war zu lesen:

Niemandem wird es gelingen, mich herauszuziehen,
außer dem, an dessen Seite zu hängen mir bestimmt ist,
und das wird der edelste Ritter der Welt sein.

Artus versucht es erst gar nicht (er ist inzwischen, wie wir wissen, nicht mehr das, was er einmal war), und Lanzelot, den er auffordert, wehrt gleichfalls ab: auch er ist dafür nicht geschaffen. »Es sehnt sich nicht danach, an meiner Seite zu hängen«, erklärt er, womit er durchaus recht hat, was allerdings dem König nicht so offensichtlich ist.

Dieser wendet sich sodann an Gawain und schließlich an Parzival: beide versuchen es, ohne Erfolg.

Erst als der edle Ritter erscheint und die Probe am Tisch der Tafelrunde besteht, ist offensichtlich, wer für diese Herausforderung ausersehen ist.

»Ritter«, sagt der König zu Galahad, »seht, dort ist ein

Wunder, wie ich es noch niemals geschaut! Alle haben es versucht, und niemandem ist es gelungen.«

Worauf Galahad erwidert: »Herr, das wundert mich nicht. Denn sie sind dazu nicht ausersehen!« Und er fügt hinzu: »In der Gewißheit, dieses Schwert hier zu finden, habe ich erst gar nicht ein anderes mitgebracht.«

Und er legt die Hand an das Schwert, zieht es ohne jede Mühe heraus und steckt es in die Scheide an seiner Seite.

Als dies geschehen, erscheint eine Frau auf einem Schimmel und verkündet:

»,Fürwahr ... du bist der beste Ritter der Welt gewesen. Doch damit ist es nun vorbei, denn es gibt nun einen besseren Ritter als dich; das Schwert, das du nicht anzufassen wagtest, hat es bewiesen. Und damit ist dein Name dahin und dein Ruhm vergangen.'«[114]

Diese Worte könnten sehr wohl auf Artus gemünzt sein. Aber die Dame auf dem Pferd richtet nicht einmal das Wort an ihn: es ist Lanzelot, an den sie sich wendet. Artus steht nun nicht einmal mehr an zweiter Stelle.

Weinend bleibt er zurück, als die Helden ausreiten. Wie Malory schreibt:

»Und so bestiegen sie ihre Pferde und ritten durch die Straßen von Camelot; und überall weinten sie, ob reich oder arm. Und der König wandte sich ab; er konnte nicht sprechen, so sehr grämte es ihn.«[115]

Die Nacht verbringen die Ritter noch gemeinsam. Am nächsten Morgen aber trennen sie sich: »Jeder ging den Weg, der ihm am besten schien.«

Galahad verschafft sich zunächst noch einen Schild; es ist das erste Abenteuer der Gralssuche. Mit seinem Knappen kommt er zu einer Kirche, wo ihm berichtet wird, daß hinter dem Altar ein Schild hängt, »weiß wie Schnee, und in der Mitte ein rotes Kreuz«. Niemand dürfe es in den Kampf führen, außer dem, der dafür ausersehen.

Zwei Ritter, die gleichfalls den Weg zur Kirche gefunden haben, wollen es dennoch versuchen. Sie kommen nicht weit: ein Ritter stellt sich ihnen in den Weg und verwundet den einen so schwer, daß auch der andere aufgibt.

Er sendet den Schild zurück, mit der Anweisung, daß er Galahad zu übergeben sei. Dieser also rüstet sich mit dem weißen Schild und trifft seinerseits auf den Ritter, der ihm nun erzählt, was es mit dem Schild auf sich habe.

»,Herr', sagte der Ritter, ,es begab sich, daß im dreiund-

dreißigsten Jahr der Passion Unseres Herrn Jesus Christus
der edle Ritter Joseph von Arimathia, der Unseren Herrn
vom Kreuz nahm, unter großem Gefolge Jerusalem verließ.
Und sie wanderten, bis sie zu einer Stadt kamen, die Sarras
hieß. Über diese Stadt herrschte ein König namens Evelake;
er war in einen Krieg mit den Sarazenen verwickelt. Besonders einer machte ihm zu schaffen, ein reicher und mächtiger Fürst; sein Name war Tolleme la Feintes, und er war der
Vetter des Königs.

Als die beiden zur Schlacht rüsteten, schickte Joseph von
Arimathia seinen Sohn Joseph zu König Evelake und ließ
ihm ausrichten, daß großes Unheil über ihn kommen würde,
wenn er an seinem alten Glauben festhalte und nicht den
neuen annehme. Joseph erklärte ihm den rechten Glauben
an die Heilige Dreifaltigkeit, was den König sehr glücklich
machte; und er gab ihm einen Schild, im Namen des Herrn,
der am Kreuz sein Leben ließ. Da wandelte sich das Kriegs-
glück, und König Evelake besiegte Tolleme. Denn als er in die
Schlacht ritt und sich in höchster Not befand, nahm er den
Schild, den er mit einem Tuch verdeckt hatte, und zeigte ihn
seinen Feinden. Und sie sahen die Gestalt eines Menschen
am Kreuz, worauf sie gar sehr erschraken.'«[116]

König Evelake wurde getauft und bot sich Joseph von Arimathia als Begleiter an. So kam der Schild »in dieses Land,
das damals Großbritannien hieß«. Joseph bekehrte auch
hier die heidnischen Völker, und als er sein Ende kommen
fühlte und Evelake ihn bat, er möge ihm ein Zeichen hinterlassen, das ihn immer an ihn erinnere, malte er mit seinem
Blut ein Kreuz auf den Schild. Und er trug dem König, seinem treuen Begleiter, auf, den Schild sorgsam zu verwahren,
»bis die Zeit kommt, da Galahad, der edle Ritter, es trägt«.
Der letzte seines Geschlechts solle sich damit rüsten, und er
werde große Taten vollbringen.

Galahad – wir entsinnen uns – war ja tatsächlich ein Erbe
der Gralskönige, denn mütterlicherseits war er mit Joseph
von Arimathia verwandt. Auch das ein Grund, weshalb nur
ihm die höchste Gnade vorbehalten ist.

Die Abenteuer, die die Ritter der Tafelrunde auf der Suche
nach dem Gral zu bestehen haben, haben alle das gleiche
Grundmotiv: der Held muß sich bewähren (falls er nicht, wie
Galahad, schon von vornherein für den Sieg ausersehen ist).
Die einen bestehen die Prüfung, andere scheitern; Einsiedler
und Heilige erklären, was jede Probe für eine Bedeutung hat.

Da gibt es Löwen und Schlangen, die Wüsteneien und Wildnis bevölkern. Geister der Toten erstehen; Wirklichkeit und Traum verschmelzen. Und immer wieder Frauen, gute und böse, die den Tapferen von seinem Pfade locken oder ihn zu immer neuen Heldentaten anspornen.

Lanzelot ist besonders gefährdet; nicht weil er neue Verirrungen sucht, sondern weil ihm die alte anhängt. So fällt er in einen Traum und sieht den Gral; doch als er nach ihm greift, sich ihm nähern will, entzieht sich ihm das Heiligtum. Und als er erwacht, ist er völlig verstört. Zum ersten Mal erkennt er, daß er ein Sünder ist:

»Und er hörte eine Stimme, die sagte: ‚Lanzelot, du bist härter als ein Stein, bitterer als Holz und so nackt und bloß wie ein Feigenblatt. Geh von diesem Ort, denn du verdienst es nicht, an diesem heiligen Platz zu verweilen.'«[117]

Ein Einsiedler nähert sich ihm und fordert ihn auf, Buße zu tun. Seine Schuld solle er bekennen, denn nur wer ehrlich bereut, dem werde die Gnade Gottes zuteil.

Also beichtet ihm Lanzelot seine Sünden und erzählt ihm, »wie er eine Königin liebte, ohne Maßen und ohne Ende«. Und er fügt hinzu:

»‚All die ruhmreichen Taten, die ich vollbracht habe, tat ich um der Königin willen. Für sie allein kämpfte ich, sei es gut oder schlecht. Niemals habe ich für Gott die Hand erhoben; immer nur wollte ich Ruhm und Ehren gewinnen, um desto mehr geliebt zu werden. Und wenig oder gar nicht habe ich Gott dafür gedankt.'«[118]

Worauf der Einsiedler antwortet: »‚Ich werde dir helfen..., wenn du mir versprichst, daß du fortan die Königin meiden wirst, soweit es nur irgend möglich ist.'«

Was ihm der Reumütige hoch und heilig verspricht, so daß er ihm am Ende seine Schuld vergibt.

Damit ist Lanzelot für die weitere Fahrt gewappnet, auch wenn der, der allein alle Schuld vergeben kann, ihm letztlich doch nicht die ersehnte Gnade zuteil werden läßt.

Anders Parzival, obwohl auch er das höchste Glück nicht erringt. Aber für ihn bedeutet Glück: himmlische Gnade *und* irdische Freude. Das zumindest ist die Botschaft, die Eschenbach verkündet:

»Do sprach aber Parzival:
‚Min hohstiu not ist umbe den gral;
da nach umb min selbes wip:

uf erde nie schoener lip
gesouc an keiner muoter brust.
Nach den beiden sent sich min gelust.'«[119]

Der Gral und das Weib, Gottesdienst und Minne – danach strebt Parzival. Und Trevrizent, der Einsiedler, dem Parzival begegnet, sagt:

»,Ihr redet, Herr, aus rechtem Sinn,
sehnt Ihr nach Eurem Weib Euch hin.
Eint Euch ein ehrlich treues Leben,
dürft Ihr nicht vor der Hölle beben:
Ihr seid bewahrt vor ihrer Qual.
Doch strebt Ihr wirklich nach dem Gral,
muß Eure Einfalt ich beklagen.
Denn niemals wird den Gral erjagen
ein ird'scher Mann, den nicht zuvor
des Himmels Ratschluß auserkor.
Glaubt mir, laßt Euch den Wunsch vergehn!
Ich weiß es, hab es selbst gesehn.'«[120]

Das Original ist an dieser Stelle etwas schwerer verständlich als gewöhnlich, weshalb wir uns hier und auch im folgenden mit der Übertragung in die uns geläufige Form begnügen wollen.

Was nun den Gral betrifft, die Suche nach dem Heiligtum, so ist Parzival in der Tat nicht darauf vorbereitet. Wir entsinnen uns: unschuldig in Schuld verstrickt, wird er vor versammelter Tafelrunde gedemütigt und schwört Gott seine Gefolgschaft ab. Jahre irrt er in der Welt herum, trotzig in seinem Entschluß, ohne Gott das Heil zu finden.

Schließlich, an einem Karfreitag, trifft er in einem schneeverwehten Wald auf einen Einsiedler, der sich als sein Onkel, Trevrizent, zu erkennen gibt. Er schilt ihn, daß er an diesem Tag der Besinnung prächtig wie ein Ritter daherstolziert, anstatt sich mit einem Büßergewand zu bescheiden. Aber er nimmt ihn auf, führt ihn in eine Höhle, wo ein warmes Feuer brennt, und bietet ihm seinen Rat, als er erfährt, daß es um den Ritter gar nicht wohlbestanden ist.

»,Nun weiß ich erst', rief Parzival,
,wie lang ich irrte dort und da
und Glückes Trost mich übersah!

Ach, Freud' und Glück ist mir ein Traum.
Herr, hört noch mehr! Ich mied den Raum,
wo man von Gottes Ehren spricht.
In Kirch' und Münster ward ich nicht
gesehn in all den Zeiten;
ich suchte nichts als Streiten.
Gott hegt' ich Haß im Herzensgrund:
denn ist mein Herz im Tiefsten wund,
setzt Trauer ihren Dornenkranz
auf alles, was im Waffenglanz
von Siegesehren ich gewann,
so rechn' ich's ihm zuschanden an,
der so gewaltig helfen könnte,
mir aber keine Hilfe gönnte.'«[121]

Worauf der Einsiedler ihm antwortet:

»,Bin ich auch Laie nur gewesen,
ich konnt' im Buch der Wahrheit lesen,
wir sollen dienen frei von Fehle
dem Herrn, der stets des Dieners Seele
emporhalf, daß sie nicht versank.
Ihr sollt getreu sein ohne Wank,
da Gott die Treue selber ist,
Feind jeder falschen Kunst und List.
Er soll von uns den Dank empfahn,
daß er so viel für uns getan,
da er in seiner Herrlichkeit
als Mensch den Menschen sich geweiht,
er, der die Wahrheit heißt und ist.
Denkt, daß er Treue nie vergißt ...
Hört auf, ihm Groll zu hegen!
Es wird Euch nicht zum Segen.
Büßt Eure Schuld und seid hinfort
nicht mehr so frei in Werk und Wort!
Wer mit vermeßnen Reden
sein Schicksal will befehden,
von dessen Lohn tu ich Euch kund:
er richtet sich mit eignem Mund.'«[122]

Und er fordert ihn auf, seine Schuld zu bekennen, worauf Parzival von Ither berichtet, den er um seiner Rüstung willen erschlagen.

Das ist die größte Schuld, deren er sich bewußt ist. Wie groß ist aber sein Kummer, als er erfährt, daß er auch noch den Tod eines anderen Menschen verschuldet hat: Herzeloyde, seine Mutter, starb vor Kummer, als er sie verließ. Erst jetzt erfährt Parzival davon.

Doch damit noch nicht genug: Den größten Frevel beging er, als er den siechenden König, der über den Gral wacht, nicht von seinem Leiden erlöste. Trevrizent berichtet, wie es zu dem Unglück kam, das den König heimsucht: Anfortas, der sein Bruder ist (wie Herzeloyde seine Schwester, wodurch ja auch Parzival mit den Gralskönigen verwandt ist), war in seinen jungen Jahren dem Gebot, das jedem Gralshüter auferlegt, untreu geworden. Anstatt sich mit der Frau, die für ihn auserwählt, zufriedenzugeben, »schrieb er Amor auf sein Banner« und stürzte sich in allerlei Abenteuer, die ihm schließlich zum Verhängnis wurden. Er wurde von einer Lanze getroffen, an dem Organ, mit dem er seine unkeuschen Taten beging, und seitdem ist er vom Fluch gezeichnet, er und sein Land. Die Gnade, die sonst jedem Sterblichen gewährt wird, ist ihm verschlossen: im Angesicht des Grals, der ewiges Leben verheißt, ist es ihm verwehrt, sein Leben, das verwirkt, auch zu beschließen. Nur eines kann ihn von seiner Not befreien; und daß ihm diese Gnade nicht zuteil wurde, das ist Parzivals Schuld.

Trevrizent nennt keinen Namen, doch Parzival überkommt am Ende eine solche Reue, daß er seine Schuld eingesteht:

> »‚Herr und lieber Ohm, vernehmt!‘
> begann nun Parzival beschämt.
> ‚Getraut’ ich mir’s vor Scham zu sagen,
> möcht’ ich Euch meinen Kummer klagen.
> Zeigt güt’ge Nachsicht meinem Leid,
> da Ihr doch meine Zuflucht seid …
> Klagt menschlich meine Torheit mit!
> Der einst nach Munsalväsche ritt,
> der dort die große Trübsal schaute
> und doch sich nicht zu fragen traute
> und seitdem trägt der Sünde Lohn,
> das bin ich selbst, ich Unglückssohn.‘«[123]

Munsalväsche, der »Berg der Erlösung«, ist die Gralsburg. Ihr wendet sich nun der Reumütige zu, von seiner Last befreit, die ihm der Oheim abnimmt:

> »So brach der Tag des Abschieds an.
> Entschlossen sprach der fromme Mann:
> ‚Gib deine Sünde! Sie sei mein!
> Ich will vor Gott dein Bürge sein.
> Du leiste, was ich dir gesagt,
> und bleib im Willen unverzagt!‘«[124]

So sprach Trevrizent und gab dem Scheidenden Mut: am Ende würde es ihm doch gelingen!

Die anderen hatten sich mittlerweile auch dem Ziel genähert, das heißt, jene, die noch übriggeblieben waren: außer Lanzelot und Galahad auch noch Bors. Er war der einzige, dem es vergönnt sein würde, das Wunder zu schauen *und* an den Hof König Artus' zurückzukehren.

Das erste Anzeichen, daß man sich dem ersehnten Ziel näherte, war eine Erscheinung, die sich den drei Auserwählten offenbarte. Sie trafen sich im sogenannten Toten Wald, einer Wildnis und Einöde, die die Gralsburg umgab. Dort hatten sie – Parzival, Bors und Galahad – ein seltsames Erlebnis: ein weißer Hirsch, begleitet von vier Löwen, trat ihnen entgegen. Und er führte sie in eine Kapelle, die im Wald versteckt lag. Ein Heiliger las die Messe, und während er dies tat, verwandelte sich der Hirsch in einen Menschen, und auch die Löwen nahmen eine andere Gestalt an: der eine verwandelte sich in einen Adler, der zweite in einen Ochsen. Einer ward zum Menschen, nur der vierte blieb ein Löwe.

Doch damit noch nicht genug: plötzlich erhoben sich die Erscheinungen, schienen zu schweben, durchbrachen das Glas der Fenster und verschwanden. Dabei ertönte eine Stimme und sagte: »Auf diese Weise gelangte der Sohn Gottes in den Leib der Jungfrau Maria, die ihre Unschuld niemals verlor!«

Kein Laut war zu hören gewesen, und die Fenster waren unversehrt.

Da waren die drei Ritter gar sehr verwundert, und sie fragten den heiligen Mann, was das Wunder, das sie eben geschaut, wohl bedeuten könne. Der Einsiedler antwortete: »Edle Herren, ihr seid die Ritter, die das Rätsel des Grals lösen werden. Euch wird der Herr ein großes Geheimnis offenbaren.« Und er fügte hinzu: »Der, der von der Jungfrau Maria geboren, zeigt sich oft in der Gestalt eines weißen Hirsches. Denn ein Hirsch, wenn er alt ist, nimmt die Farbe der Jugend an. Und so ist es mit Unserem Herrn: er ward wiedergeboren und hat sich euch gezeigt. Ihr seid die Auserwählten!«

Da wußten sie, daß sie die letzte Prüfung bestanden hatten.

Auch Lanzelot taucht nun auf. Doch er wird abgewiesen. Verzweifelt irrt er durch die Wildnis, bis er schließlich auf die Knie sinkt und um Erbarmen fleht. Daß er doch nur einen Blick erhasche, dem Gral sich wenigstens nähern dürfe!

Da kommt er schließlich vor ein Tor, das von zwei Löwen bewacht wird. Ängstlich greift er nach seinem Schwert, doch ein Zwerg taucht auf und schlägt ihm die Hand herunter, und eine Stimme ertönt: »O du Ungläubiger, warum vertraust du mehr auf dein Schwert als auf deinen Schöpfer! Denn Er ist mächtiger als alle Rüstung, auf die du baust.«

Da bekreuzigte er sich und bat um Vergebung. Die Löwen knurrten, aber sie ließen ihn passieren.

Man brachte ihn in eine große Halle und führte ihn vor eine verschlossene Tür. Gesang war von jenseits zu hören, und er eilte, die Tür zu öffnen. Doch sie blieb verschlossen.

Da sank er erneut auf die Knie und betete, man möge ihn doch hineinlassen. »Oh, daß ich doch nur etwas von dem erschaue, was ich suche!«

Und die Tür öffnete sich, Licht flutete heraus, und er stand auf, trat näher. Da sagte eine Stimme: »Halt ein, Lanzelot! Komm nicht herein! Tust du es dennoch, wirst du es bereuen!«

Er trat zurück, aber auch so konnte er das Wunder schauen:

»Er sah auf und erblickte in der Mitte des Raumes einen silbernen Tisch und darauf das heilige Gefäß, von einem roten Seidentuch bedeckt, und Engel, die darüber schwebten, mit einer brennenden Kerze und einem Kreuz. Vor dem heiligen Gefäß stand ein Mann in einem Priestergewand, und es schien, als lese er die Messe. Er hatte die Hände erhoben, und drei Männer erschienen, die einen von ihnen, welcher der jüngste war, in die Hände des Priesters legten. Er hob sie hoch und zeigte sie der Menge.«[125]

Lanzelot dachte, die Last, die er trug, sei zu schwer, und er wollte dem Priester zu Hilfe eilen. »Großer Vater, Jesus Christus, sieh es nicht als Sünde an, wenn ich dem guten Mann helfe, der so sehr der Hilfe bedarf!« Und er betrat den Raum:

»Da trat er ein und ging zum silbernen Tisch, und als er sich ihm näherte, fühlte er einen Atem, der so heiß wie Feuer war. Er schlug ihm entgegen und verbrannte ihm das Gesicht, so daß er zu Boden fiel und nicht mehr die Kraft hatte sich aufzurichten. Er konnte sich weder bewegen, noch konnte er hören oder sehen. Da fühlte er, wie man ihn aufhob und hinaustrug, ohne sich um seine Wunden zu kümmern. Wie tot blieb er liegen.«[126]

Vierundzwanzig Tage dauerte sein Zustand der Bewußtlosigkeit, und als er erwachte und man ihm sagte, wie lange er gelegen hatte, da wußte er, daß dies die Strafe war: Vierundzwanzig Jahre hatte er in Sünde gelebt, und der Herr hatte es ihm mit derselben Zahl an Tagen und Nächten, die er wie leblos war, vergolten.

Er war es nicht wert, vor das Angesicht des Heiligtums zu treten, und mit einem Blick, den er erhascht hatte, mußte er sich zufriedengeben.

Wie anders war es doch, als er dem Gral zum ersten Mal begegnet war! Doch da hatte er noch nichts von seinem Geheimnis gewußt. Jetzt, wo er nach der Erlösung sucht, bleibt ihm die letzte Gnade verwehrt. Geschlagen zieht er von dannen.

Auch Parzival war ja schon einmal beim Gralskönig gewesen. Doch seine Schuld war vergebbar. Er war unschuldig schuldig geworden, und so hat er noch einmal eine Chance, das Versäumte nachzuholen.

Malory läßt seinen Triumph etwas zu kurz kommen. Für ihn, der sich auf die Vulgata stützt, steht Galahad im Mittelpunkt. Er ist der Auserwählte, schon von Geburt an, und so wird ihm denn nun auch die höchste Gnade zuteil.

Symbolisch ist bereits angedeutet worden, worin diese Gnade besteht: der Priester, der vor dem Gral die Arme erhob, hielt *ihn* in den Händen. Seine beiden Gefährten waren jene, die mit ihm erschienen.

Sie haben also den Gral erreicht und werden vom König, Pelles, empfangen. Er führt sie in den Raum, in dem der Gral aufbewahrt wird, und als sie sich setzen, um das Abendmahl zu empfangen, erscheint der, dem ihre eigentliche Aufmerksamkeit gilt:

»Als sie da saßen, wurde ein Bett hereingetragen; vier edle Frauen trugen es. Und in diesem Bett lag ein kranker Mann, der eine goldene Krone trug. Sie stellten das Bett in der Mitte des Raumes ab; dann verschwanden sie.«[127]

Kaum sind sie gegangen, da taucht eine neue Erscheinung auf: Vier Engel schweben herab; sie tragen einen Stuhl, auf dem ein Mann sitzt, der wie ein Bischof gekleidet ist. Vor dem Heiligtum setzen sie ihn ab.

Er sagt, daß er Joseph sei, »der erste Bischof der Christenheit, jener, dem Unser Herr an dem heiligen Ort Sarras beistand«.

Worauf die drei Ritter arg verwundert sind: denn ist jener Joseph von Arimathia nicht schon dreihundert Jahre tot?

Aber das ist nicht das einzige Wunder, das die drei an diesem Tag erleben. Als nächstes geht die Tür auf, und wieder kommen vier Engel herein: zwei tragen eine Kerze, ein dritter ein Tuch und der vierte eine Lanze, »die auf seltsame Weise blutete.« Sie stellen die Kerzen neben dem Gralsgefäß ab, legen das Tuch darüber und darauf die Lanze.

Da beginnt Joseph, der Bischof, das heilige Sakrament zu zelebrieren:

»Er nahm eine Oblate und hielt sie hoch. Und als er das tat, erschien eine Gestalt in der Form eines Kindes; das Gesicht war rot und so hell wie Feuer, und es bohrte sich in die Opfergabe, so daß sie alle sehen konnten, daß das Brot aus menschlichem Fleisch entstand. Und dann tat er es zurück in das heilige Gefäß …«[128]

Worauf sich der Bischof zurückzieht und einem anderen die eigentliche Abendmahlshandlung überläßt:

»Während sie dort saßen, sahen sie, wie ein Mann dem heiligen Gefäß entstieg; er trug die Zeichen des Leidens Christi, denn er blutete aus offenen Wunden. Und er sagte: ‚Meine Ritter, meine Diener, meine lieben Kinder, die ihr aus erbärmlichem Alltag zu göttlichem Leben gefunden habt, ich will mich nicht mehr länger vor euch verbergen, denn ihr sollt nun das Geheimnis meines Wesens erfahren: so empfanget denn die hohe Gabe, nach der ihr so sehr gesucht habt.‘«[129]

Mit diesen Worten opferte er sich selbst, wiederholte die Handlung, die doch noch niemandem zuvor zuteil geworden war:

»Dann nahm er das heilige Gefäß und ging zu Galahad, der niederkniete und so seinen Erlöser empfing und mit ihm seine beiden Begleiter; und es erschien ihnen von einer solchen Süße, daß man es schwerlich beschreiben kann.«[130]

Und der Herr sprach: »Dies ist der heilige Teller, von dem ich das Lamm am Gründonnerstag aß. Und nun habt ihr ge-

sehen, was zu sehen euer höchster Wunsch gewesen ist.«
Doch er fügte hinzu: »Noch habt ihr nicht das Höchste gesehen, so wie ihr es in der heiligen Stadt Sarras erfahren werdet.« Und er trug ihnen auf, das heilige Gefäß, den Gral, zu
nehmen und sich nach Sarras aufzumachen, »denn dieses
Land ist nicht würdig, daß er länger hier verweilt«. Womit er
diese Welt und insbesondere das Reich »Logris«, über das
Artus gebietet, meint.

Zuvor aber solle Galahad das Blut der Lanze nehmen und
damit den »Verstümmelten König« heilen.

Als er das gesagt hatte, verschwand er, wie er gekommen
war, und die drei Ritter machten sich auf, seine Gebote zu
befolgen. Galahad nahm die Lanze, berührte das Blut mit
seinen Fingern, und dann ging er zu dem Kranken im Bett
und salbte damit seinen Körper. Und siehe da, das Wunder-
mittel wirkte!

»Sogleich richtete er sich auf, zog sich an und stieg aus dem
Bett, wie ein Gesunder, und dankte Unserem Herrn, daß er
ihn geheilt hatte.«[131]

Er nahm die Kutte eines Mönches und lebte fortan als »heiliger Mann«.

Galahad und seine beiden Begleiter machten sich auf, Sarras, das endgültige Ziel, zu erreichen. Drei Tage ritten sie,
dann fanden sie ein Schiff, das sie zu der heiligen Stadt
brachte.

Dort werden sie jedoch keineswegs freundlich empfangen.
Vielmehr läßt sie Estorause, der Tyrann, der über die Stadt
herrscht, ins Gefängnis werfen, wo sie jedoch durch den
Gral vor dem Hungertod bewahrt werden.

Schließlich stirbt der Tyrann, und Galahad wird – auf Anweisung einer Stimme, die zum Stadtrat spricht – zum Nachfolger bestimmt. Er baut einen Schrein, aus Gold und Edel-
steinen, um darin die Reliquie aufzubewahren, und wartet,
daß sich sein Schicksal, das – wie er weiß – nicht von dieser
Welt ist, erfüllt.

Und wahrlich: kaum, daß er ein Jahr regiert, erscheint jener Bischof, der sich als Joseph ausgegeben, ein zweites Mal.
Er zelebriert von neuem das Abendmahl und erklärt ihm,
daß er mit seiner Tugend und Treue sein, Joseph von Arimathias Ebenbild sei. Womit sich der Kreis geschlossen hat:

»Und als er diese Worte gesagt hatte, ging Galahad zu Parzival und küßte ihn und empfahl ihn Gott; und dann ging er
zu Bors und küßte ihn, empfahl ihn Gott und sagte: ‚Edler

Ritter, grüßt mir meinen Herrn, Sir Lanzelot, meinen Vater, und wenn Ihr ihn seht, erinnert ihn an diese unbeständige Welt.'«[132]

Er wußte wohl, was seinem Vater drohte, und wenn er es auch nicht erkannte, so starb er letztlich für ihn:

»Und dann kniete er vor dem Schrein nieder und betete, und plötzlich verließ ihn seine Seele, und eine Schar Engel kam hernieder, hob sie auf und trug sie zum Himmel; ganz deutlich sahen es die beiden Ritter. Auch sahen sie eine Hand, die vom Himmel kam; aber keinen Körper. Und die Hand langte nach dem Gefäß, nahm es und die Lanze und verschwand damit im Himmel.«[133]

So geschah es, daß ein zweiter Heiland für die Menschheit starb, und »niemand hat seitdem mehr den Gral gesehen«.

Parzival zog sich in eine Klause vor der Stadt zurück und führte das Leben eines Einsiedlers. Bors, der treue Gefährte, blieb bei ihm: doch als Parzival starb, wollte er nicht mehr länger in der Fremde verweilen, und so kehrte er – als einziger, der das Abenteuer der Gralssuche überlebte und in seinem Unterfangen triumphierte – nach Camelot zurück.

Eschenbach wäre mit dieser Lösung keineswegs einverstanden gewesen, und so ist sein Ende der Gralsgeschichte ein wenig anders. Galahad spielt bei ihm keine Rolle (als er seinen *Parzival* schrieb, war der fromme Ritter, den die Mönche in Frankreich ausbrüteten, noch gar nicht geboren), und so gebührt dem »ewigen Tor«, der letztlich doch seine Torheit überwindet, der eigentliche Sieg.

Es beginnt damit, daß Kundrie den geläuterten Helden aufsucht und ihm verkündet, daß er durch ein Zeichen, das auf dem Gral erschien, zum Nachfolger von Anfortas bestimmt sei:

♣ Parcival *12*

Federzeichnung aus der Romantik.

> »Zuo Parzivale sprach si do:
> ,Nu wis kiusche unt da bi vro.
> Wol dich des hohen teiles,
> du crone menschen heiles!
> Daz epitafjum ist gelesen:
> du solt des grales herre wesen.
> Condwir amurs daz wip din
> und din sun Loherangrin
> sint beidiu mit dir dar benant.'«[134]

Was der Held nicht weiß: als er Brobarz, sein Königreich, verließ, gebar ihm Condwiramur, sein Weib, zwei Söhne – Lohengrin und Kardeis. Lohengrin wird mit ihm das Erbe der Gralsburg antreten, Kardeis den Thron von Brobarz besteigen.

Kundrie, die Zauberin, die ihn anfangs schalt, doch nun – nach seiner Bekehrung – ehrt, erbietet sich, ihn und seinen Bruder Feirefis, der allein ihn begleiten darf, zur Gralsburg zu führen.

Sie brechen sogleich auf und erreichen auch bald, ohne daß sich ihnen noch ein Hindernis in den Weg stellt, die Gralsburg.

Mittlerweile erduldet Anfortas höchste Qualen: er bittet darum, daß man ihn sterben läßt. Wenn er doch nur nicht immer im Angesicht des Grals verweilen müßte: eine Woche nur, ohne das Heiligtum zu sehen, und all seine Qualen hätten ein Ende! Doch die Gralsdiener erbarmen sich nicht, immer wieder zerren sie ihn vor den Lebensspender. Denn wie der Gral sein Leben erhält, obwohl er dessen längst überdrüssig ist, so ist Anfortas andererseits auch, indem er den Gral behütet, der Garant dafür, daß die Gnade Gottes nicht gänzlich von ihnen genommen wird. Wie der Dichter, nicht ohne Humor, schreibt:

>»Der künec sich dicke des bewac,
>daz er blinzender ougen pflac
>etswenne gein vier tagen.
>So wart er zuome grale getragen,
>ez waere im lieb oder leit:
>so twang in des diu siechheit,
>daz er diu ougen uf swanc:
>so muose er ane sinen danc
>leben und niht ersterben.«[135]

Manchmal hielt der König vier Tage lang die Augen geschlossen und stellte sich tot. Umsonst: man trug ihn vor den Gral, und da die Schmerzen ihn so sehr plagten, schlug er schließlich doch die Augen auf, und all seine List war umsonst.

Er hatte also wirklich keine Freude, der Könige König zu sein, und es war wahrlich an der Zeit, daß der Erlöser erschien und die Frage stellte, die allein ihn retten konnte. Und so geschah es denn auch:

»Sin venje er viel des endes dar
dristunt ze ern der Trinitat:
er warp daz müese werden rat
des trurgen mannes herzeser.
Er rihte sich uf und sprach do mer:
‚Oeheim, waz wirret dir?‘
Der durch sant Silvestern einen stier
von tode lebendec dan hiez gen
unt der Lazarum bat uf sten,
der selbe half daz Anfortas
wart gesunt unt wol genas.«[136]

Parzival warf sich vor dem Gral auf die Knie und betete,
daß dem Leidgeprüften Gnade widerfahren möge. Und dann
steht er auf und stellt die Frage: »Oheim, was fehlt dir?« Der,
der einst einen Stier geheilt und Lazarus vom Tode erweckte,
erbarmte sich nun, Anfortas, den Gralskönig, von seinen
Wunden zu heilen. Doch wenngleich ihm auch Genesung gewährt, seine Würde als Gralshüter hatte er verwirkt:

»Da ergienc do dehein ander wal,
wan die diu schrift ame gral
hete ze herren in benant:
Parzival wart schiere bekant
ze künige unt ze herren da.«[137]

Es gab keine andere Wahl, die heilige Schrift hatte es verkündet: Parzival heißt der neue König!
    Doch noch ist sein Glück nicht erfüllt: nicht nur Gott – und
der Welt – dienen, auch dem Menschen seinen Wunsch erfüllen, das ist die Botschaft, die Eschenbach den frommen
Kirchenbrüdern entgegenhält.
    Und so macht sich denn Parzival auf, kaum daß er die Wür-
de des Grals übernommen, Condwiramur zu suchen, um gemeinsam mit ihr seine Herrschaft anzutreten. Er trifft sie in
einem Wald, wo sie, die von seinem Glück erfahren und ihm
entgegengeeilt ist, zur Nacht ein Lager aufgeschlagen hat.
Kyot, ihr treuer Begleiter, empfängt seinen Herrn im Morgengrauen und führt ihn sogleich zur Königin:

»Kyot uf daz declachen sluoc,
er bat die küngin wachen
unt vroeliche lachen.

Si blicte uf und sach ir man.
Si hete niht wan daz hemde an:
umb sich si daz deckelachen swanc
vürz bette uf den teppich spranc
Cundwir amurs diu lieht gemal.
Ouch umbevienc si Parzival:
man sagte mir, sie kusten sich.«[138]

»Man sagte mir, sie küßten sich«: mit dieser Szene hat Eschenbach zweifellos den Höhepunkt seines Werkes geschaffen. Der Gral bleibt immer entrückt, das hohe Ziel, dem es zu folgen gilt: doch er blendet nicht, läßt den Menschen Mensch bleiben. Und wie Parzival über der Ehre, die ihm zuteil wurde, das Irdische, angeblich Niedere nicht vergißt, so ist auch Condwiramur bereit, ihm zu vergeben, daß er von ihr geritten, sie um des Höheren willen verlassen. Ist er nicht zurückgekehrt?

»Si sprach: ,Mir hat gelücke dich
gesendet, herzen vröude min.'
Si bat in willekomen sin:
,Nu solte ich zürnen: ichne mac.
Gert si diu wile unt dirre tac,
der mir braht disen umbevanc,
da von min truren wirdet cranc.
Ich han nu des min herze gert:
sorge ist an mir vil ungewert.'«[139]

»Gepriesen sei der Tag, der mir diese Umarmung schenkt und mich von aller Trauer befreit!« Damit endet die Geschichte; was folgt, ist die Rückkehr zur Gralsburg, der Empfang der Königin und ein Fest zu Ehren des neuen Herrscherpaares.

Eine wundersame Quelle

Glastonbury ist ein kleines Städtchen, das im Herzen von Somerset liegt. Man erreicht es von Bristol aus mit dem Bus in etwa zwei Stunden.

Offen gestanden, ich war nicht sicher, was mich erwartete. Es war die letzte Station meiner Reise durch das Artusland, und ich glaubte, daß es so etwas wie ein Höhepunkt sei. Immerhin, so hieß es, läge hier das geheimnisvolle Avalon.

Nicht nur Avalon, auch Carbonek oder Munsalväsche sei hier zu finden. Ein heiliger Ort, der gleich nach Mekka kommt.

Wie es sich für einen zünftigen Pilger gehört, kehrte ich in einer Herberge ein, die sich »George and Pilgrims« nannte. Es ist ein kleines, zinnenbewehrtes Haus, mit gotischen Fenstern und einem Wappenfries über dem Eingang. Könige und Herzöge sollen hier abgestiegen sein; gegründet wurde die ehrwürdige Herberge im 14. Jahrhundert.

Ich hielt es nur eine Nacht in dieser Pilgerstätte aus, denn obwohl es tatsächlich eine Art Museum war, mit winkligen Treppen, kleinen Kammern und baldachinbestückten Betten, erhob man einen Obolus, der eher einem König als einem Pilger angemessen war. Zum Glück gab es in der Nähe eine Herberge, die auch für den Gemeinen erschwinglich war.

Es gibt zwei Sehenswürdigkeiten in Glastonbury: die Abtei und den Hügel Tor. Die Abtei gilt als die älteste Kirchenstätte Englands; sie war es, die Joseph von Arimathia gründete, als er im ersten Jahrhundert nach England kam.

Die Legende sagt, daß er sich an einem Ort niederließ, der »Wearyall Hill« heißt. Wie der Name verrät, war er so erschöpft, daß er diesen Hügel wählte, um sich auszuruhen. Er stieß seinen Wanderstab in die Erde – und siehe da: er verwandelte sich in einen Dornenbusch!

Dies als göttliches Zeichen nehmend, erbaute er am Fuße des Hügels eine Kirche aus Lehm und Stroh, die den Grundstein für die spätere Abtei bildete. Sie hatte ihre Glanzzeit im späten Mittelalter, wo sie eines der mächtigsten Klöster des Landes war. Erst unter Heinrich VIII., der sich vom Papst lossagte, wurde sie aufgelöst. Seitdem steht sie in Ruinen.

Auch heute noch ist die Kirche ein imposanter Bau, obgleich nur noch Reste des Chors und einer Kapelle erhalten sind. Man fühlt sich, wenn man im Schatten der himmelragenden Säulen steht, in die Zeit von Thomas Becket versetzt, der allerdings am Anfang und nicht am Ende des eigentlichen katholischen Glaubens in England steht.

An König Artus erinnert in der Abtei eigentlich nichts, außer einem Schild, auf das wir noch zu sprechen kommen. So hielt ich mich denn zunächst auch nicht länger in dem parkartigen Gelände auf, in dem die Ruinen des Klosters liegen, sondern machte mich auf den Weg zum Tor. Nichts Geringeres hoffte ich dort zu finden als die Burg des Grals. Freilich würde auch sie nur noch in Resten vorhanden sein, aber irgendwelche Spuren, die mußte es doch noch geben!

So ganz einfältig war diese Vorstellung nicht, wie wir noch sehen werden. Immerhin sollte es hier eine Quelle geben, die wieder zu sprudeln begann, als Parzival die ersehnte Frage stellte und damit nicht nur den Verstümmelten König heilte, sondern auch dem Land, das während der Krankheit des Königs unter Dürre und Not gelitten hatte, seine ursprüngliche Fruchtbarkeit zurückgab.

Ich war also ein wenig auf den Traum von der Gralssuche eingestimmt, als ich mich dem sogenannten Chalice Well näherte. Auch er hat seinen Namen von jener Legende, die sich auf Joseph von Arimathia bezieht: es heißt, daß er den Kelch, aus dem Christus bei seinem letzten Abendmahl trank, als Reliquie mit nach England brachte; und das Blut, das er darin sammelte, als er den Leichnam des Herrn vor der Grablegung wusch, sei jenes lebenspendende Naß, das der Quelle entsprudele.

Es war alles ein wenig esoterisch, was mich in Glastonbury umgab (wie ja der Ort überhaupt ein Zentrum okkulter Lehren ist), und als ich durch die Straßen des Städtchens ging, hielt mich nur der Lärm der Autos davon ab, es den edlen Rittern nachzutun und mich auf dem Altar des Grals zu opfern.

Die Quelle liegt in einem lieblichen Seitental, zu Füßen des Tor. Es ist eigentlich ein Garten, mit Blumen und Bäumen, und wenn man wie ich das Glück hat, im Frühling diesen Ort zu besuchen, dann mutet einen das Ganze wie ein Stück Paradies an. Die Quelle selbst ist eher profan. Zwar ist der Deckel, der den Brunnen verschließt, mit einem magischen Zeichen geschmückt, das aus zwei einander schneidenden Kreisen besteht, die das Prinzip des Dualismus, Mann und Frau, Gut und Böse, Tag und Nacht, symbolisieren; aber wenn man den Deckel hebt, so entdeckt man in der Quelle eigentlich nur ein Wasserrohr mit einem Zähler. Das Rohr führt zu einem Löwenkopf, der unterhalb der Quelle den eigentlichen Brunnen bildet, denn hier tritt das Wasser aus der Erde und plätschert in ein Becken, das – so sagt die Überlieferung – einst zu Heilzwecken diente. Das Wasser hat eine konstante Temperatur, einen hohen Eisengehalt und angeblich niemals, soweit man sich erinnern kann, seinen Fluß aufgegeben. Was allerdings im Gegensatz zur Legende steht, denn da wird ja ausdrücklich gesagt, daß die Krankheit des Gralshüters das ganze Land verdorren ließ und erst seine Heilung Quellen und Flüsse wieder zum Sprudeln brachte.

Wie auch immer, obwohl die Technik der Anlage ein wenig prosaisch ist, so hat man doch das Gefühl, wenn man zwischen den Blumen und Bäumen an der Quelle verweilt, daß dies ein Garten Eden ist. Und dies ist es, was die Suche nach dem Gral ausmachte: es ging ja nicht nur darum, das Heil in einer *anderen* Welt zu erlangen. *Hier* und im *Diesseits* suchte Parzival das Glück, und so wie dieser Garten mochte letztlich auch jenes Paradies beschaffen gewesen sein, das er fand.

Doch der Brunnen des Kelches war nur ein Markstein auf dem Wege zum Allerheiligsten. Die Gralsburg thronte über ihm, und welches Geheimnis würde man erst dort finden?

Man ist versucht, daran zu denken, daß es sich um etwas wie ein verwunschenes Schloß handelt. Wie aus einem Märchen, sagen wir *Dornröschen*. Alles schläft in einer verwunschenen Welt, und plötzlich kommt der Ritter und erweckt alles zu neuem Leben.

Wenn ich gedacht hatte – auch wenn ich es besser wußte –, daß ich nun einen Dornenwall beiseite schieben mußte, um einen Blick auf das verzauberte Schloß zu erhaschen, so wurde ich bitter enttäuscht: der Tor ist nur ein grasbedeckter Hügel, und nichts deutet darauf hin, daß hier jemals ein Schloß oder auch nur eine Burg gestanden hat.

Am Eingang, das heißt am Zugang zum Heiligtum, weist eine Tafel darauf hin, daß hier bereits in prähistorischer Zeit eine Siedlung bestanden habe (und das kann natürlich sehr wohl eine Festung gewesen sein). Später habe man dann eine Kirche auf dem Hügel errichtet; ein Erdbeben habe sie zerstört. Der Turm, den man heute sehe, stamme von einem zweiten Bau.

Es ist also auch ein Heiligtum, und sicher war es dies nicht nur in christlicher Zeit. In Verbindung mit der Quelle war es wohl seit urdenklichen Zeiten eine Pilgerstätte, ein Schrein, der das Land in weitem Umkreis überragte und wenn nicht eine Burg der Menschen, so doch der Götter war.

Ich erklomm den Hügel, ein steiler Weg, und ich dachte: Na, wenigstens etwas! Keine Wüste, keine Dornen, keine wilden Tiere, keine Hexen, keine Feen – aber dieser Anstieg, man kam ein wenig außer Puste, und so habe ich mir den Gral doch nicht nur im Lehnstuhl erkämpft.

Es war natürlich auch auf dem Gipfel des Hügels ernüchternd: ein weiter Blick, über ein flaches Land, das einmal Sumpf, ja, ein See gewesen war. Avalon. Hier hatte es einst gelegen: eine Insel und ein See. Nun ja, es war lange her, und ich mußte mich gewaltig anstrengen, um irgendwo eine Spur von König Artus zu entdecken.

Der Lärm der Stadt reichte bis hierher nicht hinauf. Aber es war alles kahl, leer, ohne Geheimnis, ohne die Mystik des Verborgenen. Die Geschichte hatte alles mit einem Schleier des Magischen umgeben, und dies war das genaue Gegenteil: klar die Linien, alles offen und greifbar. Ein Abbild unserer Welt, die es verlernt hat, nach dem Geheimnis zu suchen.

Es war Carbonek, Munsalväsche, und es war es doch nicht. Ein Turm, der in den Himmel ragte. Aber kein Tempel. Keine Halle, keine Menschen, die sie füllten. Nicht einmal Geister. Der Gral blieb verschwunden; er zeigte sich mir nicht. Es war wohl doch so, daß er mit Galahad die Welt verlassen hatte und nun dort verweilt, wo wir ihn niemals mehr erlangen würden …

Die Suche nach dem Gral ist so alt wie die Menschheit. Bereits in Höhlenzeichnungen finden wir Andeutungen, die darauf schließen lassen, daß ein heiliges Gefäß besondere Verehrung genoß. Bei den Ariern, die nach Indien einwanderten, war es Indra, der aus göttlichem Gefäß die lebenspendende Kraft, *soma*, schöpfte. Er auch brachte dem Land, das zuvor kahl und ungastlich gewesen war, Fruchtbarkeit und Fülle; das Mittel, dessen er sich bediente, war ein

Speer – nicht anders als bei der Heilung des Gralskönigs, die mittels einer Lanze erfolgte, die das Blut Christi vergoß und ihm wie auch seinem Reich Genesung brachte.

Bei den Griechen finden wir die Vorstellung, daß die Welt, der Geist des Menschen und das Universum, in einem Krater, einem Gefäß, in dem die Götter die Säfte des Lebens mischten, entstand. Und bei den Kelten war es ein großer Kessel, aus dem der Mensch geboren wurde. Er schöpfte Nahrung und Erleuchtung; der Kessel war ein Symbol unerschöpflicher Schöpfung.

Die *christliche* Legende wurde nur mit dem heidnischen Motiv verknüpft: jetzt war es das Blut Christi, welches das Leben spendete, und der Gral der Kelch, mit dem man es aufgefangen. Doch war es tatsächlich ein Kelch, der Gral, die Macht, mit der man Menschen heilte? Malory läßt daran keinen Zweifel, und er stützt sich auf die Vulgata. Doch das war nur die eine Tradition der Gralsgeschichte; die andere überliefert das Wesen des Grals so:

»Doch soll ich Kunde geben,
wovon die Helden leben,
so sag ich Euch: sie speist ein Stein
von einer Art so hehr und rein,
die man, wenn Ihr sie noch nicht kennt,
Lapis electrix benennt.
Er ist es, der das Wunder tut,
stürzt sich der Phönix in die Glut
und hebt sich aus der Asche wieder;
in Flammen mausernd sein Gefieder
strahlt er verjüngt so schön als eh'.
Auch wurde keinem Mann so weh,
kommt dieser Stein ihm zu Gesicht,
stirbt er die nächste Woche nicht,
und von dem Tag an altert er
in Farb und Antlitz nimmermehr.
Ein jeder blüht, sei's Mann, sei's Maid,
wie in des Lebens bester Zeit,
mag er zweihundert Jahr ihn schaun,
nur daß die Locken ihm ergraun.
So gibt dem Menschen dieser Stein
die Kraft, daß er von Fleisch und Bein
jung bleibt trotz der Jahre Zahl,
und dieser Stein heißt auch der Gral.«[140]

So sprach Trevrizent zu Parzival, und Eschenbach geht seine eigenen Wege.

Für ihn ist der Gral ein heiliger Stein; allerdings ist die oben zitierte Übertragung nicht ganz zutreffend. Denn Eschenbach schreibt:

»Er heizet lapsit exillis.«[141]

Was sich mit »fenis« – Phönix – reimen soll. Aber das ist wahrscheinlich nicht der eigentliche Grund, weshalb er dem Stein diesen Namen gibt. Denn hinter »lapsit exillis« verbirgt sich nichts anderes als *lapis exilis,* und das ist auf den ersten Blick eher das Gegenteil von dem, was man erwarten würde: lapis exilis heißt soviel wie »kümmerlicher« oder »kraftloser Stein«. Das ist nun wirklich nicht das, was den Gral – in der herkömmlichen Vorstellung – ausmacht.

Aber Eschenbach hatte seinen besonderen Grund, das, was er Gral nennt, mit diesem Namen zu belegen. Denn was war seine Absicht? Was sollte Parzival – und damit der Leser – lernen? Er sollte Ergebenheit, Demut pflegen: das war der Sinn der Gralssuche! Und damit war der Gral als kleiner, kümmerlicher Stein nur ein Abbild dieser Suche, ein Symbol der Erniedrigung, das den Menschen zur Selbstbescheidung anhalten sollte.

Eschenbach hat allerdings dieses Bild nicht selbst entworfen. Es scheint, daß er sich auf ein Werk stützte, das zu seiner Zeit weitverbreitet war und zu jenem anderen großen Sagenkreis gehörte, der sich um Alexander den Großen gebildet hatte. In der sogenannten Reise Alexanders zum Paradies ist die Rede von einem Stein, der als »exilis« bezeichnet wird und nicht größer als ein Auge war. Dieser Stein war die Botschaft, die man Alexander, als er sich dem Paradies näherte, überbrachte: sie besagte, daß er Demut pflegen und nicht nach weltlichem Ruhm streben sollte.

Es ist also ein deutlicher Gegensatz zwischen den beiden Vorstellungen vom Gral festzustellen: zum einen der Gral als Symbol der Fülle und Macht, zum andern ein Mittel, um Bescheidenheit und Selbstüberwindung zu erreichen. In jedem Falle aber ist der Gral eine Richtschnur menschlichen Handelns: nur der wird seiner Gnade teilhaftig, der sich ihm durch Läuterung und Tugend würdig erweist.

Wir sagten bereits, daß die Suche nach dem Gral in gewisser Weise eine Folge der Kreuzzüge war. Insofern nämlich,

als die Enttäuschungen der Kreuzzüge zu einer neuen Heils-
suche führten. War das Paradies – und die Erlösung – im
Osten verwehrt, so verlagerte man es nicht nur in einen anderen Teil der Welt: man verlegte es eigentlich *jenseits* der
Grenzen des Irdischen. Jeder konnte nun danach streben,
und es war allein die Beschaffenheit jedes einzelnen, die darüber entschied, ob er sein Ziel auch tatsächlich erreichte.

Dennoch war das Entstehen der Gralslegende, in der
Form, wie sie sich durchsetzte, nicht nur eine Äußerung des
Christentums. War der Gral, also das Symbol, das zum Kern
der neuen Heilslehre wurde, schon kein christliches Element, denn einem heidnischen Substrat wurde nur eine
christliche Bedeutung auferlegt, so zeigt auch die Ausgestal-
tung der Legende – sowohl was die eigentliche Handlung als
auch die Akteure betrifft –, daß hier eine Tradition zugrunde
liegt, die *außerhalb* des Christentums zu suchen ist.

So finden wir in Wales die Überlieferung von einem Gott
namens *Bran,* der zugleich ein Kulturheroe war. Man
schreibt ihm die Einführung des Christentums zu; was ihn jedoch besonders erwähnenswert macht, ist die Tatsache, daß
er eine starke Parallele zum Verstümmelten König, also dem
Gralshüter, aufweist. Er wacht über ein Füllhorn, *corn* genannt, und wurde von einer Lanze durchbohrt, die ihn in
ähnlicher Weise verletzte wie den Gralskönig.

Nicht nur taucht Bran – in der Form von *Bron,* der ein
Schwager des Joseph von Arimathia war und dessen Nachfolge antrat – in der (christianisierten) Gralsgeschichte auf,
das Füllhorn Corn, das er über sein Reich ausschüttet, ist
auch der Ausgangspunkt für die eucharistische Komponente
in der Gralslegende. Und nicht nur dies: auch der Ort, wo das
Wunder geschieht, ist nach dem Füllhorn des Bran benannt.
Roger Loomis, der dem Ursprung der Gralslegende nachgegangen ist, schreibt:

»Bran war im Besitz eines wundertätigen Füllhorns, und
das walisische Wort *corn* verwandelte sich bei der Übersetzung ins Französische in *cors;* und dies wurde als der ‚Körper‘ des Herrn, Corpus Christi, die wundertätige Hostie, gedeutet. Daher die seltsame Verbindung des Grals mit dem
Abendmahl; daher auch der Name der Gralsburg im französischen Vulgata-Zyklus, Corbenic, ein Schreibfehler für *cor
benoit,* ‚gesegnetes Horn‘.«[142]

Aber nicht nur in Wales, auch in Irland finden wir Vorläufer der Gralsgeschichte. So gibt es dort einen Hinweis auf

einen Prototyp des Parzival: in einer Saga, die aus dem 8. Jahrhundert stammt, wird von den *Jugendlichen Abenteuern des Finn* berichtet. Nach dem Tode seines Vaters wird er von zwei Frauen in der Wildnis aufgezogen. Doch ähnlich wie Parzival zieht es ihn an den Hof eines Königs, wo er das Handwerk eines Kriegers erlernt. Schließlich führt ihn sein Weg in eine verlassene Gegend, wo er seinen Onkel trifft, dem er seine Geschichte erzählt. Hier finden wir das Urbild von Trevrizent, und was den jungen Finn betrifft, so taucht er unter anderem Namen auch in Wales auf: hier heißt er Peredur, woraus schließlich *Perceval* (bei Chrétien) und endlich *Parzival* (bei Eschenbach) entstand.

Auch Kundrie, die schmucke Hexe, weist auf ein irisches Vorbild. König Conn, so heißt es in einer anderen Saga, besuchte einst den Sitz des Gottes Lugh. Es war ein prächtiges Schloß, und der König wurde reich bewirtet. Eine Frau, die eine Krone trug, bediente ihn; sie war die Hausherrin. Später verschwand der Gott und mit ihm sein Schloß.

Erinnert dies an eine Fortsetzung beziehungsweise Ergänzung der Geschichte des jungen Finn oder Parzival, so findet dies seine Bestätigung darin, daß die besagte Schloßherrin auch in anderen Sagas auftaucht, und das nun in der Gestalt einer Hexe, also in der Form, wie Kundrie Parzival verflucht. Was weder Chrétien noch Eschenbach erklären: die, die den Gral trägt, ist zugleich auch die, die sich für die Heilung ihres Mannes (und die Gesundung des Reiches) einsetzt. Deshalb ist sie so ungehalten, und daß sie sich verkleidet, von einer schönen Fee in eine alte Hexe verwandelt, soll ihn nur noch mehr schrecken. Vielleicht aber ist es auch ein Zeichen, daß nicht nur der König, der Hüter des Grals, sondern auch seine Priesterin unter dem Fluch leidet, den Parzival zu bannen versäumte.

Der Gral, der König, Parzival – sie alle sind Ausdruck einer heidnischen Tradition. Anders verhält es sich mit Galahad. Wir sagten bereits, daß diese Gestalt von den Zisterziensern eingeführt wurde, um ein Pendant zu Lanzelot, dem allzu irdischen Ritter, zu schaffen. Sie bedienten sich dabei des biblischen Namens Galaad, was soviel wie »angehäuftes Zeugnis« bedeutet. Damit waren die Prophezeiungen gemeint, die die Ankunft Christi, des Erlösers, ankündigten. Galaad beziehungsweise Galahad hatte also zu Recht seinen Namen verdient.

Ein größeres Rätsel ist Joseph von Arimathia. Er wird zwar

in der Bibel erwähnt als derjenige, der den Körper Jesu vom Kreuz nahm und in das Grab legte, doch von seinen angeblichen missionarischen Aktivitäten ist nicht die Rede. Dazu finden wir erstmals etwas in den sogenannten Fortsetzungen des unvollendeten Parzival-Werkes von Chrétien. Da heißt es, daß sich Joseph mit einer Gefolgschaft von Pilgern aufmachte, um die »Weiße Insel« zu suchen, womit Britannien gemeint war. Als sie dort ankamen, wurden sie von der einheimischen Bevölkerung bedrängt und gerieten in arge Not. Doch der Gral, der Kelch des Herrn, den Joseph mitführte, bewahrte sie davor zu verhungern. Und so konnten sie sich in dem fremden Land behaupten, errichteten der Reliquie einen Schrein und vererbten die Sorge um das Heiligtum den Nachkommen Josephs, der in der Fremde begraben wurde.

Als diese Geschichte geschrieben wurde, Ende des 12. Jahrhunderts, waren seit dem vermeintlichen Auszug Josephs (und seiner ersten Erwähnung) tausend Jahre vergangen, und es erhebt sich die Frage, wie der Kommentator, der das Werk Chrétiens ergänzte, zu seinen Aussagen kam. Diese Frage muß leider offenbleiben, auch wenn es erwiesen ist, daß es zwischenzeitlich weitere Berichte über Joseph gegeben hat, die jedoch – soweit sie uns bekannt sind – sich auf sein Leben in Palästina beschränken. Möglich, daß es bisher unbekannte Texte gibt oder gab, die auf seine vermeintliche Pilgerfahrt Bezug nehmen; doch ist es wahrscheinlicher, daß seine Verbindung mit dem Kelch und Blut und Leichnam des Herrn an die heidnischen Überlieferungen, die den Gral betreffen und von Irland über Wales in die Bretagne und damit nach Frankreich gelangten, erinnerte und deshalb sich geradezu anbot, mit der ursprünglichen Gralslegende verknüpft zu werden.

Festzuhalten ist, daß es kein gesichertes Indiz dafür gibt, daß Joseph von Arimathia, der eine historische Persönlichkeit ist, jemals in England war, geschweige denn Glastonbury, das als Ort der Gralsburg gilt, gegründet hat. Diese Legende muß einstweilen ins Reich der Fabeln verwiesen werden, wiewohl sie eine der am meisten verbreiteten der ganzen Artusgeschichte ist.

Glastonbury wird mit keinem Wort erwähnt: Weder in den Fortsetzungen des Chrétien-Werkes noch bei Robert de Boron, der die Arimathia-Geschichte mit der Bron-Überlieferung, die auf die Gestalt des Bran zurückgeht, verbindet, noch in der *Geschichte des Heiligen Grals*, die eine Art Einführung in den Vulgata-Zyklus bildet und zum eigentlichen Ausgangspunkt für die Gleichsetzung von *Corbenic* (wie die Gralsburg in der französischen Originalfassung heißt) oder Munsalväsche (was sich von *Montsalvage,* »Berg der Erlösung«, herleitet) und Glastonbury wurde. Denn obwohl in der *Geschichte des Grals* Joseph eine besondere Rolle bei der Christianisierung Britanniens zugewiesen wird (es wird nicht nur England, sondern auch Wales, Schottland und die Orkneys erwähnt) und die Reihe seiner Nachfolger bis in die Zeit des (historischen) Artus fortgesetzt wird, ist sein Wirken dennoch nicht auf einen bestimmten Ort festgelegt.

Die Gralsburg – als gotischer Dom gesehen.

Einen indirekten Hinweis gibt es lediglich im *Perlesvaus,* einer späteren, französischen Fassung der Parzivalsgeschichte. Hier wird nicht nur das Grab Joseph von Arimathias nach Britannien verlegt, es erscheint auch ein Hinweis auf jene Abtei, die Glastonbury berühmt machte. Worin natürlich die Erklärung liegt (und nicht etwa ein stichhaltiger Beweis für einen Aufenthalt Josephs an diesem Ort).

Man fragt sich, was die Geistlichen *selbst* in Glastonbury dachten, denn ihnen war die Legende, die Joseph zum Begründer ihres Glaubens in Britannien machte, natürlich bekannt. Zunächst einmal ist zu sagen, daß die Kirche ganz allgemein dem Aufwand, der um den Gral getrieben wurde, sehr skeptisch gegenüberstand. Der Gral war nicht nur ursprünglich ein heidnisches Symbol, es drohte auch seine Verehrung, die plötzlich im 13. Jahrhundert entstand, in einen ketzerischen Kult auszuarten. Besser, man nahm dazu gar keine Stellung, wenn man nicht sogar daran dachte, den neuen Kult auszumerzen.

Nun waren die Verehrung des Grals und die Einführung des Christentums in Britannien zwei verschiedene Dinge; wenigstens konnte man es so sehen. Und so hatte man sich denn in Glastonbury seine eigene Legende zurechtgelegt: niemand hatte das Christentum begründet, es war von selbst entstanden! Als die ersten Prediger nach Britannien kamen, fanden sie in Glastonbury bereits eine Kirche vor, die der Jungfrau Maria geweiht war. Sie war angeblich nicht von Menschenhand errichtet.

Damit gab man sich zunächst zufrieden. Später konzedierte man der Logik, daß der Erzengel Michael Sendboten ins Land geschickt hatte, die die Kirche erbauten. Aber dann kam die Geschichte mit Joseph auf: in allen Einzelheiten schilderte sie, wie er Britannien für das Reich Gottes erwarb, und da Joseph von Arimathia immerhin eine historisch belegte Erscheinung war, der sich zudem durch seine Sorge um den Herrn verdient gemacht hatte, so sah man sich schließlich bemüßigt, das, was andere nur indirekt andeuteten, nun zur einzigen Wahrheit zu machen. Es wurde verkündet, daß Joseph der Anführer jener Prediger war, die auf Geheiß des Erzengels ins Land kamen. Man errichtete ihm zu Ehren eine Kapelle, suchte nach seinem Grab (auch wenn man es offensichtlich nicht fand) und würdigte ihn fortan als Schutzpatron des Klosters.

Damit war er sozusagen rehabilitiert; ja, er wurde eigentlich berühmter und bedeutender als jemals zuvor. Mit einem aber konnte man sich nicht anfreunden: Es wurde nie offiziell akzeptiert, daß Glastonbury zugleich auch der Sitz der Gralsburg sei. Was auf Grund des vorher Gesagten verständlich ist, aber hinsichtlich der tatsächlichen Entwicklung doch eher eine Selbsttäuschung war. Denn Joseph von Arimathia wurde nicht nur der Schutzpatron von Glastonbury, man pilgerte fortan auch zu seinem Schrein und wurde – von allerlei Wunden und Krankheiten geheilt. Wenn das nicht ein Zeichen des Grals ist!

Die Quelle des Kelches ist sein Symbol: hier hat der Gral bis heute seine Wirkung; und es ist nur eine Ironie, daß an diesem Ort, der zum Inbegriff des Göttlichen wurde, auch schon die Heiden, in keltischer Zeit, ihre Wunder erhofften.

Vierter Teil

Avalon

Die Jungfrau von Astolat

Da also die Suche nach dem Gral beendet war und alle Ritter, die am Leben geblieben waren, zur Tafelrunde zurückgekehrt waren, … war überall große Freude am Hof; besonders König Artus und Königin Guinevere waren froh, als sie die Heimkehrer begrüßten, und besonders herzlich empfingen der König und die Königin Sir Lanzelot und Bors, denn sie waren lange fortgewesen.«[1]

Malory schreibt an anderer Stelle, daß von den hundertfünfzig Rittern, die auszogen, weniger als die Hälfte zurückkehrte. Darunter war auch Gawain, der das Unternehmen angestiftet hatte, aber schon bald die Vergeblichkeit seines Bemühens hatte einsehen müssen.

Es herrschte also trotz der Freude eher eine gedämpfte Stimmung. Selbst Guinevere, die um Lanzelot gebangt hatte, konnte sich nicht so richtig freuen, denn – eingedenk des Schwurs, den er auf seiner Pilgerfahrt geleistet hatte – ging er ihr aus dem Weg.

Nichtsdestotrotz schreibt Malory:

»Dann, so ist dem Buch zu entnehmen, verfiel Sir Lanzelot wieder in seine alte Gewohnheit und vergaß das Versprechen, das er gegeben hatte. Denn wie es in dem Buch heißt, wäre er nicht immer mit seinen Gedanken bei der Königin gewesen, anstatt wie es schien, Gott ergeben zu sein, hätte es niemanden gegeben, der ihn auf der Suche nach dem Gral übertroffen hätte; aber immer hatte er an die Königin gedacht, und so liebten sie sich noch leidenschaftlicher als zuvor und trafen sich so häufig, daß es am Hof bald kein Geheimnis mehr war, und besonders Sir Agravain, der Bruder Gawains, redete darüber, denn er hatte ein loses Mundwerk.«[2]

Damit greift Malory vor; doch das Unheil warf seine Schatten voraus, noch ehe sich jemand dessen bewußt wurde.

Das Buch, von dem er spricht, ist jenes, dem er seine Weisheit verdankt: die Vulgata. Sie bildet ja die Grundlage seines

Werkes, und so ist Lanzelot eigentlich der Schlüssel für das Schicksal, das Artus ereilt.

Die Vulgata, wir entsinnen uns, besteht aus einem Zyklus von Werken, die alle um Lanzelot kreisen, auch wenn das Bezugsfeld König Artus ist, der nicht nur Kulisse, sondern zugleich auch Brennpunkt der Handlung ist. Das wird besonders im letzten Teil deutlich, der dann auch den bezeichnenden Titel *La Mort Artu* trägt.

Hier wird die Geschichte von der verbotenen Liebe zwischen der Königin und Lanzelot, die durch das Zwischenspiel der Gralssuche unterbrochen wurde, wiederaufgenommen und zu ihrem tragischen Abschluß geführt. Artus tritt insofern in den Mittelpunkt der Handlung, als er nun zum Opfer des Geschehens wird. Damit soll – zumindest in der Vulgata – weniger die Tragik seines Schicksals ausgedrückt werden als vielmehr die tragische Folge einer verbotenen Handlung: Lanzelot und Guinevere verstoßen gegen das Gesetz Gottes, nach dem die Welt geordnet ist, und so ist die Folge notwendigerweise die Zerstörung dieser Welt.

Insofern ist die Verknüpfung der Lanzelot-Gestalt mit der Legende um König Artus gar nicht so künstlich, wie man gemeinhin annimmt: *Daß* das Reich des Artus zerfällt, ist sozusagen der Beweis für die These der frommen Gottesbrüder. Sie brauchten sich nur dieser Tradition zu bedienen, die ja mit der Geschichte um Lanzelot ursprünglich nichts gemein hatte. Und indem sie auf diese Weise zwei verschiedene Geschichten miteinander verbanden, schufen sie ein Gesamtwerk, das nicht nur den Forderungen der Kirche (und der weltlichen Ordnung) genügte, sondern auch – durch seine Geschlossenheit – in den Rang eines Kunstwerkes aufrückte.

Chrétien brachte Lanzelot auf die Bühne. Die Tradition vom Niedergang des Artusreiches geht letztlich auf Geoffrey von Monmouth zurück, dessen »Geschichte« von Wace ins Französische übersetzt worden war. Malory nahm nun die Vulgata und verband sie mit einem anderen Werk, dem sogenannten *Stanzaic Morte Arthur*, einem Versepos in englischer Sprache, das seinerseits auf der Vulgata basiert, doch deren zuweilen weitschweifigen Text strafft und neue Akzente setzt. Mit diesen Vorlagen ausgerüstet, führte er seine Geschichte zum Höhepunkt.

Es begann, wie gesagt, mit dem Rückfall Lanzelots, der sich seiner Liebe zu Guinevere nicht erwehren kann. Dem war aber der Versuch vorausgegangen, seinem Schwur treu zu bleiben, was zu einer ernsten Verstimmung mit Guinevere führt. Sie stellt ihn zur Rede, schimpft ihn einen »gemeinen Lüstling« (weil er, um ihr fernzubleiben, mit anderen Damen des Hofes anbändelt) und verbannt ihn schließlich von Camelot, was ihn gar sehr kränkt. Doch Bors, dem er sich anvertraut, rät ihm, die Sache nicht so ernst zu nehmen:

»‚Edler Herr ..., ich gebe Euch den Rat, dieses Land nicht zu verlassen. Erinnert Euch, wie sehr man Euch verehrt; nennt man Euch nicht den edelsten Ritter der Welt? Ihr habt Größeres zu tun. Und Frauen pflegen in ihrem Eifer oft etwas zu sagen, was sie dann hinterher bereuen. Deshalb rate ich Euch, nehmt Euer Pferd und reitet zu der Einsiedelei hier in der Nähe von Windsor. Sie gehört einem Mann, der einst ein tapferer Ritter war; Sir Brastias ist sein Name. Dort verweilt, bis ich Euch Nachricht zukommen lasse, daß sich die Lage gebessert hat.‘«[3]

Lanzelot läßt sich überreden und findet in der Einsiedelei Unterschlupf. Und tatsächlich braucht er nicht lange zu warten: denn die frohe Botschaft, die er erhofft, trifft schon bald ein. Guinevere, in dem Versuch, sich nichts anmerken zu lassen, wiewohl sie innerlich manchen Kampf auszustehen hatte, lädt die Ritter der Tafelrunde zu einem Festmahl ein. Dabei geschieht es, daß einer der Gäste einen vergifteten Apfel ißt und stirbt.

Der Verdacht fällt auf sie, und niemand wagt es, für sie seine Stimme zu erheben. Auch Artus kann ihr nicht helfen: er ist der König, darf keine Partei ergreifen, und so scheint das Schicksal gesprochen zu haben. Nichts Geringeres winkt ihr, als am Schandpfahl verbrannt zu werden.

Es gibt nur eine Möglichkeit, dem Tod und der Schande zu entgehen: ein Ritter muß für ihre Ehre kämpfen. Denn sie ist unschuldig; der vergiftete Apfel war ein Racheakt, der Gawain treffen sollte, da er dem Täter ein Unrecht zugefügt hatte. Niemand findet sich; nur Bors ist bereit, nach gutem Zureden des Königs und in Erinnerung des Versprechens, das er Lanzelot gegeben, für die Königin einzutreten.

Der Tag für den Kampf wird bestimmt, und Bors eilt zu Lanzelot und erzählt ihm von dem Geschehen. Wie vorauszusehen, ist Lanzelot gleich Feuer und Flamme: dies ist die Chance, die Gunst der Königin zurückzugewinnen!

Und so geschieht es denn auch: Lanzelot tritt anstelle Bors den Kampf an und besiegt den Herausforderer, der ein Verwandter des Ermordeten ist. Guinevere sinkt vor ihm auf die Knie und bittet um Vergebung.

Aber damit ist ihre Prüfung noch nicht zu Ende, denn König Artus hält es für an der Zeit, wieder einmal ein Turnier zu veranstalten. Er und der König von Schottland stellen sich allen Herausforderern.

Das ist natürlich etwas für Herrn Lanzelot, obwohl er noch von dem Kampf um die Ehre der Königin verwundet ist. Er macht sich auf, um für den König zu streiten, und auf dem Weg zur Kampfstätte, die in Winchester ist, macht er in Astolat Station, einem kleinen Ort, über den ein alter Baron namens Sir Bernhard gebietet. Und dort geschieht etwas, das die Königin endgültig von allen Zweifeln befreien sollte. Auch wenn es zunächst eher einen anderen Anschein hatte.

Sir Bernhard hatte eine Tochter; Malory nennt sie »die Jungfrau von Astolat«. Sie war, wie Sir Bors später feststellte, »ein sehr hübsches Mädchen, wohlerzogen und nett anzusehen«. Lanzelot in seiner prächtigen Rüstung kam ihr wie ein Gott vor, und sie verliebt sich in ihn. Zum Zeichen ihrer Liebe schenkt sie ihm ein rotes Tuch, mit Perlen besetzt, das er sich an seinen Helm steckt. Er hat so etwas zwar noch nie getan – noch nicht einmal für die Königin, aber da er inkognito zu kämpfen gedenkt, glaubt er, daß ihm dadurch kein Unheil geschieht. Seinen Schild, an dem man ihn erkennen könnte, gibt er sozusagen als Gegengabe dem Mädchen zur Verwahrung.

Daß Lanzelot als Sieger aus dem Turnier hervorgeht – er hat vierzig der Tapfersten aus dem Sattel gehoben –, braucht kaum erwähnt zu werden. Bemerkenswerter ist schon, daß er auch diesmal verletzt wurde, und man bringt ihn in eine Klause, wo wiederum ein Einsiedler lebt, der sich diesmal jedoch auf Heilkräuter und Zaubertränke versteht. Trotzdem geht die Genesung nur langsam voran.

Mittlerweile machen sich die Ritter auf den Rückweg nach London (was für Malory eine Art Camelot ist, obwohl er dieses eigentlich nach Winchester verlegt); dabei trifft es sich, daß Gawain bei demselben Baron übernachtet, der auch Lanzelot Unterkunft gewährte. Natürlich fragt man, wie das Turnier verlaufen sei, und als Gawain erzählt, daß der Ritter mit dem tuchgeschmückten Helm das Rennen gemacht hat, ist die Jungfrau von Astolat außer sich vor Freude und zeigt Gawain den Schild, den sie für ihren Held aufbewahrt.

So erfährt Gawain, daß es Lanzelot war, der den Sieg errang (und das rote Tuch trug). Beides erzählt er natürlich brühwarm am Hofe des Königs, als er dort anlangt. Und damit ist die Königin natürlich wieder »außer sich vor Wut«.

Von alldem weiß Lanzelot nichts. Und natürlich auch nicht die Schöne von Astolat. Sie macht sich vielmehr auf, voller Sorge um den Verwundeten, und findet ihn schließlich in der Klause, wo er noch immer, von heftigen Schmerzen geschüttelt, darniederliegt. Und nun beginnt das eigentliche Drama. Malory schreibt:

»Und als sie ihn da so liegen sah, bleich und von Schmerzen geplagt, konnte sie nicht sprechen; und plötzlich fiel sie zu Boden und blieb ohnmächtig liegen.«[4]

Aber das ging vorüber, und als sie wieder erwachte, machte sie sich daran, ihren Angebeteten zu pflegen, und sie tat es in einer Weise, die alle außer Lanzelot rührte. Schreibt Malory:

»Und so wich das Mädchen nicht von seiner Seite; Tag und Nacht wachte es bei ihm. So sehr war sie um ihn bemüht, daß, wie es im französischen Buch heißt, niemals eine Frau einen Mann liebevoller umsorgt hat als sie.«[5]

Das »französische Buch« geht sogar noch weiter, denn als Lanzelot schließlich wieder genesen ist und Abschied nehmen will, kommt es zu einer herzzerreißenden Szene. Mittlerweile sind sie nach Astolat zurückgekehrt, und das Mädchen sagt:

»,Mein Gebieter, Sir Lanzelot, nun, da ich sehe, daß Ihr fortziehen wollt, bitte ich Euch, edler und tugendhafter Ritter, habt Mitleid mit mir und laßt es nicht zu, daß ich um meiner Liebe zu Euch sterbe.‘

,Was soll ich tun?‘ fragte Lanzelot. ,Ich bitte Euch, seid mir mein Ehemann‘, sagte das Mädchen. ,Liebes Fräulein, ich dank Euch‘, sagte Sir Lanzelot. ,Doch wahrlich‘, sagte er, ,ich habe nie daran gedacht zu heiraten.‘ – ,Dann, edler Ritter‘, sagte sie, ,wollt Ihr mein Geliebter sein?‘«[6]

»,Will ye be my paramour?« Wie sie das sagt, hat sie sicher das Herz von Malory erweicht. Doch Lanzelot gibt nicht nach. Wie er an anderer Stelle sagt:

»,Herrin …, ich liebe nicht, wenn ich dazu gezwungen werde. Liebe muß aus dem Herzen kommen; sie darf nicht durch Zwang entstehen.‘«[7]

So sprach er, als die Königin – in für eine Frau bezeichnender Inkonsequenz – ihn rügte, daß er nicht wenigstens ein bißchen Mitleid mit dem Mädchen gezeigt hatte.

Nun, seiner Ansicht nach hatte er das, auch wenn er seiner wahren Liebe niemals untreu wurde. Denn, um das Mädchen zu trösten und ihm seine Dankbarkeit zu erweisen, bot er ihr und ihren Erben »tausend Pfund pro Jahr« an, wenn sie einmal den Mann finden würde, auf den sie ihr Herz setze. Aber damit war der Schönen, nun Verzweifelten nicht gedient: Sie hatte ja ihr Herz bereits vergeben, und als sie sah, daß der, dem ihre Liebe galt, nicht zu bewegen war, schrie sie laut auf und sank erneut zu Boden.

Wobei hier angemerkt sei, daß Lanzelot nicht etwa ihre Liebe ausgenutzt hätte. Wie er ihrem Vater erklärte:

»‚Und was mich betrifft …‘, so habe ich alles getan, daß sie ihre Reinheit bewahrt, sowohl im Herzen als auch in der Tat.‘«[8]

Er nimmt Abschied, unbeugsam und korrekt, und kehrt nach Camelot alias London zurück. Aber die Königin, die von dem wahren Sachverhalt nichts weiß, ist ihm immer noch gram, und so kann er sich nur einen Esel schelten – was er natürlich nicht tut –, daß er ihr zuliebe eine andere aufgegeben hat.

Doch dann tritt etwas ein, was auch den hartnäckigsten Zweifler überzeugen mußte: eines Tages stehen der König und die Königin am Fenster ihres Palastes und schauen hinaus auf die Themse. Plötzlich sehen sie etwas, das sie stutzig macht, und sie begeben sich hinab, um es zu erkunden:

»Und so nahm denn der König die Königin bei der Hand, und gemeinsam gingen sie hinunter. Der König befahl, die Barke heranzuziehen, und dann begab er sich auf das Schiff, gefolgt von der Königin und einigen Rittern. Und da sahen sie ein Mädchen auf einem Bett liegen, voller Anmut und reich gekleidet, und es schien, als lächle sie. In der Hand hielt sie einen Brief. Der König nahm ihn und sagte: ‚Nun werden wir erfahren, wer sie war und was sie hierhergebracht hat.‘«[9]

Man öffnete den Brief und las:

»‚Edelster Ritter, Herr Lanzelot, nun hat uns der Tod geschieden, da Ihr meine Liebe verschmäht. Ich habe Euch geliebt, ich, die die Männer die Schöne von Astolat nannten; deshalb richte ich meine Klage an alle Frauen. Ihr aber betet für mich und begrabt mich wenigstens und zahlt den Meßpfennig. Dies ist mein letzter Wunsch. Rein wie eine Maid war ich, als ich starb; Gott ist mein Zeuge. Betet für mich, Sir Lanzelot, denn Ihr seid unfehlbar.‘«[10]

Rettung in höchster Not

Die Jungfrau von Astolat wird begraben, Lanzelot zahlt den Meßpfennig, und die Königin bittet ihn kniefällig um Vergebung, daß sie jemals an seiner Liebe zweifelte.

Der Winter kommt, Weihnachten feiert man zünftig, beim Turnierspiel, und dann kündigt sich der Frühling an. Und mit ihm das Unheil. Malroy schreibt:

»Und so verging die Zeit, Ostern folgte auf Lichtmeß, und dann kam der Monat Mai, wo jedes lustvolle Herz erblüht und Früchte trägt; denn so wie Bäume und Büsche im Mai ausschlagen und Früchte bringen, so schlägt auch jedes Herz, das voll Liebe ist, schneller und drängt nach sinnenfrohen Taten. Denn er gibt allen Liebenden Mut, der Monat Mai, das zu tun, was man sonst nicht tun würde. Gleich den Bäumen und Blumen werden Mann und Frau wie neu geschaffen, und gar mancher erinnert sich vergangener Zuneigung und edler Dienste, die die Nachlässigkeit vergessen ließ.«[11]

Mit anderen Worten, Lanzelot und Guinevere beeilten sich, das nachzuholen, was sie durch Zaudern und Eifersucht versäumt hatten. So lieblich war dieser Mai – und so drängend ihr Verlangen –, daß sie alle Vorsicht vergaßen und selbst dann nicht mehr von ihrem verschwiegenen Tun zurückschreckten, als es längst kein Geheimnis mehr war. Alle wußten, was sie trieben, bis auf einen: er konnte sich trösten, daß es anderen, die in seiner Lage sind, gewöhnlich nicht anders ergeht – sie, die es eigentlich angeht, erfahren es zumeist als letzte.

Was natürlich nur ein schwacher Trost war, auch wenn er selbst, der Hintergangene, inzwischen so allerhand auf dem Kerbholz hatte. Aber das war ja – schon damals – etwas anderes, und so mußte, als die Sache publik wurde, etwas geschehen, um seinen Ruf wiederherzustellen.

Artus kam nicht von selbst hinter das Geheimnis. Die ernüchternde Botschaft wurde ihm überbracht:

»,Mein Gebieter', sagte Agravain, ,ich muß Euch etwas berichten, was ich nicht länger geheimhalten kann. Ich und mein Bruder Mordred haben unsere Brüder Gawain, Gaheris und Gareth darauf aufmerksam gemacht, daß Sir Lanzelot Eure Königin aushält und das seit langem tut; und da wir die Söhne Eurer Schwester sind, können wir es nicht länger dulden, daß Euch Sir Lanzelot an der Nase herumführt. Ihr seid der König, der ihn zum Ritter schlug, und so werden wir den Nachweis erbringen, daß er Euch verraten hat.'«[12]

Artus hatte die fünf Brüder, Söhne seiner Schwester Morgawse, bei einer hitzigen Unterredung überrascht. Dabei hatte Agravain, das Plappermaul, die anderen davon in Kenntnis gesetzt, daß »Sir Lanzelot Tag und Nacht mit der Königin schläft«. Und er hatte sie darauf hingewiesen, daß es »schändlich« sei, »zuzulassen, daß ein so edler König wie König Artus einer so großen Schande ausgesetzt sei«.

Man solle Sir Lanzelot das Handwerk legen, so forderte es Agravain, aber auch Mordred, welcher der eigentliche Drahtzieher war. Er war an den Hof des Königs zurückgekehrt, und Artus hatte ihn arglos aufgenommen. Denn Mordred war kein anderer als jener, den er unwissentlich selbst mit seiner Schwester gezeugt hatte, welche die Frau König Lots war und einst als Spionin an seinen Hof gekommen war.

Einen halbherzigen Versuch, das Unglück abzuwenden, hatte Artus unternommen, als er alle neugeborenen Söhne der Adligen aussetzen ließ und damit auch den kleinen Mordred, der am Hofe des schottischen Königs geboren worden war. Aber Mordred war dem Anschlag entgangen, und so hegte er Groll gegen seinen Vater, der ihn nicht anerkannt hatte, während dieser die Sache vergaß, da Merlin ihn nicht mehr warnen konnte, und Mordred sogar in den Kreis der Tafelrunde aufnahm.

Gawain und die beiden anderen Brüder, Gaheris und Gareth, konnten zwar die Berechtigung der Entrüstung, wie sie Mordred und Agravain bezeugten, nicht abstreiten. Doch sie rieten davon ab, etwas zu unternehmen, denn es würde nur Unglück bringen. »Es wird Krieg geben«, sagte Gawain, »zwischen uns und Lanzelot.« Und von Gareth bestärkt, fügte er hinzu:

»Das ganze Reich ist bedroht, und die edle Gemeinschaft der Tafelrunde wird zugrunde gehen.«[13]

Sie sahen voraus, was kommen würde, und auch Artus

widerstrebte es, gegen Lanzelot vorzugehen. Er hatte ihm immer treu gedient und war der tapferste aller Ritter. »Man wisse«, schreibt Malory, »daß der König ihn wirklich liebte.«

Dennoch, er konnte die Schmach nicht auf sich sitzen lassen, und so willigte er ein, daß man ihm einen Beweis der Schuld Lanzelots bringen möge. Was Agravain und Mordred nicht in Verlegenheit brachte, denn sie hatten sich bereits einen Plan zurechtgelegt. »Herr«, sagte Agravain, »Ihr reitet morgen zur Jagd. Ich bin sicher, Lanzelot wird nicht mitkommen. Das ist die Chance, die wir nutzen werden!«

Was er meinte: Lanzelot würde sich diese Gelegenheit nicht entgehen lassen; man brauchte ihm nur aufzulauern, und schon sei der Fall erledigt.

Womit er recht hatte, wiewohl es nicht Lanzelot war, sondern die Königin, die ihn rief. Bors, der getreue Gefährte, der gleichfalls wußte, was gespielt wurde, riet ihm ab; es sei eine Falle. Doch, wie gesagt, es war Mai, und die Königin hatte gerufen. Wie hätte er, Lanzelot, sie da enttäuschen können?

Immerhin nimmt er ein Schwert mit, versteckt es in seinem Mantel und macht sich auf den Weg. Malory schreibt:

»Und dann, wie es im französischen Buch steht, waren die Königin und Lanzelot zusammen. Ob sie im Bett waren oder sich in anderer Weise vergnügten, will ich hier nicht erwähnen, denn Liebe war zu der Zeit nicht, was sie heute ist.«[14]

Eine interessante Bemerkung, die Malory hier macht. An anderer Stelle erläutert er, was er damit meint:

»Aber heutzutage können die Männer nicht sieben Tage warten; sie müssen sogleich ihre Lust erfüllen: eine solche Liebe ist nicht von Dauer. Denn wenn sie allzu leicht gewährt und in Eile genommen, kühlt sie bald ab. So aber ist es heute: schnell heiß, schnell kalt. Das hat keine Beständigkeit. Früher war die Liebe anders; Männer und Frauen konnten sieben Jahre einander zugetan sein, und dennoch gab es keine wollüstigen Begierden zwischen ihnen. Damals war Liebe Wahrheit und Treue; das war die Liebe, die man zu König Artus' Zeiten pflegte.«[15]

»Soon hot, soon cold«, darin steckt etwas Wahres, was sicher nicht nur für die Zeitgenossen Malorys zutrifft. Jemanden anzubeten, wie zu Zeiten König Artus', ihn nur aus der Ferne zu verehren, ihn und sich durch Läuterung zu veredeln, das ist heute verpönt, diese Einsicht haben wir nicht. Ein Verlust, ein Versäumnis, das sicher so mancher bereut, obwohl er es sich nicht eingesteht.

Königin Guinevere. Illustration zu Tennysons Launcelot and Guinevere. *Holzstich nach einem Gemälde von A. Fredericks, um 1890.*

Was nicht bedeutet, daß zu Artus' Zeiten nur der holden, ätherischen Minne gepflegt wurde. Lanzelot und die Königin, wiewohl es zugegebenermaßen lange dauerte, wurden schließlich auch handgreiflich. Bei jenem heimlichen Stelldichein, von dem Chrétien berichtet und das den eifrigen Lanzelot all seine Schmerzen vergessen ließ, die ihm die zerbrochenen Gitterstäbe verursachten.

Und was nun das neuerliche Stelldichein betrifft, so weiß das »französische Buch« zu berichten:

»Als Lanzelot im Zimmer war, schloß er die Tür hinter sich, damit ihn keiner überraschen konnte. Dann zog er seine Schuhe aus, entkleidete sich und legte sich zur Königin. Doch es verging nur kurze Zeit, da erreichten jene die Tür, die darauf aus waren, sich seiner zu bemächtigen. Als sie die Tür verschlossen fanden, waren sie enttäuscht und sahen, daß ihr Vorhaben vereitelt war. Sie fragten Agravain, wie sie hineinkommen könnten, und er antwortete, daß sie die Tür gewaltsam aufstoßen sollten.

Da warfen sie sich gegen die Tür und versuchten, sie aufzubrechen. Die Königin hörte den Lärm und sagte zu Lanzelot: ‚Mein Geliebter, wir sind verraten!‘ – ‚Was ist?‘ fragte Lanzelot. Er horchte und hörte ebenfalls den Lärm, den sie dort an der Tür machten, ohne ihr Ziel zu erreichen. ‚Ah!‘ rief die Königin. ‚Geliebter, wir sind entehrt, wir sind verloren! Der König wird es erfahren. Es ist alles die Schuld von Agravain.‘ – ‚Herrin, beunruhigt Euch nicht! Er hat den Tod gewählt; er wird der erste sein, der stirbt.‘«[16]

Sie springen aus dem Bett und kleiden sich in aller Eile an. Doch außer dem Schwert hat Lanzelot nichts, womit er sich verteidigen könnte. »Es geht zu Ende!« klagt die Königin. Doch er nimmt seinen Mantel, schlägt ihn um den Arm und öffnet die Tür. Nur einen Spalt, und der erste, der hereinkommt, wird erschlagen.

Lanzelot zieht sich seine Rüstung an, und nun ist er in voller Kampfesstimmung. »Wenn ihr's nicht anders wollt«, ruft er. »Nun, dann sollt ihr's haben!« Und er öffnet die Tür und stellt sich ihnen entgegen.

Der erste, der fällt, ist Agravain. Und zwölf weitere folgen ihm. »He laid them cold to the earth«, schreibt Malory. Sie waren also schon kalt, als sie die Erde berührten. Verständlich, daß der letzte Überlebende, Mordred, das Weite suchte.

Lanzelot fordert die Königin auf, mit ihm zu kommen. Doch sie weigert sich. »Mir scheint«, sagt sie, »Ihr habt schon genug Unheil angerichtet. Es ist wohl besser, wenn Ihr nicht noch mehr Schuld auf Euch ladet.« Und überhaupt: »Wenn mir etwas geschieht, könnt Ihr mich ja immer noch retten!«

Grenzenlos ist das Vertrauen der Königin, zumindest, was seinen Heldenmut anbetrifft. Und darin hat er sie ja wahrlich noch nie enttäuscht. Wievielmal schon hat er sie gerettet!

»,Wie Ihr wollt', sagte Lanzelot. ,Und zweifelt nicht: solange ich lebe, werde ich Euch retten!' Und er küßte sie, und ein jeder gab dem anderen einen Ring. Dann verließ er die Königin und machte sich von dannen.«[17]

Wie vorauszusehen, ging es diesmal nicht mehr glimpflich ab. Mordred eilte zum König, berichtete ihm das Vorgefallene, und da sah der König ein, daß sein Vertrauen gebrochen war. Und er befahl, wie es das Gesetz vorsah, die Königin zu ergreifen und auf den Scheiterhaufen zu stellen.

»,Es geschieht nicht nach meinem Willen', sagte der König. ,Aber sie muß den Tod erleiden.'«[18]

Mittlerweile beraten Lanzelot und seine Getreuen, was zu tun sei. Sie schicken einen der ihren, der auskundschaften soll, was der König unternimmt, und beschließen, im Notfall die Königin auf ein Schloß zu bringen, wo auch schon Tristan und Isolde hausten. Dort könne man abwarten, bis sich die Wogen glätten, und wenn die Zeit gekommen sei, würde man die Königin zurückbringen, und alle wären froh, daß sich die Sache doch noch zum Guten gewendet hätte. Gesagt, getan. Der Kundschafter kommt zurück und berichtet von der Entscheidung des Königs. Es wird höchste Zeit:

»Und dann führte man die Königin vor die Tore der Stadt und riß ihr die Kleider vom Leibe. Und ihr Beichtvater ging zu ihr und forderte sie auf, ihre Sünden zu bereuen. Da erhob sich großes Wehklagen, und so mancher der Anwesenden rang seine Hände. Doch es waren vergleichsweise nur wenige, die bewaffnet waren, um über die Vollstreckung des Urteils zu wachen.«[19]

Das war die Chance:

»Da ertönte plötzlich das Getrappel von Pferdehufen, das sich dem Feuer näherte. Und wer ihnen im Wege stand, der wurde niedergemacht. Es gab niemanden, der Sir Lanzelot widerstehen konnte, und alle, die sich ihm widersetzten, wurden erschlagen.«[20]

So mancher mußte dabei ins Gras beißen; Malory zählt neunzehn Ritter auf, die auf der Seite des Gegners fielen. Wahrlich, die Tafelrunde ging ihrem Ende entgegen!

»Und dann, als Lanzelot sie derart geschlagen und in die
Flucht gejagt hatte, ritt er geradewegs auf die Königin zu,
warf ihr einen Rock und eine Bluse zu und hieß sie, hinter
ihm aufzusitzen und frohen Mutes zu sein.«[21]

Die Königin war in der Tat »glücklich«, dem Tode entron-
nen zu sein, und sie dankte »Gott und Sir Lanzelot«. So ritten sie, bis sie zum Schloß, das *Joyous Gard* – Fröhliche
Wacht – hieß, kamen, und dort verwahrte Lanzelot die Königin, »wie es sich für einen edlen Ritter geziemt«.

Malory ist ein wenig frommer als das »französische Buch«,
doch er fügt ominös hinzu: »Viele große Fürsten und Könige
sagten Lanzelot ihre Unterstützung zu, und so mancher edle
Ritter fand sich an seinem Hofe ein.« Man rüstete zum
Kampf; daß sich die Dinge im guten lösen würden, daran
glaubte wohl doch keiner.

Schiedsspruch des Papstes

Von Artus wird berichtet, daß er in Ohnmacht fiel, als er hörte, was vorgefallen war. Nicht, daß er um die Königin bangte. Da vertrat er die Ansicht, wie es sich für einen wahren Herrscher gehörte:

»‚Und deshalb‘, sagte der König, ‚sage ich euch, daß mein Herz noch niemals so bedrückt war wie jetzt; und viel mehr betrauere ich den Verlust so vieler edler Ritter als den Verlust der Königin. Denn Königinnen gibt es genug, aber eine solche Gemeinschaft von Rittern wird es nie wieder geben.‘«[22]

Persönliche Gefühle traten hinter dem staatsmännischen Kalkül zurück, wozu sich in diesem Fall noch die Bruderschaft der Tafelrunde gesellte, die tatsächlich eine Gemeinschaft von Brüdern in Waffen war.

Ob bewußt oder nur zufällig, hier liegt der wahre Grund – und die Rechtfertigung – für die Liebe zwischen Guinevere und Lanzelot. Es wird niemals deutlich ausgesprochen, darin waren sich die frommen Ordensbrüder mit Malory einig: wenn der König anderes im Sinn hatte (und zuweilen auch einmal mit einer anderen schlief), dann war es nur natürlich – und dazu hatte sie das Ideal der Minne quasi aufgefordert –, daß die Königin sich ihrerseits etwas suchte, was *ihr* Leben ausfüllte. Und daß es Lanzelot war, ist genau daraus zu erklären, daß er *nicht* – wie König Artus und andere bedeutende Herrscher – die Staatsgeschäfte voranstellte: für ihn war die Minne, die Liebe das höchste Gut; ihm ordnete er alles unter. Er wäre kein guter Staatsmann gewesen und war es auch nicht: darin liegt das Dilemma zwischen Pflicht und Streben und Glück und Erfüllung. Beides miteinander zu verbinden (man denke an Gandhi oder andere, die sich für die Welt aufopferten), ist nur wenigen gegeben. Parzival war so ein Fall; aber mehr Ideal als Wirklichkeit.

Artus fiel also von einer Bewußtlosigkeit in die andere, (nicht, daß er nicht sentimental gewesen wäre, zumindest,

Eine Szene aus den friedlichen Tagen der Tafelritter. Die Schwester von Gawain wird vermählt; im Beisein von Artus und Parzival wird Hochzeit gefeiert. Illustration zu Wolfram von Eschenbach

was die französische Vorlage betrifft; bei Geoffrey of Monmouth sähe das sicher ganz anders aus). Auch Gawain schloß sich ihm an, indem er zuweilen das Bewußtsein aufgab, denn er hatte zwei seiner Brüder verloren: Gaheris und Gareth, die nur widerwillig dem Befehl des Königs gehorcht hatten, der Hinrichtung beizuwohnen, waren von Lanzelot erschlagen worden. Doch anders als der König faßte Gawain, als er sich erholt hatte, den Entschluß, den Tod seiner Brüder zu rächen. Nichts würde ihn davon abhalten: entweder er oder Lanzelot, einer von beiden würde sterben.

Und so bedrängte er den König so lange, bis dieser nachgab und sich bereit erklärte, gegen Lanzelot in den Krieg zu ziehen. Er wußte, daß es ein Kampf bis zum Ende sein würde: anders als bei Gawain und seinem Wunsch nach Vergeltung stand nicht das Leben zweier einzelner Widersacher auf dem Spiel, das ganze Königreich war bedroht, denn die Tafelrunde war nun gespalten – in die Anhänger des Königs und jene, die sich Lanzelot angeschlossen hatten –, und wenn es zum Kampf kam, würde man sich gegenseitig zerfleischen, und das bedeutete das Ende.

Dennoch, Artus konnte die Schmach und die Auflehnung gegen seine Autorität nicht hinnehmen: auch wenn er es unterließe, Vergeltung zu üben, wäre seine Autorität dahin, sein Reich verspielt. Er saß in der Zwickmühle, und es gab kein Entrinnen.

Der Krieg, der nun zwischen Artus und Lanzelot entbrannte, hatte zwei Phasen: zunächst versuchte der König, seinen Widersacher auszuhungern, indem er ihn in seiner Burg belagerte. Fünfzehn Wochen hielt Lanzelot stand, dann wagte er einen Ausfall. Nicht, daß er jemals bedroht gewesen wäre: im Gegenteil, er zögerte, sich offen gegen den König zu stellen. Wenn er ihm auch die Königin geraubt hatte – was ja nur geschah, um sie vor dem Tode zu retten –, so hielt er ihm doch noch immer seine Vasallentreue.

Auch jetzt, als er mit seinen Getreuen einen Ausfall unternahm, weil sie ihn ihrerseits drängten, die Schmach, die die Verleumdung des Königs ihnen bereitete, nicht mehr länger hinzunehmen, ermahnt er alle, sich weder an dem König noch an Gawain, der ihm ein treuer Freund gewesen war, zu vergreifen. Und als Bors in kühnem Ungestüm den König aus dem Sattel hebt und Lanzelot fragt, ob er »mit dem Krieg ein Ende« machen solle, hält ihn Lanzelot zurück. Anstatt sich des Königs zu bemächtigen, gibt er ihm ein Pferd und läßt ihn entkommen.

Artus hat keine Chance: zu sehr ist seine Gefolgschaft zerschlagen, und als die Pferde bereits »bis zu den Fesseln im Blut wateten«, wäre es nur noch eine Frage der Zeit gewesen, bis er gänzlich besiegt worden wäre. Doch ehe es zu dieser Katastrophe kommen konnte, greift just, um sie zu verhindern, der Papst ein: denn es gehe nicht an, daß sich zwei christliche Herren, die beide ob ihrer Güte und Tapferkeit berühmt seien, befehdeten. Und er schickte einen Gesandten, der dem König eine Bulle überreichte, in der geschrie-

ben stand, daß er, der Papst, ihn mit dem Bann belegen
würde, wenn er die Königin nicht wieder aufnehmen und
mit Lanzelot Frieden schließen würde.

Wogegen Artus (der von dem kühnen Aufbegehren eines
Heinrichs VIII. noch nichts gehört hatte), nichts ausrichten
konnte. Und so wurde denn, auf Vermittlung des Papstes, der
Streit zwischen Artus und Lanzelot beigelegt. Guinevere
kehrte an den Hof des Königs zurück, und Lanzelot, der sich
zwar mit dem König versöhnte, doch nicht auch Gawain
wiedergewinnen konnte, zog es vor, das Land zu verlassen
und in seine Heimat zurückzukehren.

Der Abschied fiel ihm nicht leicht:

»Da seufzte Sir Lanzelot, und Tränen rannen ihm über das
Gesicht, als er sagte: ‚Ach, du edles Christenreich, das ich
mehr als alle anderen Reiche geliebt habe und dem ich einen
Großteil meines Ruhmes verdanke, ich nehme nun Abschied. Wie bedaure ich es, daß ich jemals in dieses Reich
kam, das mir nun verwehrt ist, ohne Grund und ohne
Schuld. Aber das Schicksal ist wendig, und das Rad der
Geschichte bewegt sich ewig, es gibt nichts, das von Bestand
ist …‘«[23]

Und zur Königin sagte er:

»‚Herrin, ich muß Euch nun verlassen. Euch und diese edle
Gemeinschaft werde ich nicht wiedersehen. Ich bitte Euch
deshalb, betet für mich und sagt mir Lebwohl. Und sollte es
jemals geschehen, daß Euch jemand beleidigt oder bedroht,
so zögert nicht, mir eine Botschaft zu schicken, und ich
werde kommen und Euch befreien.‘«[24]

Damit küßte er sie und verließ den Hof. Dann sammelte er
seine Getreuen und schiffte sich ein, um nach Frankreich,
seiner Heimat, überzusetzen.

Der letzte Triumph

Und da machte König Artus Sir Mordred zum Herrscher von England und unterstellte ihm auch die Königin Guinevere; denn Sir Mordred war König Artus' Sohn, und so ließ er die Herrschaft über sein Land und seine Frau in dessen Obhut. Dann fuhr er über das Meer und landete im Reich Sir Lanzelots, und er fiel dort ein und verwüstete und brandschatzte das Land, so wie es die Rache Sir Gawains forderte.«[25]

Malory beziffert das Heer, mit dem König Artus auf das Festland übersetzte, auf 60 000 Mann. Es ist deshalb nicht verwunderlich, daß er – außer gelegentlichen Verwüstungen und Brandschatzungen – nichts erreicht: denn Lanzelot zieht sich in seine Hauptstadt, Benwick, zurück; sein Vater war übrigens König Ban, der einstmals Artus im Kampf gegen die Fürsten, die seine Herrschaft nicht anerkannten, zu Hilfe kam. Der König belagert nun Benwick, aber er vermag die Stadt nicht zu erobern, noch den Widerstand Sir Lanzelots zu brechen. Unverrichteter Dinge kehrt Artus nach England zurück.

Allerdings nicht ganz freiwillig: denn es erreicht ihn die Kunde, daß der, dem er die Krone für die Zeit seiner Abwesenheit überlassen, ihm den Gehorsam aufgekündigt und sich zum Alleinherrscher erklärt hat. Mit anderen Worten, der König sieht sich einer Rebellion in den eigenen Reihen gegenüber, und da kann ihn selbst Gawain nicht mehr davon abhalten, sein fruchtloses Unterfangen, Lanzelot in die Knie zu zwingen, abzubrechen und sich auf den Rückmarsch zu machen.

Doch damit greifen wir voraus. Denn was Malory nur in kurzen Sätzen schildert, den letzten großen Feldzug des Königs, war in Wahrheit ein Triumphzug, der ein ganzes Weltreich in die Knie zwang. So wenigstens sieht es Geoffrey:

»Als Artus nun diese Würden verlieh, kamen gemessenen Schrittes zwölf Männer herbei, die reifen Alters und achtunggebietender Erscheinung waren. In ihrer rechten Hand trugen sie Olivenzweige, um zu zeigen, daß sie Gesandte waren. Sie entboten Artus ihren Gruß und übergaben ihm ein Schreiben von Lucius Hiberius.«[26]

Artus war gerade dabei, den Triumph, welcher ihm sein *erster* Zug auf den Kontinent eingebracht hatte, zu feiern. Wir entsinnen uns: er ließ alle Würdenträger des Reiches in die Legionärsstadt, wie Geoffrey Camelot nennt, zusammenkommen und feierte seinen Sieg, den er auf dem Festland errungen hatte, mit einem rauschenden Fest. Es war der Höhepunkt seiner Laufbahn: nicht nur England hatte er erobert, auch Europa lag ihm zu Füßen.

Aber noch gab es einen Rivalen, der ihm gefährlich werden konnte: Rom. Und genau diesen Rivalen hatte er sich verärgert, als er ihm die Provinz Gallien entriß. Das machte ihm Lucius Hiberius, der Prokurator Roms, zum Vorwurf. Nicht nur, daß König Artus die Tribute, die Britannien einst an Rom gezahlt hatte, aufgekündigt hatte, nein, er hatte sich auch erkühnt, die Grenzen des Römischen Reiches zu verletzen, indem er jene Provinz besetzte, deren Erwerb er gerade feierte. »Ich fordere dich deshalb auf«, so schloß das Schreiben, »nach Rom zu kommen, damit du dich dort deinem Oberherrn unterwerfen kannst und die Strafe erhältst, die du verdienst.« Und wenn er dies nicht täte, so würde er, Lucius Hiberius, Bevollmächtigter des Reiches, nach Britannien kommen und ihn dort zur Rechenschaft ziehen.

So endete das Fest von Camelot. Aber der König und die Fürsten, die, um ihn zu ehren, gekommen waren, waren aus anderem Holz geschnitzt als jene, die die Franzosen aus ihnen machten. So ließ sich Cador, der Herzog von Cornwall, vernehmen:

»‚Ich fürchtete schon‘, sagte er zum König, ‚daß das gemächliche Leben, das die Briten in letzter Zeit geführt haben, sie zu Feiglingen machen würde und erschlaffen ließe in all dieser Zeit des Friedens. Ihr Ruf, auf dem Schlachtfeld tapferer als jedes andere Volk zu sein, hätten sie sehr leicht einbüßen können. In der Tat, wenn Männer nicht mehr ihre Waffen gebrauchen, sondern sich statt dessen beim Würfelspiel vergnügen, ihre Kraft im Umgang mit Frauen vergeuden und sich nur noch den Genüssen des Lebens hingeben, dann wird zweifellos ihre Tapferkeit und Ehre, ihr Mut und ihr guter Name durch den Makel der Feigheit befleckt. In den letzten Jahren haben wir nichts anderes getan, als uns

Zeitgenössische Darstellungen des Artus und seiner Gefolgsleute gibt es nicht. Hier noch einmal eine Illustration aus dem späten Mittelalter, die Artus im Kreise seiner Ritter zeigt.

mit diesen Torheiten abzugeben, und wir haben es verlernt zu kämpfen. Es ist gerade wegen dieser Trägheit, daß Gott den Zorn der Römer erregt hat, damit wir wieder jene Tapferkeit erlangen, die uns einst auszeichnete.'«[27]

Was hätte er erst gesagt, der wackere Herzog, wenn er das »französische Buch« gelesen hätte (oder gar *Lanzelot*, mit dem alles anfing). Aber auch so hatte er Grund genug, die Untätigkeit am Hofe des Königs anzuprangern, denn neun Jahre waren es her, seit sie die letzte Schlacht geschlagen hatten. Danach hatte es – in Gallien wie auch in den angrenzenden Gebieten, die man dem Herrschaftsbereich König Artus' einverleibte – nur noch Befriedungsaktionen gegeben, keine Schlachten, sondern müßige Verwaltung. Und das war nichts für einen richtigen Engländer.

Auch König Artus ist gleich Feuer und Flamme. Den Boten gibt er zu verstehen, »daß er auch nicht die geringste Absicht habe, Tribute an die Römer zu entrichten, und daß er gewiß nicht nach Rom käme, um ihre Entscheidung in dieser Angelegenheit abzuwarten«. Im Gegenteil, »er käme, um von ihnen das zu verlangen, was sie ihm aufzuerlegen gedächten«.

Man atmet richtig auf, wenn man das liest. Zu lange war Artus nur noch ein Schatten seiner selbst; endlich, und sei es auch nur noch für einen kurzen Moment, findet er zu seiner alten Größe zurück.

Es beginnt damit, daß er erst mal einen Riesen erlegt. (Man hat den Eindruck, als habe Geoffrey doch vorausgeahnt, was einmal kommen würde, und so macht er noch einmal unmißverständlich klar, um wen es sich bei seinem Held wirklich handelt.) Der Riese ist ein ganz schreckliches Ungeheuer:

»Da erreichte Artus die Nachricht, daß ein Riese von ungeheurer Größe aus der Gegend von Spanien gekommen sei. Dieser Riese hatte Helena, die Nichte des Herzogs Hoel, unter den Augen ihrer Bewacher weggeschnappt und war mit ihr auf einen Berg geflohen, der heute Mont Saint Michel heißt. Die Ritter jener Gegend hatten die Verfolgung aufgenommen, aber sie hatten nichts gegen den Riesen ausrichten können. Egal, ob sie ihn von Land oder zu Wasser angriffen, er versenkte ihre Boote mit riesigen Felsbrocken oder tötete sie auf andere Weise. Die, die ihm in die Hände fielen, und das waren nicht wenige, verschlang er lebendigen Leibes.«[28]

Das ist so richtig was zum Anwärmen. Und da Hoel, auch »der Große« genannt, als König der Bretagne ein wichtiger Verbündeter ist, kann Artus sich zugleich auch erkenntlich zeigen. Begleitet von nur zwei Getreuen – denn wie Geoffrey schreibt, »da er ein Mann von so herausragendem Mut war, war es nicht nötig, daß er ein ganzes Heer gegen dieser Art Ungeheuer führte« –, begibt er sich bei Nacht und Nebel nach Saint Michel und muß dort zunächst feststellen, daß Helena bereits den Zudringlichkeiten des Ungeheuers erlegen ist. Wie Geoffrey schreibt:

»Als dieses widerwärtige Wesen sie in seine Arme nahm, erfüllte Furcht ihre zarte Brust, und so endete ein Leben, das es wohl wert gewesen wäre, länger zu dauern.«[29]

Artus ist untröstlich, doch um so mehr entschlossen, dem Ungetüm das Handwerk zu legen. Und als er seiner ansichtig wird, zögert er denn auch nicht, sich ihm entgegenzustellen:

»Der König zog sein Schwert, hob seinen Schild und stürzte sich auf den Riesen, um zu verhindern, daß er seine Keule zu fassen bekam. Der Riese war sich wohl bewußt, was Artus vorhatte. Er nahm die Keule und versetzte damit dem König einen solchen Schlag auf den Schild, daß der Widerhall über die ganze Küste zu hören war und Artus fast taub wurde. Da erfaßte den König eine solche Wut, daß er dem Riesen mit seinem Schwert einen Hieb an die Stirn versetzte, der ihn zwar nicht tötete, doch mit solcher Wucht ausgeführt war, daß ihm das Blut über das Gesicht lief und in die Augen rann, so daß er nichts mehr sehen konnte. Der Riese hatte den Hieb mit seiner Keule abgewehrt und war so dem Tode entgangen. Blind, da das Blut unvermindert weiterquoll, stürzte er sich nur noch wilder auf seinen Gegner. So wie ein Eber auf den Jäger losgeht, obwohl dieser eine Lanze hat, so warf sich der Riese gegen das Schwert des Königs. Er packte ihn um die Mitte und zwang ihn zu Boden auf seine Knie. Artus sammelte all seine Kräfte und entschlüpfte blitzschnell der Umklammerung des Riesen. Indem er sich wie der Blitz bewegte, schlug er immer wieder auf den Riesen ein, erst hier, dann da, und gab ihm keine Ruhe, bis er ihm einen tödlichen Stoß versetzt hatte, indem er ihm das Schwert seiner ganzen Länge nach in den Schädel rannte und das Hirn durchbohrte. Da stieß das schreckliche Ungeheuer einen gewaltigen Schrei aus und fiel mit einem dumpfen Schlag zu Boden, wie eine Eiche, die ein Sturm entwurzelt hat.«[30]

Man schnitt dem Riesen den Kopf ab und brachte ihn im Triumphzug ins Lager. Das war der Auftakt.

Mittlerweile waren die Römer heran. Unter dem Befehl von Lucius Hiberius, dem Prokurator, hatten sie ein Heer

von »vierhunderttausendeinhundertsechzig« Soldaten aufgestellt, »wenn man alles zusammenzählt«. Dem standen
auf britischer Seite »einhundertdreiundachtzigtausenddrei-
hundert« Reiter gegenüber sowie eine Reihe von Fußsoldaten, »die nicht leicht zu zählen waren«.

Nicht daß Geoffrey – oder irgendein anderer – die beiden
Heere gezählt hätte, geschweige denn, wenn er es getan hätte, zu solchen astronomischen Zahlen gelangt wäre. Denn
zumindest die Britischen Inseln wären bei einer (gesamten)
Streitmacht, von, sagen wir, 300 000 quasi entvölkert gewesen. Aber es sollte eben aufgezeigt werden, daß es sich um eine Entscheidungsschlacht handelte, der die beiden Heere
entgegengingen: entweder Camelot oder Rom, Artus oder
(der Kaiser) Leo – das war die Frage. Vom Ausgang dieser
Schlacht hing es ab, wer tatsächlich Herr über Europa und
damit die Welt sein würde.

Nach einleitenden Geplänkeln, die dazu dienten, einander
kennenzulernen, kam es schließlich im Tal von Saussy, in der
Nähe von Autun, zur eigentlichen Konfrontation. Die Heere
nahmen Aufstellung, flammende Reden wurden gehalten.
(»Reißt euch zusammen, diese Schwächlinge sind kein Gegner!« – so König Artus), und dann wurde das Signal zum Angriff gegeben:

»Nun endlich standen sie sich mit erhobenen Waffen Auge
in Auge gegenüber, die Briten hier, die Römer dort. Sobald
der Klang der Trompeten erscholl, griff die Legion, die vom
König von Spanien und Lucius Catellus befehligt wurde,
kühn die Abteilung an, die der König von Schottland und der
Herzog von Cornwall führten, doch diese hielt, Schulter an
Schulter, dem Angriff stand, und die Römer waren nicht im-
stande, die Linie zu durchbrechen.

Da die Römer von ihrem entschlossenen Angriff nicht
abließen, ließ Artus die zweite Abteilung vorrücken. Die Römer kämpften tapfer, wie schon gesagt wurde, doch diese
neue Abteilung griff sie mit einer plötzlichen Reiterattacke
an, durchbrach ihre Reihen und stieß auf die Legion, die der
König der Parther gegen die Abteilung Aschils, des Königs
der Dänen, führte. Im Handumdrehen waren die beiden
Heere in ein allgemeines Handgemenge verwickelt, durchbrachen die Linien des Feindes und stritten miteinander in
tödlichem Zweikampf. Auf beiden Seiten setzte ein erbärm-
liches Gemetzel ein, wie ein Tollhaus, das vom Lärm und
Schreien der Männer erfüllt war, die überall zu Boden stürz-

ten und mit dem Blut, das aus ihren Wunden strömte, ihr Leben aushauchten.«[31]

Es war noch einmal ein richtiges Schlachten, so wie es Cador, der Herzog von Cornwall, herbeigesehnt hatte. Auch Artus mischte kräftig mit:

»Er führte seine eigene Abteilung heran, zog sein wundersames Schwert Caliburn und ermutigte seine Soldaten mit lauter Stimme. ‚Was zum Teufel macht ihr, Männer?‘ fragte er. ‚Laßt ihr diese Weichlinge ungeschoren entkommen? Nicht einer darf am Leben bleiben!‘«[32]

Was für ein König, ein Held, ein Mann der Tat! Kein Zögern, kein Zaudern. Drauf! Was wäre aus Europa geworden, hätte König Artus nur seinen Sieg bei Saussy mit einem Triumphzug nach Rom, wie er es vorhatte, krönen können!

Doch daraus wurde nichts. Feinde in den eigenen Reihen vereitelten seinen Plan, und so mußte denn ein *britisches* Weltreich noch einige Jahre warten, bis es schließlich doch Wirklichkeit wurde.

Camlann

Artus verbrachte den Winter damit, seine Eroberungen abzuschließen. Als der Sommer kam, machte er sich daran, nach Rom zu ziehen, und er war bereits auf dem Marsch über die Berge, als ihn die Nachricht erreichte, daß sein Neffe Mordred, in dessen Obhut er Britannien gelassen, sich die Krone aufs Haupt gesetzt hatte. Mehr noch: der Verräter lebte in Sünde mit Königin Guinevere, die das Treuegelübde ihrer Ehe gebrochen hatte.«[33]

Mehr, was letzteres betrifft, wolle er, Geoffrey of Monmouth, nicht sagen. Vielmehr wendet er sich nun dem Krieg zu, den der berühmte König gegen seinen Neffen führte, und dabei beziehe er sich nicht nur auf die »britische Abhandlung«, auf die er sich stütze, sondern auch auf Aussagen seines Gewährsmannes, Walter of Oxford, »eines in allen Zweigen der Geschichte sehr gelehrten Mannes«.

In der Tat ist die Version, die uns Geoffrey vom Ende des Britenkönigs überliefert, wahrheitsgemäßer als die Fassung, die uns Malory beschert, der sich ja auf sein »französisches Buch« beruft, das im Grunde nicht mehr als Fiktion ist. Dennoch ist Malory weit populärer als Geoffrey, und was er gerade auch im Hinblick auf das Scheiden des legendären Königs sagt, ist zum wesentlichen Bestandteil der Artussage geworden.

So finden wir bei Geoffrey eine eher nüchterne Darstellung des letzten Kampfes: Artus kehrt zurück, wird von Mordred zunächst an der Landung gehindert, besiegt ihn dennoch, verfolgt ihn bis nach Winchester, wo sich die beiden Kontrahenten ein zweites Mal gegenüberstehen, und vertreibt ihn schließlich nach Cornwall, wo es zur dritten und eigentlichen Entscheidungsschlacht kommt.

Bemerkenswert ist, daß Geoffrey auf die Sachsen zurückgreift, die Mordred zu Hilfe kommen. Auch die Pikten und Skoten und die Iren wittern Morgenluft und schließen sich dem Usurpator an. Für ihre Hilfe verspricht er ihnen territoriale Zugeständnisse – und macht so das Lebenswerk des Königs zunichte.

Allein schon dadurch zeigt sich die Tragik, die am Ende von Artus' Ära steht. Letztlich war alles umsonst, was Artus versuchte: er scheiterte, noch ehe er aus dem Leben schied.

Geoffrey schreibt, daß die letzte Schlacht an einem Fluß namens »Camblam« stattfand. Dort hatte sich Mordred, der immer noch über ein Heer von 60 000 Kriegern verfügte, verschanzt und wartete auf seinen Gegner.

Dieser hatte denn auch kein leichtes Spiel, als er seine Truppen zum Angriff führte. Auf beiden Seiten wurde mit erbitterter Hartnäckigkeit gekämpft. Geoffrey schreibt:

»Es ist herzzerreißend zu schildern, welches Gemetzel sie auf beiden Seiten anrichteten, wie die Sterbenden stöhnten und die Raserei sich steigerte, mit der sie aufeinander losgingen.«[34]

Nicht nur Barbaren und Christen kämpften gegeneinander; es waren ja auch Briten, die Mordred unterstützten, und was sich an den Ufern des Camlann abspielte, war letztlich ein Bruderzwist: das Reich, das Artus aufgebaut hatte, zerfleischte sich. Selbst wenn er überlebt hätte, es wären nur noch Ruinen gewesen, die ihm geblieben wären.

Es ist ein Indiz für den Wahrheitsgehalt der Umstände, die zum Tode des Königs führten, daß Geoffrey an dieser Stelle entgegen seiner sonstigen Gewohnheit darauf verzichtet, seinen Held über Gebühr zu glorifizieren: er sagt *nicht*, daß es ein Zweikampf war, der die letzte Entscheidung herbeiführte. Es heißt bei ihm:

»Schließlich, als der Kampf fast den ganzen Tag gewütet hatte, griff Artus mit einer einzigen Abteilung, die aus sechstausendsechshundertsechsundsechzig Mann bestand, die Schwadron an, in der sich, wie er wußte, Mordred befand. Sie kämpften sich ihren Weg frei mit ihren Schwertern, und Artus rückte immer weiter vor, wobei er ein fürchterliches Blutbad anrichtete. Es war an diesem Punkt, wo der verfluchte Verräter getötet wurde und mit ihm viele Tausend seiner Leute.«[35]

Und Artus?

»Die andern jedoch ergriffen nicht einfach die Flucht, als sie sahen, daß Mordred tot war. Sie strömten von überall herbei und setzten alles daran, sich zu behaupten. Der Kampf, der jetzt begann, war noch grimmiger als zuvor, denn fast alle Führer waren auf beiden Seiten zugegen und stürzten sich an der Spitze ihrer Truppen in den Kampf. Auf Mordreds Seite fielen Chelric, Elaf, Egbrict und Bruning, alles Sachsen; die Iren Gillapatric, Gillasel und Gillarvus; und die Skoten und Pikten, mit fast all ihren Anführern. Auf Artus' Seite starben Odbrict, König von Norwegen; Aschil, König von Dänemark; Cador Limenich; und Cassivelaunus, mit vielen Tausend Soldaten des Königs, einige von ihnen Briten, andere aus den verschiedenen Völkern, die er mitgebracht hatte. Artus selbst, unser berühmter König, wurde tödlich verletzt und zur Insel Avalon gebracht, auf daß man sich seiner Wunden annehmen könne.«[36]

Und Geoffrey fügt hinzu:

»Er übergab die Krone Britanniens seinem Vetter Constantin, dem Sohn des Herzogs von Cornwall; und dies geschah im Jahre 542 nach der Fleischwerdung des Herrn.«[37]

Abschied

Die vage Formulierung, die sich auf das Hinscheiden des Königs bezieht, findet sich auch bei Malory. Da heißt es:

»Dann nahm Sir Bedevere den König auf den Rücken und brachte ihn an das Ufer des Sees. Als sie dort anlangten, sahen sie, wie sich ein Boot dem Ufer näherte; Frauen saßen darin, edlen Geblüts. Und sie trugen schwarze Kapuzen und weinten und klagten, als sie König Artus sahen.

‚Lege mich in das Boot‘, sagte der König.

Und Bedevere tat, wie ihm geheißen; drei der edlen Frauen halfen ihm. Dann setzten sie sich, und eine bettete den Kopf des Königs in ihrem Schoß.

Und sie sagte: ‚Ach, geliebter Bruder, warum hast du solange gewartet? Deine Wunde am Kopf sieht böse aus.‘

Da legte das Boot ab, und Sir Bedevere schaute ihnen nach, wie sie auf dem See verschwanden.«[38]

Auch hier ist der König verwundet; aber ob er stirbt, wer weiß es?

Es ist eine schwere Kopfwunde, die er sich im Kampf mit Mordred zuzog. Zuerst hatte es ausgesehen, als ob das Schlimmste hätte verhütet werden können. Zwar kam es auch – laut Malory – zu einem Kampf, als der König, der seinen Krieg gegen Lanzelot abgebrochen hatte, zu landen versuchte. Getreu der Vorlage, die Geoffrey lieferte, schlug der König den Verräter in die Flucht, besiegte ihn ein zweites Mal und traf schließlich erneut mit ihm zusammen. Doch nicht in Cornwall, sondern auf der Ebene von Salisbury. Dort, wo einst Merlin den Ring der Riesen errichtet hatte.

Inzwischen war Gawain, der getreue Diener des Königs, gestorben. Er hatte eingesehen, daß es seine Unnachgiebigkeit war, die den König in Gefahr gebracht hatte. Die meisten Fürsten Englands hatten sich Mordred angeschlossen, denn, wie Malory schreibt, »unter Artus gab es nichts außer Krieg und Streit«. Was sich auf den Zwist zwischen dem König und

Lanzelot bezog, den er, Gawain, da er den Tod seiner Brüder sühnen wollte, geschürt hatte.

Bevor er starb, der unerbittliche Krieger, in der Schlacht von Dover, die über die Rückkehr des Königs entschied, schrieb er einen Brief an Lanzelot. Darin verriet er ihm, daß er freiwillig den Tod gesucht habe, damit er seines Schwurs entbunden sei und somit der Krieg zwischen ihm und Lanzelot beendet. Lanzelot möge zurückkehren, so schnell er könne. Der König sei in großer Gefahr, und nur er könne ihn retten.

Damit »gab er seinen Geist auf«, wie Malory schreibt. Doch nicht ohne vorher noch einmal seinem Herrn in einer Vision zu erscheinen: dieser hat nämlich in der Nacht vor dem Kampf, der über aller Schicksal entscheidet, schreckliche Träume. Er sitzt auf einem Stuhl, der an ein Rad gebunden ist, und unter ihm öffnet sich ein Tümpel, in dem sich Schlangen und allerlei Gewürm winden. Das Rad dreht sich, kippt, und der König stürzt in die Grube, wo die Reptile ihn verschlingen.

Mit dem Ruf »Hilfe!« wacht er auf; man versucht ihn zu beruhigen, und er schläft wieder ein.

Da hat er einen zweiten Traum: Gawain, der treue Ritter, erscheint und warnt ihn, am nächsten Tag nicht zu kämpfen. Es würde ihm Unglück bringen; er solle warten, bis »Sir Lanzelot mit all seinen Rittern kommt, um Euch zu retten«.

Als er erwacht, ist der König so verstört, daß er der Warnung des Traumes folgt. Er schickt eine Abordnung zu Mordred und schlägt ihm einen Waffenstillstand vor, wofür er bereit ist, einen Teil seines Reiches abzugeben.

Mordred nimmt an, und man vereinbart, einen Friedensvertrag zu unterzeichnen. Doch keiner traut dem anderen, und sowohl Mordred als auch Artus tragen ihren Gefolgsleuten auf, beim geringsten Anzeichen von Verrat auf den Gegner loszugehen.

Der Augenblick ist gekommen; die beiden Kontrahenten treffen sich. Der Vertrag wird besiegelt, und man läßt Wein herbeibringen, um das Ereignis zu feiern. Da geschieht das Unglück:

»Plötzlich kroch eine Natter aus einem Heidebusch hervor und biß einen Ritter in den Fuß. Und als der Ritter den Schmerz spürte, schaute er hinab und sah die Natter, und da zog er sein Schwert, um die Natter zu töten, und dachte an nichts anderes. Doch als die Heere auf beiden Seiten das

Schwert sahen, ließen sie Trompeten und Hörner erschallen und stießen ein wütendes Kriegsgeschrei aus. Und so gingen beide Heere aufeinander los.«[39]

Am Abend lagen hunderttausend Krieger auf der Walstatt. Nur vier waren übriggeblieben: König Artus und zwei Getreue, darunter Bedevere, und Mordred. Alle anderen hatte die Schlacht, die Camelot zu Fall brachte, hinweggefegt.

Man warnt den König, sein Glück nicht noch mehr zu versuchen. War es ihm nicht prophezeit, daß er an diesem Tag, an dem er nicht kämpfen sollte, sterben würde? Und was hatte Merlin gesagt, vor ach so langer Zeit? »Die Sünde, die du begingst, wird dich verschlingen!«

Doch der König hört nicht darauf, erinnert sich nicht. Zu groß ist sein Schmerz über das Geschehene, zu tief sein Haß auf den, der ihm alles zerstört. Und so stellt er sich denn zum letzten Kampf:

»Da nahm der König seine Lanze in beide Hände und stürzte sich auf Mordred und rief: ‚Verräter, nun ist dein Ende gekommen.‘«[40]

Und der Vater erschlägt den Sohn und der Sohn den Vater. Der Fluch hat sich erfüllt.

Man bringt den König in eine Kapelle, nicht weit von einem See, wo sich die Schlacht zutrug, und bettet ihn, während einer der beiden, die mit ihm übriggeblieben sind, sein Leben aushaucht. Da sagt der König zu Bedevere:

»‚Nun ist auch meine Zeit gekommen … Nimm deshalb … Excalibur, mein treues Schwert, und geh zu jenem See, und wenn du dort anlangst, wirf mein Schwert ins Wasser, und dann komm zurück und berichte mir, was du gesehen hast.‘«[41]

Bedevere zögert: wie kann er ein so prächtiges Schwert einfach im See versenken! Das bringt nichts Gutes, denkt er und versteckt es.

Doch als der König ihn fragt, was er gesehen habe, kann er nur antworten, daß ihm nichts begegnet sei. Worauf der König ihn ein zweites Mal losschickt. Als auch das nichts fruchtet, verflucht er ihn, und da endlich gibt Bedevere seinen Widerstand auf:

»Da ging Bedevere und nahm das Schwert und trat an das Ufer des Sees; er wand den Gürtel um den Griff, und dann warf er das Schwert hinaus auf das Wasser, so weit er konnte. Da tauchte ein Arm und eine Hand aus dem Wasser und griff danach; sie schüttelte es und schwang es dreimal. Dann verschwand die Hand mit dem Schwert, und Bedevere ging zum König und erzählte ihm, was er gesehen hatte.«[42]

Als der König hörte, was geschehen war, wußte er, daß nun seine Zeit gekommen war, und er sagte: »O weh, hilf mir, ich habe schon zu lange gewartet!« Und so trägt ihn Bedevere zum See, legt ihn in das Boot und schaut dem Entschwindenden nach, der ihm von Ferne zuruft:

»‚Ich begebe mich nun in das Tal von Avalon, um meine Wunden zu heilen; und wenn du nicht mehr von mir hörst, bete für meine Seele.‘«[43]

Eine Insel in Somerset

Obwohl der Gegensatz offensichtlich ist, besteht doch ein seltsamer Einklang zwischen der Kirche und dem Grab. Die Kirche steht in Ruinen; ihre mächtigen Pfeiler und Tore scheinen den Himmel zu tragen.

Das Grab liegt im Schatten, überragt von den Säulen – und doch, der Blick führt ins Freie. Bäume, Hügel und das Unendliche des Firmaments. Selbst die Kelten hätten hier einen Ort der Andacht, der letzten Ruhe wählen können.

Ich trete vor das Grab, eine einfache Steinsetzung, wie eine Kiste, die in den Boden gelassen. Darüber Gras, wie im ganzen Innenhof der Kirche. Und ein Schild:

SITE OF KING ARTHUR'S TOMB
In the year 1191 the bodies of King Arthur and his Queen were said to have been found on the south side of the Lady Chapel. On 19th April 1278 their remains were removed in the presence of King Edward I and Queen Eleanor to a black marble tomb on this site. This tomb survived until the dissolution of the abbey in 1539.

Auch wenn der Blick durch die geborstenen Säulen und offenen Fenster zu den Wipfeln der Bäume und in das Blau des Himmels gleitet, ist doch die erste Empfindung, wenn man dieses Schild liest, eine leise Enttäuschung. Nicht nur, daß das Schild als solches eine profane Erinnerung an die Gegenwart ist; wie ein Schild auf einem Parkplatz oder am Rande einer Wiese. Auch nicht allein die Erkenntnis, die einen geradezu plötzlich und prosaisch überfällt, daß er dann wohl doch gestorben ist, der legendäre König.

Nein, es ist der Traum, der beim Anblick dieses Grabes zerstiebt: ein Bild löst sich auf – der König auf der Barke, Feen, die ihn umhegen, und der Nebel, der vom Wasser aufsteigt, die Barke umhüllt, sie eins werden läßt mit der Ewigkeit.

DAS GRAB DES KÖNIG ARTUS

Im Jahre 1191 wurden angeblich die Leichen von König Artus und seiner Königin südlich der Marienkapelle entdeckt. Am 19. April 1278 wurden ihre sterblichen Überreste im Beisein König Eduard I. und der Königin Eleonore an diesen Ort gebracht, wo man sie in einem schwarzen Marmorgrab beisetzte. Dieses Grab bestand bis zur Auflösung der Abtei im Jahre 1539.

Allmählich erfaßt man den Sinn und eine kleine Hoffnung kehrt zurück. »They were said to have been found« – »Es heißt, man habe sie gefunden« und »survived until the dissolution« – »bestand bis zur Auflösung«: das läßt doch noch Raum für Spekulationen. So ganz sicher ist es doch nicht. Der, der es nicht so genau, mit letzter Entschiedenheit wissen möchte, trägt seinen Traum mit sich fort. In Erinnerung bleiben die Säulen, die Bäume und der Himmel …

Geoffrey nennt den Ort, wo die letzte Schlacht stattfand, »Camblam«; und er sagt, daß dies ein Fluß in Cornwall sei. Bei Malory ist die legendäre Kampfstätte ein Hügel in der Nähe von Salisbury. Er kehrt – bewußt oder unbewußt – zu jenem Ort zurück, wo die Sachsen einst die versammelten britischen Fürsten niedermachten und Aurelius Ambrosius ein Denkmal errichten ließ: den Ring der Riesen, Stonehenge.

In Stonehenge sind – der Sage nach – alle großen Führer der Briten beigesetzt. Nicht nur jene, die bei dem Massaker umkamen. Auch Aurelius, Uther Pendragon, der Vater von Artus, und Constantin III., Artus' Nachfolger. Warum also nicht auch den legendären König, welcher der größte von allen war, an diesem geweihten Ort beisetzen, zumindest ihn in seinem Anblick sterben lassen? Der Zirkel hätte sich geschlossen: Artus wäre in den Kreis seiner Ahnen zurückgekehrt.

Wenn es in der Gegend von Stonehenge oder Salisbury einen Fluß namens Camblam beziehungsweise Camlann gäbe, wäre an der Theorie von Malory, die letztlich freilich auf Geoffrey zurückgeht (der die Legende von dem Ring der Riesen überliefert), auch nichts auszusetzen. Unglücklicherweise gibt es nichts im weiten Umkreis von Stonehenge, was auch nur annähernd auf einen Fluß besagten Namens hindeutet. Das einzige, was an die Legende erinnert, wie sie

Malory aufzeichnete, ist der Fluß Avon, der das Plateau von Salisbury entwässert. Er erinnert an das »Tal von Avilion«, in das der verwundete König eingeht.

Doch Avilion oder Avalon ist ein Name, der mit einem anderen Ort verbunden ist. Und Camlann, das immerhin auch aus anderer Quelle überliefert ist, findet sich bei Malory überhaupt nicht.

Salisbury ist also wohl am ehesten in das Reich der Fabeln zu verweisen. Wie aber sieht es mit Cornwall aus?

Auch hier würde sich – wenn auch auf andere Weise – ein Kreis schließen: in der Nähe von Camelford, das auf dem Wege nach Tintagel liegt, gibt es eine Brücke namens Slaughter Bridge. »Slaughter« bedeutet soviel wie »Gemetzel« oder »Blutbad«. John Leland, jener Reisende aus dem 16. Jahrhundert, der angeblich auch die Spuren von Camelot fand, berichtet, daß »man zuweilen in dieser Gegend Teile von Rüstungen, Ringen und Pferdegeschirr im Boden findet«. Er hörte weiterhin, wenigstens gibt er dies vor, daß auf der besagten Brücke, die über den Fluß Camel führt, der legendäre Zweikampf, zwischen Artus und Mordred, stattfand.

Nun berichtet gerade Geoffrey, der andererseits auf die Gegend von Camelford hinzuweisen scheint (denn nicht nur der Name des Flusses, auch die Örtlichkeit entspricht seinen Angaben), daß es zu einem solchen Zweikampf, wie wir gesehen haben, offensichtlich gar nicht gekommen ist. Man starb oder wurde verwundet, der eine wie der andere, in dem allgemeinen Gemetzel, und nichts deutet darauf hin, daß es zu jenem heroischen Höhepunkt kam, wie ihn Malory überliefert.

Vermutlich hat Leland, der mit der Malory-Version natürlich vertraut war, diese seinen vermeintlichen Gewährsleuten in den Mund gelegt (wenn sie, was weniger wahrscheinlich ist, Malory nicht selbst gelesen hatten), und so schmückte er nur aus, was ihm als Indiz zu wenig erschien. Was dieses nun betrifft, so ging er auch mit dessen Interpretation fehl: denn die Rüstungen und Geschirre, von denen er schreibt, stammen, so hat man inzwischen herausgefunden, aus einer viel späteren Zeit – nämlich aus dem Jahre 823, als König Egbert von Wessex gegen Cornwall zog. Egbert war Sachse, und so wiederholte sich, was Artus mit der Schlacht von Badon zu verhindern versucht hatte: die Barbaren drängen in das letzte Refugium der Briten vor.

Letztlich ist es also eine Ironie, die Slaughter Bridge von

Camelford mit dem letzten Sieg des Britenkönigs zu identifizieren. Hier vollzog sich die endgültige Niederlage: Egbert wurde zum ersten – barbarischen – König Englands.

Wir müssen also weitersuchen. Doch bevor wir das tun, sollten wir uns vergewissern, ob denn Camlann oder Camblam auch tatsächlich jener Ort ist, wo die letzte Schlacht stattfand. Geoffrey ist zwar zuverlässiger als Malory, aber auch er ist in vielem eher ein Dichter als ein Historiker.

Welches ist die andere Quelle, von der wir sprachen? In den Osterannalen finden wir die Eintragung:

Gueith camlann in qua arthur et medraut corruerunt, et mortalitas in brittania et in hibernia fuit.[44]

Dies ist der zweite grundlegende Hinweis auf die tatsächliche Existenz eines König Artus. Ob er freilich König war – und nicht eher ein Feldherr –, diese Frage haben wir bereits an anderer Stelle erläutert. Wichtig ist, daß er beide Male im Zusammenhang mit einer Schlacht erwähnt wird. Für das Jahr 490: Badon, für 511: Camlann.

Die Eintragung in den Osterannalen läßt sich wie folgt übersetzen:

Schlacht von Camlann, in der Artus und Mordred umkamen, und es gab ein großes Sterben in Britannien und Irland.

Für »gueith« – Schlacht –, könnte auch »bellum« stehen. Doch war das hier verwendete Wort, das aus dem Walisischen stammt zu der Zeit, für die diese Eintragung zutrifft, keineswegs ungebräuchlich. Es kommt auch in anderen, sonst lateinischen Texten vor.

Bemerkenswert an dieser Eintragung, die ja Teil eines Kommentars ist, der den sogenannten Osterannalen oder Kalenderaufzeichnungen beigegeben wurde, ist der Hinweis, daß eine Schlacht von Camlann nicht nur stattfand, sondern daß dabei auch Artus (und Mordred) zu Tode kamen. Damit ist die Mär, daß der legendäre Held nur verwundet wurde und dereinst wiederkehrt, eigentlich widerlegt.

Die Authentizität der Anmerkungen in den Osterannalen wird allgemein anerkannt. Dies gilt auch und gerade für die Eintragung, die sich auf die Schlacht von Camlann bezieht. So schreibt Leslie Alcock, der in seinem Buch *Arthur's*

Britain unter anderm auch dieser Frage nachgegangen ist: »... sogar die vorsichtigsten Wissenschaftler sind zu der Überzeugung gekommen, daß der Hinweis auf den Tod Artus' und Mordreds in Camlann authentisch ist, ganz gleich, ob das Datum stimmt oder nicht stimmt.«[45]
Und er fügt hinzu:
»Der Hauptgrund für die Annahme, daß die Erwähnung Camlanns sich auf ein tatsächliches Ereignis bezieht, das von historischen Persönlichkeiten geprägt wurde, ist der Umstand, daß alle anderen – Päpste, Heilige, Könige und Prinzen –, die in den britischen Osterannalen erwähnt werden, wahr sind und nicht mythische oder märchenhafte Gestalten.«[46]
Warum sollte man also gerade einen Artus »erfinden«, zumal er – was Camlann betrifft – in Verbindung mit einem Ereignis erwähnt wird, das mit ihm und seinem Tod eigentlich gar nicht in Zusammenhang steht. Denn das große Sterben, von dem die Rede ist, bezieht sich offenbar auf eine verheerende Seuche, wie sie für das Mittelalter typisch ist.
Eine andere Frage ist das Datum, auf das sich die Eintragung bezieht. In der Umrechnung ergibt sich das Jahr 539, was jedoch auf 511 zu reduzieren ist, geht man von denselben Voraussetzungen aus, die wir im Zusammenhang mit der Schlacht von Badon erwähnten. 511 – das ist 21 Jahre nach Badon. Somit wäre Artus vermutlich 50 Jahre alt geworden. (Geoffrey, obwohl er ein anderes Datum nennt, erwähnt interessanterweise ziemlich genau eine Zeitspanne von 21 Jahren – 12 Jahre Frieden und 9 Jahre in Gallien –, die zwischen der Schlacht von Badon und der von Camlann liegen.)
Scheint die Frage, wo und wann Artus – der Feldherr – das Zeitliche segnete, hinlänglich geklärt, so steht doch noch offen, was mit diesem »Wo« gemeint ist. Camlann in Cornwall, Camlann in Wales, Camlann in Schottland? Überall gibt es Indizien, so spärlich sie auch sein mögen, die auf eine Kampfstatt hinweisen, wie sie Geoffrey überliefert.
Keiner der Orte, die den Anspruch erheben, mit dem wahren, historischen Camlann identisch zu sein, kann jedoch so viele Argumente ins Feld führen wie – Camelot. Wir erinnern uns: Camelot läßt sich mit Cadbury gleichsetzen, wenigstens ist jene Hügelfeste in Somerset der einzige plausible Ort, der sich mit einem Feldherrn (und nicht einem König), wie es Artus – die historische Gestalt – aller Voraussicht nach war, in Verbindung bringen läßt.

Camelot – Camlann: darauf hätte man eigentlich schon früher kommen können. Aber das wäre zu einfach gewesen: schließlich ist Camelot ein fiktiver Name, auch wenn er auf tatsächliche Vorbilder zurückgeht; und Camlann, wiewohl es dafür ursprünglich keinerlei Anhaltspunkte gibt, wurde immer mit einem offenen Schlachtfeld in Verbindung gebracht. Aber wie Badon mit Bath gleichzusetzen ist – wenigstens ist dies einleuchtender als alle anderen Identifikationsversuche –, so bietet es sich an, auch hinter dem Camlann der Osterannalen einen Ort zu vermuten, der weniger ein Fluß als vielmehr eine Siedlung oder eine Festung war.

Aber selbst wenn es ein Fluß war, worauf ja Geoffrey hinweist, so ist das kein Grund, warum man Camelot-Cadbury *nicht* in Betracht ziehen sollte. Schließlich fließt am Fuße des Hügels, auf dem einst die Festung des legendären Feldherrn stand, ein Fluß namens Cam. Was liegt also näher – zieht man die anderen Indizien, auf die wir noch zu sprechen kommen, in Betracht –, als die Schlacht vor den Toren von Camelot, am Ufer des Flusses stattfinden zu lassen? Artus war ausgezogen, befand sich auf einem neuerlichen Feldzug gegen die Franken (die sich seinen früheren Eroberungsversuchen widersetzten) und wurde zurückgerufen, als er erfuhr, daß sich Mordred, den er an seiner Statt zurückgelassen hatte, gegen ihn erhoben hatte. Er kehrte also zurück, belagerte den Usurpator in seiner eigenen Stadt, und als dieser einen Ausfall wagte, kam es zu jener Schlacht, die nicht nur über das Schicksal Artus', sondern auch Camelots entschied.

Bei diesem Szenarium ist Artus nun doch zu einem König avanciert, was er allerdings in seinen späteren Jahren durchaus auch gewesen sein kann. Zumindest wird er die Würde eines Fürsten erlangt haben, sonst hätte man ihn schwerlich in den Osterannalen erwähnt.

Was nun Camelot alias Cadbury betrifft, so weisen nicht nur der Name des Flusses Cam sowie zwei Orte in der Nähe, nämlich Queen Camel und West Camel, die schon der wackere Leland erwähnt, auf das historische Camlann hin. Man fand hier auch ein Massengrab, ähnlich wie in Camelford. Allerdings ist der Fund bislang noch nicht systematisch aufgearbeitet worden.

Aber damit noch nicht genug: Cadbury liegt in der Nähe von Glastonbury, und wie wir bereits erwähnten, kann man von der Höhe der Festung nicht nur den Tor, das Wahrzeichen der seit heidnischer Zeit als Pilgerzentrum dienenden

Stadt erkennen. Es führt auch ein alter Weg von Camelot nach Avalon; jener, auf dem Artus auf seiner letzten Reise gegangen ist.

Geoffrey spricht von einer Insel, zu der man den verwundeten König brachte. Bei Malory ist es ein Tal, das entrückte »Avilion«. Aber auch dorthin gelangt man nur mit einem Boot, das die Feen über die Wasser eines Sees rudern.

»Glastonbury besteht heute aus einer Anzahl von Hügeln, die fast gänzlich von den fruchtbaren, flachen Wiesen des mittleren Somerset eingerahmt sind. Dieses flache Land war einstmals Morast und Sumpf, dessen Grenzen in etwa mit der heutigen Höhenlinie von 20 Fuß zusammenfallen. Nur im Südosten besteht eine Verbindung über einen schmalen Grat zwischen der ‚Insel‘ und den Hügeln im östlichen Somerset.«[47]

So die Aussage des Archäologen Ralegh Radford, der die Frage, was es mit der geheimnisvollen Insel von Avalon auf sich hat, untersucht hat. Jene Insel – und jenes Tal – war nichts anderes als der Tor, der weithin sichtbar über das Marschland ragte. Und dieser Tor war schon seit undenklichen Zeiten ein Heiligtum, ein Eingang zur Unterwelt, den sich die Kelten in Seen und Meeren dachten.

Die Existenz eines solchen Heiligtums zog die ersten Christen an. William of Malmesbury, ein Chronist des 12. Jahrhunderts, der eine Geschichte der Kirche von Glastonbury verfaßte, setzt den eigentlichen Beginn christlicher Missionstätigkeit in das 5. Jahrhundert. Das ist die Zeit des heiligen Patrick, des Gründers der Kirche in Irland. Seine Missionstätigkeit nahm von Glastonbury ihren Ausgang, und so ist es nicht verwunderlich, daß er – wie auch andere Heilige, die sich um die Bekehrung der Kelten verdient machten – in Glastonbury beigesetzt wurde. So wenigstens will es die Überlieferung.

Artus lebte – und starb – in dieser Übergangszeit zwischen heidnischer Tradition und Christentum. Insofern ist die Legende, die sich um ihn rankte und ja keltisches Gedankengut mit christlicher Heilslehre verband, ein getreues Abbild seiner Zeit. Auch der Umstand seines Todes, wie er uns überliefert ist, entspricht dieser Doppeldeutigkeit: denn Malory (wenn auch nicht Geoffrey) berichtet uns nicht nur von Avalon, er erwähnt auch Glastonbury, wo der Held seiner Geschichte seine endgültige Ruhe fand:

»... und so machte sich Bedevere auf und kam zu einer

Kapelle, wo er einen Einsiedler fand, der vor einem Grab kniete, das frisch ausgehoben war ...

,Herr', sagte Bedevere, ,wer ist dort begraben, daß Ihr so sehr für ihn betet?'

,Mein Sohn', sagte der Einsiedler, ,ich weiß es nicht genau, ich vermute es nur. Heute nacht, um Mitternacht, kamen einige Frauen und brachten einen Toten und baten mich, ihn zu begraben; und sie zündeten hundert Kerzen an und gaben mir hundert Goldmünzen.'

,O weh!' sagte Bedevere. ,Das war mein Herr und König Artus, der dort begraben liegt.'«[48]

Malory deutet es nur an; er ist sich nicht sicher. Fügt er doch hinzu: »Aber der Einsiedler wußte nicht genau, ob es wirklich der Leichnam König Artus' war.« Und er verweist auf die zahlreichen Legenden, die sich um das Fortleben des Königs gebildet haben.

Die Kapelle, von der Malory berichtet, setzt er ausdrücklich mit Glastonbury gleich. Dahin habe sich der Einsiedler, der vormals Bischof von Canterbury war, zurückgezogen, als er vergeblich versucht hatte, Mordred von seinem verräterischen Tun abzuhalten.

Jene Kapelle mag tatsächlich bereits bestanden haben, als König Artus aus dem Leben schied. Denn dort, wo heute in der Verlängerung der eigentlichen Kirche die Marienkapelle steht, befand sich einstmals ein Schrein, der als »Old Church of St. Mary« – Alte Marienkirche – überliefert ist. Und in ihrem Schatten lag ein Friedhof, auf dem jene Missionare beigesetzt waren, die das Christentum in das Land der Kelten gebracht hatten und fortan als Heilige verehrt wurden.

In der Nähe eines solchen noch deutlich erkennbaren, obwohl zerstörten Grabes fand man 1962 die Spuren einer anderen Beisetzung, die aus zwei Gruben bestand. Sie weisen auf eine Überlieferung hin, derzufolge Mönche im Jahre 1191 ein Grab entdeckten, das durch ein Kreuz, das sich in der Nähe fand, gekennzeichnet war. Auf diesem Kreuz stand in großen Lettern:

Hic iacet inclitus rex Arturius in insula Avallonis sepultus.[49]

So überliefert es Ralph of Coggeshall, ein zeitgenössischer Chronist, der über die Entdeckung des Grabes berichtet. Dies ist der erste – historische – Hinweis, daß Artus begraben wurde und daß dies in Avalon alias Glastonbury geschah.

Die Übersetzung der Inschrift lautet:

Hier liegt begraben der berühmte König Artus auf der Insel Avalon.

Ein anderer Chronist, der über den Fund berichtete (und sowohl das Kreuz als auch die Knochen sah), Gerald of Wales, fügt zu der Version von Ralph hinzu:

cum Wenneveria uxore sua secunda,[50]

was zu übersetzen ist:

mit Guinevere, seiner zweiten Frau.

Eine Bestätigung findet dieser Zusatz in einer Chronik aus dem 13. Jahrhundert, die ein Mönch in Glastonbury, Adam of Domerham, verfaßte. »Am folgenden Dienstag ...«, schreibt er, »im Morgengrauen, ließ der König das Grab des berühmten Artus öffnen. Man fand darin, in zwei Särgen, die mit Bildern und Wappen bemalt waren, die Knochen des besagten Königs, die von stattlicher Größe waren, und jene der Königin Guinevere, die von erstaunlicher Anmut waren.«

»Of marvellous beauty«, wie Adam schreibt: die Königin muß wahrhaftig sehr schön gewesen sein, wenn man es ihr noch nach 800 Jahren ansah!

Was war eigentlich aus ihr geworden? Mordred hatte ihr nachgestellt: bei Geoffrey hatte sie sich mit ihrem Schicksal abgefunden; Malory hingegen, der ein Befürworter edlerer Liebe war, läßt sie vor ihrem Stiefsohn fliehen, und als der König – und sein Rivale – im Zweikampf sterben, weist sie am Ende sogar ihren Geliebten, Lanzelot, ab. Dieser war auf die Nachricht vom Bürgerkrieg hin herbeigeeilt, um seinem Herrn, den er immer noch ehrt, zu Hilfe zu kommen. Doch es ist zu spät: der König ist tot, und Guinevere nimmt alle Schuld auf sich. War sie es nicht, die durch ihre Untreue alles Unheil heraufbeschworen?

Sie zieht sich zurück in ein Kloster, wo sie bald darauf stirbt, um schließlich an der Seite ihres Mannes begraben zu werden. Wie Malory schreibt:

»Da erblickte Sir Lanzelot ihr Antlitz, aber er weinte nicht sehr, sondern seufzte nur. Und so traf er selbst alle Vorbereitungen für die Totenfeier, sang das Klagelied und hielt am

Morgen die Messe. Und man legte sie auf eine Bahre, die von einem Pferd gezogen wurde, und während hundert Fackeln den Zug begleiteten, brachte Lanzelot mit seinen Gefährten, die unentwegt beteten und Weihrauch schwenkten, den Leichnam der Königin von Almesbury nach Glastonbury.«[51]

Er war selbst zu einem Mönch geworden, der einst so weltliche Sir Lanzelot, und als er starb, ging auch seine Seele in den Himmel ein.

Aber war es denn nun tatsächlich das Grab des großen Königs und seiner Königin, was man auf dem Friedhof von Glastonbury fand und – wie Adam von Domerham schreibt – im Beisein eines anderen Königs, Eduard I., in die Hauptkirche überführte? »Am folgenden Tag ...«, schreibt er, »legten der König die Gebeine des Königs und die Königin jene der Königin wieder in die Särge, nachdem man sie mit kostbarer Seide umwickelt hatte. Als die Särge versiegelt waren, ließ der König sie in die Kirche schaffen, wo sie fortan vor dem Hauptaltar aufbewahrt werden sollten. Allein die Schädel hatte man entfernt; sie sollten zur Verehrung der Leute dienen.«

So geschehen im Jahre 1278. Doch von dem Grab, einem Mausoleum aus Marmor, ist nichts erhalten geblieben. 1539 wurde das Kloster aufgelöst, die Bauten zerfielen, und was heute als Grab des König Artus ausgegeben wird, ist nur das Fundament der einstigen Gedenkstätte.

Eine letzte Sicherheit gibt es nicht: alles ist verloren, Schädel, Gebeine und das Kreuz. Manche glauben, das Ganze sei nur ein kluger Schachzug der Mönche gewesen, die nach dem Feuer, das 1184 das Kloster zerstörte, Pilger anlocken wollten, um damit den Wiederaufbau zu finanzieren. Andere meinen, daß es Heinrich II. war, der endgültig die Legende von der Wiederkehr des legendären Britenkönigs, der angeblich in der Gestalt seines Enkels Artus, Sohn des Grafen von Anjou, wiedererstanden war, endgültig zu Grabe tragen wollte.

Wie auch immer: ein Indiz gibt es zumindest, und das ist jenes Kreuz, das zwar im Original verlorenging – auch wenn es bis zum 18. Jahrhundert nachweisbar ist –, doch in einer Abbildung aus dem Jahre 1607 erhalten blieb. Dem Stil der Inschrift nach zu urteilen, die in dieser Abbildung deutlich erkennbar ist, handelt es sich um ein Denkmal aus dem 10. oder 11. Jahrhundert. Mit anderen Worten, das Kreuz ist *nicht* zeitgleich mit König Artus. Es ist aber auch nicht erst *nach*

Das vermeintliche Grab von König Artus in der Glastonbury Abbey.

dem großen Feuer entstanden, und Heinrich II., der von 1154 bis 1189 regierte, ist gleichfalls etwas zu spät dran (wiewohl er andererseits, was das Grab betrifft, das ja erst 1191 entdeckt wurde, etwas zu früh abtrat).

Verbleibt die Frage, wer das Kreuz – 500 Jahre nach Artus – errichtet hat. Darauf gibt es eine Antwort: Sankt Dunstan, der eigentliche Begründer des Klosters, nahm, bevor er 960 zum Erzbischof von Canterbury avancierte, eine Neuordnung der Klosteranlagen vor. Dabei »räumte« er auch auf jenem Friedhof auf, wo – neben den Missionaren aus früherer Zeit – auch ein Mann namens Artus seine letzte Ruhestätte gefunden hatte. Er war zu der Zeit ein berühmter Mann (ein Symbol des Widerstandes gegen die Sachsen), was er in seinen Tagen, wo er mehr lokale Bedeutung gehabt hatte, weniger gewesen war. Wenigstens war er nun – der Widerstand der Waliser erlahmte erst im 12. Jahrhundert – erst recht *inclitus*, ein »berühmter« König.

Dunstan, dem die Missionare weniger wichtig waren, hob sein Grab besonders hervor. Schließlich hatte Artus ja auch das Christentum gegen die Barbaren verteidigt, und wenn er tatsächlich in Camelot-Cadbury residiert haben sollte, dann war er letztlich auch für die Entstehung von Glastonbury verantwortlich. Kurzum, er ließ ein Kreuz anfertigen und stellte es da auf, wo er vermeinte, das Grab des legendären Königs gefunden zu haben.

In der Folgezeit – es vergingen immerhin zweihundert Jahre – verfiel das Grab, das Kreuz wurde selbst begraben, und erst 1191, als man erneut mit einem Aufbau beschäftigt war, kam das Verlorene wieder zum Vorschein. Artus war wiedererstanden und sollte nun, soweit es sein vermeintliches Grab betrifft, nicht mehr in Vergessenheit geraten.

»In insula Avallonis« stand auf dem Kreuz – auf der Insel Avalon. Ist das Grab ein Symbol des Christentums, so weist Avalon auf etwas anderes hin. In einer Chronik aus dem 13. Jahrhundert findet sich die Geschichte eines gewissen Glaesting, eines Führers der Briten. Eines Tages entlief ihm ein Schwein, und er verfolgte es durch die Sümpfe und Wiesen von Somerset, bis er es endlich auf einem Hügel unter einem Apfelbaum stellte. Apfel hieß zu der Zeit in der Sprache der Briten »aval«, und so nannte man den Ort fortan »Avalon«. Aber auch Glaesting hinterließ seinen Namen: ihm zu Ehren taufte man den Ort schließlich »Glaestinga-burgh« – Glästingburg –, woraus Glastonbury entstand.

Das ist die eine Version. Die andere besagt, daß Avalon auf einen legendären König namens Avallach zurückgeht, der seinerseits auf einen keltischen Gott zurückzuführen ist. Der König war der Herr der Insel und Vater jener Morgan le Fay, die schließlich als Herrin vom See die Herrschaft über Avalon antrat. Sie war es, die Artus auf seiner letzten Fahrt in ihrem Schoß bettete, und sie, eine Zauberin, würde ihn heilen, auf daß er einst wiederkehre, um seine Herrschaft über die Menschen neu aufzurichten.

Ynys Avallach, so nennen die Waliser die Insel Avalon. Am Ende fielen beide Traditionen zusammen, der Apfel mit dem Gott, und es wurde daraus die Vorstellung von einem Paradies geboren, das zwar auf einen bestimmten Ort fixierbar war, doch eigentlich zum Symbol für die Unsterblichkeit des Menschen schlechthin wurde. Artus lebte in diesem Reich fort, der Lehre der Kirche, daß er eigentlich und tatsächlich gestorben sei, zum Trotz. Und es ist diese Überlieferung, die sich schließlich durchsetzte: in der Gestalt des Artus triumphierte am Ende das Autochthone.

Rex Futurus

Doch einige sagen in manchen Gegenden Englands, daß König Artus nicht tot ist, sondern daß er sich nach dem Willen Unseres Herrn Jesu an einem geheimen Ort aufhält; und man sagt, daß er wiederkommen wird, und er wird das heilige Kreuz erringen. Ich will nicht behaupten, daß es so kommen wird; nur soviel, daß er, als er von dieser Welt schied, eine andere Gestalt annahm. Doch viele sagen, daß auf seinem Grab geschrieben steht: HIC IACET ARTHURUS, REX QUONDAM REXQUE FUTURUS.«[52]

»Der einstige und zukünftige König«: Malory hat mit seiner Prophezeiung durchaus recht. Zwar ist er nicht wiedererstanden, der legendäre Britenkönig, aber in der Erinnerung der Menschen lebte er fort. Wie Jesus, Mohammed oder Buddha.

Nur Kaiser Barbarossa ist ihm ebenbürtig. Und Quetzalcoatl, jener indianische Kulturheroe, der nicht vom Westen, sondern von Osten kommend die Erlösung der Welt versprach.

Artus stieg auf zum Firmament der Götter: ein Symbol der Hoffnung, ein Zeichen des Glaubens. Noch im 19. Jahrhundert glaubte man in weiten Teilen Englands an seine Unsterblichkeit. Als man mit den ersten Ausgrabungen in Cadbury begann, fragte ein alter Mann, der in der Nähe wohnte, ob man den König vertreiben wollte.

Er hauste – wir erinnern uns – nach lokaler Vorstellung in einer Höhle, von der er von Zeit zu Zeit einen Ausflug in die Umgebung unternahm, doch stets in sein Versteck zurückkehrte, da ihm die Welt noch nicht geeignet erschien, sich ihr ganz zu offenbaren.

Auch die Bretonen, drüben auf dem Kontinent, träumten von der Wiederkehr ihres einstigen Ahnen. Sie hatten – nicht anders als die Bewohner von Somerset (und Cornwall und Wales) – gegen einen fremden Herrn zu kämpfen, der ihnen ihre Tradition und Eigenart streitig machte. Nach ihrer Vorstellung würde einer der ihren, den das Schicksal dazu ausersehen, den Zauberer Merlin herbeirufen; der wiederum würde mit einer goldenen Harfe, die er dreimal anschlug, Artus aus seinem Schlummer erwecken. Und unter der Führung des Zauberers würde sein einstiger und neuerlicher Zögling ein Heer aufstellen, das alle Unzufriedenen in der Bretagne, in Cornwall und in Wales vereinte, und vor die Tore von London ziehen, um sie von ihrer Knechtschaft zu befreien.

Es war ein Gott der Rache, den man erwartete, ein Politikum, und so kam es dem Hause Plantagenet, das ja nicht nur in England, sondern auch über weite Teile Frankreichs herrschte, schon zupaß, daß man den »aufrührerischen« Artus endlich in Glastonbury zu Grabe trug. Was die Stimmen der Revolte wohl dämpfte, aber nicht endgültig zum Schweigen brachte.

England war im 12. Jahrhundert praktisch gänzlich unter die Herrschaft der Fremden gelangt: zuerst fiel Somerset, das bereits im 7. Jahrhundert dem Ansturm der Sachsen weichen mußte. Im 9. Jahrhundert folgte – wie wir bereits sahen – Cornwall; und Wales, die letzte Bastion, mußte sich Heinrich II. ergeben. Damit war das Werk, das den – historischen – Artus einst berühmt gemacht, praktisch aufgehoben, und es bleibt zu konstatieren: es gelang dem Britenkönig lediglich, den Vormarsch der Barbaren aufzuhalten. Ein Reich von Dauer schuf er nicht!

Bis nach Tintagel drangen die neuen Herren vor. Auf den Ruinen dessen, was einst der Sitz eines britischen Fürsten war (und später in ein Kloster umgewandelt wurde), entstand die Burg, die Reginald, der Bastard Heinrichs I., errichtete. Sie wurde in der Folgezeit weiter ausgebaut, bis sie schließlich im 14. Jahrhundert zerfiel und nur noch als Gefängnis benutzt wurde. Das war das Ende der einst stolzen Feste, wo Artus angeblich das Licht der Welt erblickte.

Cadbury alias Camelot erging es nicht viel besser. Hier weiden – wie wir gesehen haben – am Ende nur noch Kühe, wo einst König Artus hofgehalten hatte. In der Zwischenzeit war es unter Ethelred, einem Sachsenkönig des 10. Jahrhunderts, noch einmal befestigt worden, nachdem es im 7. Jahrhundert verlassen worden war. Ethelred hatte mit den Wikingern zu kämpfen, die auf ihrem Vordringen nach Westen auch die Britischen Inseln heimsuchten. Unter Knut dem Großen, einem Dänenkönig, gelang es ihnen sogar, England gänzlich zu beherrschen. Damit war das Schicksal von Cadbury endgültig besiegelt. Was folgte, war nur noch Ackerbau und Viehzucht.

Nicht ganz so demütigend war das Ende von Avalon. Es wurde schlichtweg abgetragen, um eine neue Stadt zu errichten: eben jenes Glastonbury, das Cadbury (und Avalon) ersetzte. Die Abtei wurde im 16. Jahrhundert aufgelöst, und an ihrer Stelle entstand ein Städtchen, das den Ruhm des Königs, der angeblich hier begraben liegt (oder im Tor in einem Feenpalast herrscht), verewigte.

Der Tor und der Brunnen zu seinen Füßen ist alles, was von der Legende übriggeblieben ist: Ausgangspunkt für die Himmelfahrt der Gralsritter und zugleich Eingang in die Unterwelt. In Glastonbury-Avalon fällt das Reich Gottes mit der Welt der Kelten zusammen. Darin liegt die besondere Bedeutung dieses Ortes.

Glastonbury ist zu Recht zum Zentrum des Artuskultes geworden. Es vergeht kein Jahr, in dem nicht irgendein Schaustück mit dem legendären Helden als Thema vor den Kulissen der Kirchenruine aufgeführt wird. Hier wird die Erinnerung wachgehalten, auch wenn sie jeglicher politischen oder nationalen Bedeutung entkleidet ist. Es geht nicht mehr um die Briten (und schon gar nicht um die Bretonen), es geht um das Heil, das wir alle suchen. Ein großer Anspruch, ein großes Ziel.

Aber damit stehen die Briten oder besser die Engländer – denn die heutigen Briten sind nicht die alten – nicht allein da. Bis nach Amerika reichte und reicht die Kunde, derart, daß sich kein Geringerer aufmachte als Präsident Kennedy, in Washington ein neues Camelot zu errichten. Da war Mark Twain doch noch ein wenig bescheidener gewesen: er schickte nur einen Yankee an König Artus' Hof, wo er allerdings mit den Gepflogenheiten der alten Welt nicht so recht zu Rande kam. Stellt Twain doch den kühlen Verstand und die freiheitliche Gesinnung seiner Landsleute dem religiösen Fanatismus und autoritären Herrscherideal des Mittelalters gegenüber.

Kennedy verkörperte (zumindest in den Augen seiner Zeitgenossen) dieses – amerikanische – Ideal: mit ihm sollte es einen neuen Anfang geben; »Zivilcourage« nannte er es. Daß er wie Artus einem sinistren Komplott zum Opfer fiel und durch seinen frühen Tod Amerika in ein Chaos stürzte, das im Krieg gegen Vietnam gipfelte, macht die Parallele nur

noch deutlicher. Es ist eine Ironie, daß die Ziele, die er vorgab erreichen zu wollen, schließlich in ihr Gegenteil verkehrt wurden: »Projekt Camelot« hieß ein Unternehmen,
das vom Pentagon finanziert wurde und – unter dem Deck-
mantel der Wissenschaft – Strategien erarbeiten sollte, die
das, was einst das höchste Gut Amerikas gewesen war, nämlich Freiheit und Selbstbestimmung, in den Ländern der
Dritten Welt untergraben sollten.

Artushöfe gab es auch im Mittelalter. Sie griffen das Vorbild der Tafelrunde auf, wie es in der Dichtung, die um Artus
entstanden war, geschildert wurde. Festvereinigungen entstanden, die Turnierspiele und Gralsaufführungen veran-
stalteten. Nicht nur in England, auch in Deutschland erfreuten sich diese Artusbrüderschaften besonderer Beliebtheit.

Auch der Gral beziehungsweise die Suche nach ihm inspi-
rierte die Gemüter. So entstand 1924 eine Bewegung, die sich
um einen Messias namens Abdruschin scharte, der das Werk
Christi zu vollenden gedachte. Unter einem anderen »Heils-
bringer«, der keinen Rivalen neben sich duldete, verboten,
erholte sich die Bewegung nach dem Krieg und zählte 1968
bereits 5000 Anhänger, die sich auf mehrere Länder, darunter die Bundesrepublik, Frankreich, Großbritannien und die
USA, verteilen.

Größeres Ansehen als die sogenannte Gralsbewegung ge-
nießt die *International Arthurian Society,* die sich der wis-
senschaftlichen Erforschung der Artuslegende widmet. 1975
hatte sie 980 Mitglieder in 33 Ländern und konnte im Bulle-
tin desselben Jahres stolz verkünden, daß 1974 424 Bücher,
Artikel und Besprechungen zum Thema »Artus« erschienen
waren. Auffallend wenig davon erreichte allerdings die hie-
sige Öffentlichkeit.

Dabei ist, wie wir eingangs erwähnten, auch bei uns Artus
»in«. Nicht nur die Artushöfe, die weit zurückliegen und von
denen man einige noch heute besichtigen kann, wie etwa in
Danzig, und jene obskure Gralsbewegung sind zu erwähnen;
auch in der Literatur und Musik hat Artus seit längerem eine
große Bedeutung. Allerdings ist es nicht er selbst, dem wir in
den Dichtungen des Mittelalters und der Vertonung durch
Wagner begegnen: der legendäre Britenkönig hat es uns
wahrlich nicht um seiner selbst willen angetan. Aber er und
sein Reich der höfischen Minne bilden den Hintergrund, und
wenn auch Parzival und Tristan und das Ideal der Liebe, das
sie verkörpern, uns mehr bewegen als der angeblich so edle

König, der doch eher als eine Karikatur erscheint, so bleibt er das Sinnbild dieser Welt, die so fern der unseren und deshalb so faszinierend ist.

Aber es ist natürlich England, die Heimat unseres Helden, wo der große Artus die größten Triumphe feiert. Nach Malory, der seinem Land einen Spiegel und zugleich ein Vorbild vor Augen halten wollte, ist die Stimme des einstigen Königs eigentlich nie mehr verstummt. Besonders im 19. Jahrhundert wurde er zum Symbol eines erstarkenden Nationalismus, der jedoch nicht mehr separatistisch war, sondern ein Ausdruck jenes Stolzes, den die Engländer als Herren der Welt zur Schau trugen.

Tennyson, der mit seinen *Idylls of the King* ein neues Artusbild schuf, das den viktorianischen Gesetzen seiner Zeit ebenso unterworfen war wie es sie bestimmte, steht am Anfang einer Bewegung, die schließlich auch die Kunst erfaßte, namentlich die Malerei, wo die sogenannten Präraffaeliten sich um eine bildliche Darstellung dessen bemühten, was sie »Truth to Nature« – Gerechtigkeit gegenüber der Natur – nannten. Damit meinten sie weniger die Hinwendung zur Landschaftsmalerei als eine getreue Wiedergabe der Themen, die sie wählten, und diese waren – zumindest bei ihren bedeutenderen Vertretern – auf die Vergangenheit gerichtet. Besonders das Mittelalter mit seiner Magie und seinem ritterlichen Edelmut hatte es ihnen angetan, und so brachten sie eine ganze Reihe von Werken hervor, die sich durch eine realistischere, wenn auch verklärte Darstellung der Artuslegende auszeichnen, als wir sie in den mittelalterlichen Miniaturen finden, die um den Zyklus der Artus-Dichtung entstanden.

Erwähnenswert ist William Morris, der *Queen Guinevere* malte. Als Modell diente ihm ein Mädchen, das zum Idealbild der ganzen Schule wurde. Sie hieß Jane Burden, und er hatte sie in Oxford, wo die Raffaeliten an einem Zyklus von Fresken arbeiteten, die das Artusthema zum Gegenstand hatten, bei einem Theaterbesuch kennengelernt. Sie hatte, wie nicht nur den Bildern, die nach ihr entstanden, sondern auch einem zeitgenössischen Foto zu entnehmen ist, große Augen, einen langen Hals, volle Lippen und schulterlanges Haar. Auch ihre Hände waren lang und feingliedrig, und sie hatte eine schlanke, hochgewachsene Gestalt.

Morris war von ihr so hingerissen, daß er einmal, als er sie malte, auf die Leinwand schrieb: »I cannot paint you, but I love you!« – »Ich kann dich nicht malen, aber ich liebe dich!«

So etwa hätte es auch Lanzelot ausgedrückt, und es ist nur gerecht hinzuzufügen, daß Morris sein Modell so sehr liebte, daß er es schließlich heiratete.

Von Tennyson führt eine direkte Linie zur Artusliteratur der Gegenwart. Sie ist weitgehend der mittelalterlichen Mystik entkleidet, und ihre Protagonisten sind Menschen aus Fleisch und Blut. *The Once and Future King* von T. H. White, einem Engländer, stellt einen Höhepunkt dieser Entwicklung dar. Er wiederum gab den Anstoß zu einem Musical, *Camelot*, das die Amerikaner Alan Jay Lerner und Frederick Loewe schrieben. Es wurde 1960 am Broadway uraufgeführt.

Epilog

Als der verwundete Artus auf dem Schiff nach Avalon entschwand, rief Bedevere voller Kummer: »Ach, mein König, was soll aus mir werden? Nun, da du gehst und mich hier allein zurückläßt unter meinen Feinden.«

So wie dem treuen Bedevere wird es auch so manchem von uns gehen. Artus ist tot, und er wird nicht zurückkehren. Mehr noch: er hat gar nicht gelebt! So wie wir uns ihn vorstellen oder vorgestellt haben, hat er niemals existiert.

Das ist wohl das wichtigste Ergebnis unserer Untersuchung: Artus ist eine Fiktion, ein Ausdruck unseres Sehnens, vor tausend Jahren ebenso wie heute. Und darin liegt seine Faszination: diejenigen, die ihn schufen, waren von den gleichen Träumen, den gleichen Ängsten und Erwartungen erfüllt wie wir. Krieg, Liebe, Gott – der Mensch in seiner Konfrontation mit sich selbst. Daran hat sich nichts geändert.

Und doch ist es anders geworden: die Welt, welche die Dichter beschrieben, ist für immer dahin. Wie Edmund Burke, ein englischer Zeitkritiker, schon vor 150 Jahren sagte: »Das Zeitalter des Rittertums ist vorbei: das der Sophisten, Ökonomen und Roboter ist angebrochen, und der Glanz Europas ist für immer dahin.«

Er beklagte das Ende des Ancien régime, das in den Wirren der Französischen Revolution zusammengebrochen war, und darüber kann man geteilter Meinung sein. Doch was er meinte, zumindest vorhersah, war eine Welt, die vielleicht gerechter, doch zugleich auch unmenschlicher war. Nicht der Mensch – und auch nicht Gott – blieben Bezugspunkt des Lebens; an ihre Stelle trat das Dingliche, Materie und Wissenschaft, und während der Mensch sich befreite, fiel er doch wieder in eine Knechtschaft, die ihn mehr gefangennahm als jemals zuvor.

Ritterlichkeit (im Sinne einer Tugend und nicht eines Privilegs) ist nicht das Wesen, das wir einem heutigen Menschen

zuerkennen würden. Er ist weder tapfer, in dem Sinne, daß
er den Mut hat, sich für eine Sache einzusetzen. Noch ist er
gottesfürchtig und strebt nach Höherem, einem Ideal, das
ihm und seinem Leben einen Sinn gibt. Noch auch nur versteht er es mit seinem Nächsten auszukommen, namentlich
mit dem, der ihn zu einer edleren Gesinnung anspornen
könnte.

Das Leben ist fade und offen; es gibt kein Geheimnis und
keine Herausforderung. Alles geschieht, als ob es selbstver-
ständlich wäre, und es gibt nichts, was einem verwehrt würde. Auch und gerade dort, wo man es am meisten vermißt.

Freilich sind wir uns dessen nicht bewußt. Darüber war
sich schon Malory klar. Doch was bei Lanzelot als Karikatur
erscheint, ist letztlich doch mehr als nur ein Spottgebilde:
diese Sehnsucht, dieser Glauben, der den Menschen erhöht,
sich und den anderen, ist eine Kunst und eine Gnade, die wir
verloren haben und um die wir ärmer sind.

Das ist nicht der geringste Grund, warum wir immer wieder zu Artus zurückkehren. Er oder vielmehr seine Ritter
verstanden es, nicht unbedingt dem Leben, aber ihrem Da-
sein einen Sinn zu geben. Und sei es nur, daß sie einer Dame
huldigten und dafür ihr Edelstes hervorkehrten.

Dazu gehörte auch, selbst wenn es auf den ersten Blick paradox erscheint, sich in Kampf und Krieg zu messen. Nicht
daß alle Kriege, die sie führten, edlen Zwecken dienten (oder
auch nur rühmlich waren). Aber es war ein Krieg, ein Kampf,
wo jeder noch allein entschied: seine Geschicklichkeit, sein
Mut, seine Ausdauer, das war alles, was er zum Rüstzeug
hatte. Man trat dem Feind entgegen, Auge in Auge, und wenn
man ihm zuweilen auch einen Arm abschlug – oder gar
den Kopf –, so war es dennoch eine ritterliche Tat, denn es
konnte einem das gleiche blühen. Heute drückt man auf
einen Knopf und hebt die ganze Welt aus den Angeln.

Und dann dieser Glaube, diese mystische Versenkung. Es
gibt mehr als nur den Menschen. Etwas in ihm, über ihm beflügelt ihn, und er schaut auf, ist bereit, sein Letztes zu geben.
Einer Idee, einem Ideal, und er ist glücklich. Ahnt er doch,
daß dieses das höchste Gut des Menschen ist.

»Sophisters and calculators« – Vernunftsfanatiker und Re-
chenmaschinen –, so nennt Burke den modernen Menschen.
Und Aldous Huxley läßt ihn sogar in der Retorte entstehen.
Da ist die Luft raus, auch wenn es wie ein Triumph erscheint!

Artus kann die Welt nicht retten. Aber daß man sich ihm

zuwendet, heute und jetzt, ist doch ein Zeichen für die Einsicht, daß man das Kind mit dem Bade ausgeschüttet hat. Ganz ohne den Menschen geht es nun doch nicht.

Dabei ist es eigentlich unerheblich, ob Artus nun wirklich gelebt hat. So wie wir ihn sehen – und sehen wollen –, wird er niemals historisch belegbar sein. Alles, was wir wissen, läßt darauf schließen, daß es tatsächlich einmal einen Feldherrn und vielleicht auch Herrscher gab, dem es gelang, das Vordringen der Sachsen aufzuhalten. Insofern ist Artus eher ein *britisches* Problem. Was *uns* betrifft, so können wir festhalten, daß sein Wirken offenbar so erfolgreich war, daß er ähnlich wie Karl der Große oder Alexander in den Mythos der Welt einging und zum Symbol eines Helden schlechthin wurde.

Freilich war er es eigentlich nicht selbst, wie wir gesehen haben, der all die Wundertaten vollbrachte. Er führte nur den Vorsitz über die Tafelrunde und überließ es anderen, sich anzustrengen.

Dennoch sollten wir daraus nicht schließen, daß es letztlich müßig sei, ihm nachzueifern. Alle, die Zugang zu seinem Hof erlangten, mußten sich dessen würdig erweisen. Er hatte eben schon seine Probe bestanden und konnte sich ausruhen. Uns steht sie noch bevor.

Anhang

Zitierte Quellen

Die Schreibweise der Eigennamen ist in den Quellen sehr unterschiedlich. Bei denen, die im Text häufiger vorkommen, wurde eine einheitliche, eingedeutschte Schreibweise gewählt. Namen und Ortsbezeichnungen, die weniger bekannt sind, wurden in ihrer ursprünglichen Form belassen. Dies trifft auch in den Fällen zu, wo der gesamte Begriff wechselt, wie zum Beispiel bei Corbenic alias Munsalväsche. Hier ist jeweils aus dem Zusammenhang ersichtlich, wo eine Identität besteht.

Erster Teil: Die Ankunft des Königs

1 Geoffrey of Monmouth, The History of the Kings of Britain. Hrsg. u. übers. v. Lewis Thorpe, Harmondsworth 1984, S. 207 (i. f.: Geoffrey of Monmouth 1984)
2 Tennyson, Alfred, Idylls of the King. Hrsg. v. J. M. Gray, Harmondsworth 1983, S. 30 f. (i. f.: Tennyson 1983)
3 Geoffrey of Monmouth 1984, S. 72
4 Ebd., S. 167 f.
5 Ebd., S. 171
6 Ebd., S. 171f
7 Ebd., S. 197 f.
8 Ebd., S. 205
9 Ebd., S. 206
10 Ebd., S. 208
11 Radford, C. A. R., Tintagel Castle. London 1979. S. 5 (i. f.: Radford 1979)
12 Lewis Thorpe, in der Einleitung zu Geoffrey of Monmouths »The History of the Kings of Britain« (s. o.), S. 19
13 Geoffrey of Monmouth 1984, S. 51
14 Ebd., S. 196
15 Atkinson, R. J. C., Stonehenge. Harmondsworth 1960, S. 185
16 The Mabinogion, übers. u. hrsg. v. Jeffrey Gantz. Harmondsworth 1984, S. 243
17 Radford 1979, S. 5 f.
18 Geoffrey of Monmouth 1984, S. 212
19 Sir Thomas Malory, Le Morte d'Arthur. 2 Bde., hrsg. v. Janet Cowen. Harmondsworth 1969, Bd. I, S. 13 f. (i. f.: Malory 1969)
20 Ebd., Bd. I, S. 14
21 Ebd., Bd. I, S. 15
22 Ebd., Bd. I, S. 15 f.
23 Ebd., Bd. I, S. 16
24 Ebd., Bd. I, S. 17

25 Ebd., Bd. I, S. 18
26 Ebd., Bd. I, S. 19
27 Ebd., Bd. I, S. 19 f.
28 Ebd., Bd. I, S. 20
29 Ebd., Bd. I, S. 23 f.
30 Geoffrey of Monmouth 1984, S. 216
31 Ebd., S. 216 f.
32 Ebd., S. 217
33 Ebd.
34 Ebd., S. 217 f.
35 Ebd., S. 218
36 Easter Annals. In: Harley 3859, Britisches Museum, London, Folio 190 A (i. f.: Easter Annals)
37 Nennius, Historia Brittonum. In: Harley 3859, Britisches Museum; London, Folio 187 A/B

Zweiter Teil: Camelot

1 Geoffrey of Monmouth 1984, S. 220 f.
2 Malory 1969, Bd. I, S. 25 f.
3 Ebd., Bd. I, S. 33 f.
4 Ebd., Bd. I, S. 40 f.
5 Ebd., Bd. I, S. 42
6 Ebd., Bd. I, S. 43
7 Ebd., Bd. I, S. 45
8 Ebd.
9 Ebd., Bd. I, S. 46
10 Ebd., Bd. I, S. 47
11 Ebd., Bd. I, S. 49
12 Ebd., Bd. I, S. 55 f.
13 Ebd., Bd. I, S. 58 f.
14 Ebd., Bd. I, S. 60 f.
15 Ebd., Bd. I, S. 61
16 Ebd.
17 Ebd., Bd. I, S. 62
18 Ebd., Bd. I, S. 63
19 Ebd., Bd. I, S. 64
20 Ebd., Bd. I, S. 64 f.

21 Ebd., Bd. I, S. 65
22 Ebd., Bd. I, S. 88 f.
23 Ebd., Bd. I, S. 90
24 Ebd., Bd. I, S. 92
25 Ebd.
26 Ebd., Bd. I, S. 92 f.
27 Ebd., Bd. I, S. 93
28 Ebd., Bd. I, S. 94
29 Ebd., Bd. I, S. 98
30 Ebd., Bd. I, S. 104
31 Ebd., Bd. I, S. 115 f.
32 Geoffrey of Monmouth 1984, S. 221
33 Malory 1969, Bd. I, S. 48
34 Ebd., Bd. I, S. 117
35 Ebd., Bd. I, S. 118
36 Ebd.
37 Geoffrey of Monmouth 1984, S. 172
38 Ebd., S. 224 f.
39 Ashe, Geoffrey, A Certain Very Ancient Book: Traces of an Arthurian Source in Geoffrey of Monmouth's »History«. In: Speculum, Bd. 56, Nr. 4 (Oktober 1981), Cambridge (USA), S. 318
40 Jordanes, The Gothic History. Übers. u. hrsg. v. C. C. Mierow, Princeton 1915, S. 117 f.
41 Geoffrey of Monmouth 1984, S. 226 f.
42 Ebd., S. 228
43 Ebd.
44 Ebd., S. 229
45 Ebd., S. 229 f.
46 Loomis, Roger Sherman, Arthurian Tradition and Chrétien de Troyes. New York 1949, S. 480 f.
47 Alcock, Leslie, By South Cadbury, is that Camelot? London 1972, S. 194

Dritter Teil: Die Suche nach dem Gral
1 Malory 1969, Bd. II, S. 13 f.
2 Ebd., Bd. II, S. 14
3 Gottfried von Straßburg, Tristan. 2 Bde., hrsg. v. Rüdiger Krohn. Stuttgart 1980/81, Bd. I, S. 22, 24 (i. f.: Gottfried von Straßburg 1980/81)
4 Ebd., Bd. I, S. 108, 110
5 Ebd., Bd. I, S. 48

6 Ebd., Bd. I, S. 126
7 Ebd., Bd. I, S. 196
8 Ebd., Bd. I, S. 486, 488
9 Ebd., Bd. I, S. 534
10 Ebd., Bd. I, S. 536, 538
11 Ebd., Bd. II, S. 24, 26
12 Ebd., Bd. II, S. 96
13 Ebd., Bd. II, S. 110, 112
14 Ebd., Bd. II, S. 138
15 Ebd., Bd. II, S. 148
16 Ebd., Bd. II, S. 150
17 Ebd., Bd. II, S. 164
18 Ebd., Bd. II, S. 166, 168
19 Ebd., Bd. II, S. 168
20 Ebd.
21 Ebd., Bd. II, S. 346
22 Ebd., Bd. II, S. 348
23 Ebd., Bd. II, S. 400
24 Ebd., Bd. II, S. 414, 416
25 Ebd., Bd. II, S. 416
26 Ebd., Bd. II, S. 422
27 Ebd., Bd. II, S. 424
28 Ebd.
29 Ebd., Bd. II, S. 454
30 Ebd., Bd. II, S. 540
31 Thomas of Britain, The Romance of Tristram and Ysolt. Hrsg. u. übers. v. R. S. Loomis, New York 1951, S. 285
32 Ebd., S. 285
33 Ebd., S. 289
34 Ebd., S. 289 f.
35 Tennyson 1983, S. 261 f.
36 Radford, C. A. R., Romance and Reality in Cornwall. In: Geoffrey Ashe u. a., The Quest For Arthur's Britain, London 1984, S. 74
37 Ebd., S. 77
38 Shahar, Shulamith, Die Frau im Mittelalter. Frankfurt am Main 1983, S. 138 f.
39 Gottfried von Straßburg 1980/81, Bd. I, S. 16
40 Christian von Troyes, Der Karrenritter (und Das Wilhelmsleben). Hrsg. v. Wendelin Foerster, Halle 1899, S. 2 f.
41 Ebd., S. 3
42 Ebd., S. 14 f.
43 Ebd., S. 15 f.

44 Ebd., S. 20 f.
45 Ebd., S. 21
46 Ebd., S. 21 f.
47 Ebd., S. 25
48 Ebd., S. 25 f.
49 Ebd., S. 35
50 Ebd., S. 45 f.
51 Ebd., S. 53 f.
52 Ebd., S. 68 f.
53 Ebd., S. 108
54 Ebd., S. 110 ff.
55 Ebd., S. 130 f.
56 Ebd., S. 131
57 Ebd., S. 132
58 Ebd., S. 138
59 Ebd., S. 140 f.
60 Ebd., S. 141 f.
61 Ebd., S. 159 f.
62 Ebd., S. 165 f.
63 Ebd., S. 166 f.
64 Ebd., S. 167
65 Ebd., S. 248 f.
66 Ebd., S. 249 f.
67 Ebd., S. 251
68 Wolfram von Eschenbach, Parzival. 2 Bde., hrsg. v. Wolfgang Spiewok. Stuttgart 1981, Bd. I, S. 206, 208 (i. f.: Wolfram von Eschenbach 1981)
69 Wolfram von Eschenbach, Parzival, eine Auswahl. Hrsg. v. Walther Hofstaetter n. d. Übertragung und Bearbeitung v. Wilhelm Hertz, Stuttgart 1985, S. 7 f. (i. f.: Wolfram von Eschenbach 1985)
70 Wolfram von Eschenbach 1981, Bd. I, S. 210, 212
71 Ebd., Bd. I, S. 218, 220
72 Ebd., Bd. I, S. 220
73 Ebd., Bd. I, S. 222, 224
74 Ebd., Bd. I, S. 224
75 Ebd.
76 Ebd., Bd. I, S. 250
77 Ebd., Bd. I, S. 256
78 Ebd.
79 Ebd., Bd. I, S. 264
80 Ebd., Bd. I, S. 300
81 Ebd., Bd. I, S. 318
82 Ebd., Bd. I, S. 328
83 Ebd., Bd. I, S. 330
84 Ebd.
85 Ebd., Bd. I, S. 332, 334
86 Ebd., Bd. I, S. 340
87 Ebd., Bd. I, S. 342
88 Ebd., Bd. I, S. 344
89 Ebd., Bd. I, S. 344, 346
90 Ebd., Bd. I, S. 378, 380
91 Ebd., Bd. I, S. 378
92 Ebd., Bd. I, S. 392
93 Ebd., Bd. I, S. 394
94 Ebd., Bd. I, S. 400
95 Ebd., Bd. I, S. 402
96 Ebd., Bd. I, S. 404, 406
97 Ebd., Bd. I, S. 406, 408
98 Ebd., Bd. I, S. 408
99 Ebd., Bd. I, S. 526
100 Wolfram von Eschenbach 1985, S. 40 f.
101 Ebd., S. 41
102 Ebd., S. 42
103 Ebd., S. 42 f.
104 Wolfram von Eschenbach 1981, Bd. I, S. 562
105 Malory 1969, Bd. II, S. 247 f.
106 Ebd., Bd. II, S. 248
107 Ebd.
108 Ebd., Bd. II, S. 249
109 Ebd., Bd. II, S. 190
110 Ebd., Bd. II, S. 192
111 Ebd., Bd. II, S. 192 f.
112 Ebd., Bd. II, S. 193
113 Ebd.
114 Ebd., Bd. II, S. 245
115 Ebd., Bd. II, S. 251
116 Ebd., Bd. II, S. 254 f.
117 Ebd., Bd. II, S. 270
118 Ebd., Bd. II, S. 272
119 Wolfram von Eschenbach 1981, Bd. II, S. 64
120 Wolfram von Eschenbach 1985, S. 54 f.
121 Ebd., S. 53
122 Ebd., S. 53 f.
123 Ebd., S. 61
124 Ebd., S. 63
125 Malory 1969, Bd. II, S. 355 f.
126 Ebd., Bd. II, S. 356
127 Ebd., Bd. II, S. 364
128 Ebd., Bd. II, S. 365

129 Ebd.
130 Ebd.
131 Ebd., Bd. II, S. 366f.
132 Ebd., Bd. II, S. 370
133 Ebd.
134 Wolfram von Eschenbach 1981, Bd. II, S. 592
135 Ebd., Bd. II, S. 606
136 Ebd., Bd. II, S. 618
137 Ebd., Bd. II, S. 620
138 Ebd., Bd. II, S. 626
139 Ebd., Bd. II, S. 626, 628
140 Wolfram von Eschenbach 1985, S. 55f.
141 Wolfram von Eschenbach 1981, Bd. II, S. 66
142 Loomis, Roger Sherman, The Development of Arthurian Romance. London 1963, S. 63

Vierter Teil: Avalon
1 Malory 1969, Bd. II, S. 373
2 Ebd.
3 Ebd., Bd. II, S. 375
4 Ebd., Bd. II, S. 404
5 Ebd., Bd. II, S. 405
6 Ebd., Bd. II, S. 411
7 Ebd., Bd. II, S. 416
8 Ebd., Bd. II, S. 412
9 Ebd., Bd. II, S. 414f.
10 Ebd., Bd. II, S. 415
11 Ebd., Bd. II, S. 425
12 Ebd., Bd. II, S. 458
13 Ebd., Bd. II, S. 457f.
14 Ebd., Bd. II, S. 460
15 Ebd., Bd. II, S. 426
16 La Mort du roi Arthur, hrsg. u. ins Neufranzösische übertr. v. G. Jeanneau. Paris 1983, S. 129
17 Malory 1969, Bd. II, S. 463
18 Ebd., Bd. II, S. 469
19 Ebd., Bd. II, S. 471
20 Ebd., Bd. II, S. 471f.
21 Ebd., Bd. II, S. 472
22 Ebd., Bd. II, S. 473
23 Ebd., Bd. II, S. 490
24 Ebd., Bd. II, S. 491
25 Ebd., Bd. II, S. 494
26 Geoffrey of Monmouth 1984, S. 230

27 Ebd., S. 231f.
28 Ebd., S. 237f.
29 Ebd., S. 238
30 Ebd., S. 239f.
31 Ebd., S. 251f.
32 Ebd., S. 255
33 Ebd., S. 257
34 Ebd., S. 261
35 Ebd.
36 Ebd.
37 Ebd.
38 Malory 1969, Bd. II, S. 517
39 Ebd., Bd. II, S. 513
40 Ebd., Bd. II, S. 514
41 Ebd., Bd. II, S. 516
42 Ebd., Bd. II, S. 517
43 Ebd.
44 Easter Annals, Folios 190 A/B
45 Alcock, Leslie, Arthur's Britain, Harmondsworth 1983, S. 48 (i. f.: Alcock 1983)
46 Ebd.
47 Radford, C. A. R. Glastonbury Abbey. In: Geoffrey Ashe u. a., The Quest for Arthur's Britain, London 1984, S. 101f.
48 Malory 1969, Bd. II, S. 518
49 zitiert in: Alcock 1983, S. 74
50 Ebd.
51 Malory 1969, Bd. II, S. 526f.
52 Ebd., Bd. II, S. 519

334

Vergleichende Zeittafel Die fett gedruckten Jahreszahlen bezeichnen die Regierungszeit eines Herrschers.

Zeit	Ereignisse	Korrespondierende Texte
2000–1200	Errichtung von Stonehenge	
800	Beginn der Einwanderung der Kelten nach Britannien	
3. Jahrht.	Errichtung eines keltischen Heiligtums in Glastonbury	
vor Christi		
nach Christi		
	ca. 30 Tod Jesu	
	43–410 Britannien Provinz des Römischen Reiches	
	ca. 385–461 St. Patrick	
	ca. 425–ca. 459 Vortigern	
	ca. 428 Einfall der Sachsen unter Hengist und Horsa	
	ca. 450 Gründung des Klosters von Glastonbury	
	ca. 460–511 **Der historische Artus**	
	ca. 460–ca. 475 Ambrosius Aurelianus	
	476 Ende des Weströmischen Reiches	Geoffrey of Monmouth, Gildas, Nennius, Osterannalen
	482–511 Chlodwig	
	490 Schlacht von Badon	
500	511 Schlacht von Camlann	
	552 Schlacht von Old Sarum (Salisbury) leitet Ausweitung der Sachsenherrschaft ein	
7. Jahrht.	Somerset von Sachsen besetzt	
	742–814 Karl der Große	
9. Jahrht.	Einfall der Sachsen in Cornwall	
	ca. 950–ca. 1250 **Das hohe Mittelalter**	
1000	1016–42 England unter Dänenherrschaft Knut des Großen	
	1066 Errichtung der Normannenherrschaft unter Wilhelm dem Eroberer	Die höfische Artusdichtung: Chrétien de Troyes,
	1096–1291 Kreuzzüge	Boron, Vulgata,
1100	1122–1204 Eleonore von Aquitanien	Malory, Wolfram v. Eschenbach,
	1145 Beginn des Baus der Burg von Tintagel	Gottfried v. Straßburg, (Mabinogion, irische
12. Jahrht.	Aufgabe des letzten keltischen Widerstandes in Wales	Sagas)

Zeit	Ereignisse	Korrespondierende Texte
	1154–89 Heinrich II., König von England	
	1184 Feuer zerstört Kloster von Glastonbury	
1250	1191 Entdeckung des (vermeintlichen) Artusgrabes	
	1278 Umbettung des angeblichen Artusgrabes	
	1453 Ende des Oströmischen Reiches	
	1455–85 Rosenkriege	
	1477 Eschenbachs »Parzival« erscheint als erstes höfisches Epos in gedruckter Form	
	1485 Caxton veröffentlicht Malorys »Morte d'Arthur«	
1500	Renaissance	
	1509–47 Heinrich VIII., König von England	
	1539 Auflösung der Abtei von Glastonbury	
1800	1542 Leland identifiziert Camelot	
	1837–1901 Viktoria, Königin von England	
	1850–1900 **Das viktorianische Zeitalter**	
	1864–86 Ludwig II., König von Bayern	Die Renaissance der Artustradition:
	1871 Gründung des Deutschen Reiches	Tennyson, Präraffaeliten,
1900	1877 Viktoria Kaiserin von Indien	Wagner
	1908 Beginn archäologischer Forschungen in Glastonbury	
	1913 Grabungen in Cadbury	
	1930 Beginn der Ausgrabungen in Tintagel	
	1931 Entdeckung des angeblichen Artusgrabes in der Abteikirche von Glastonbury	
1950	1961–63 Kennedy, Präsident der USA	
	1966–70 Grabungen in Cadbury Castle	

Die Entstehung der Artuslegende

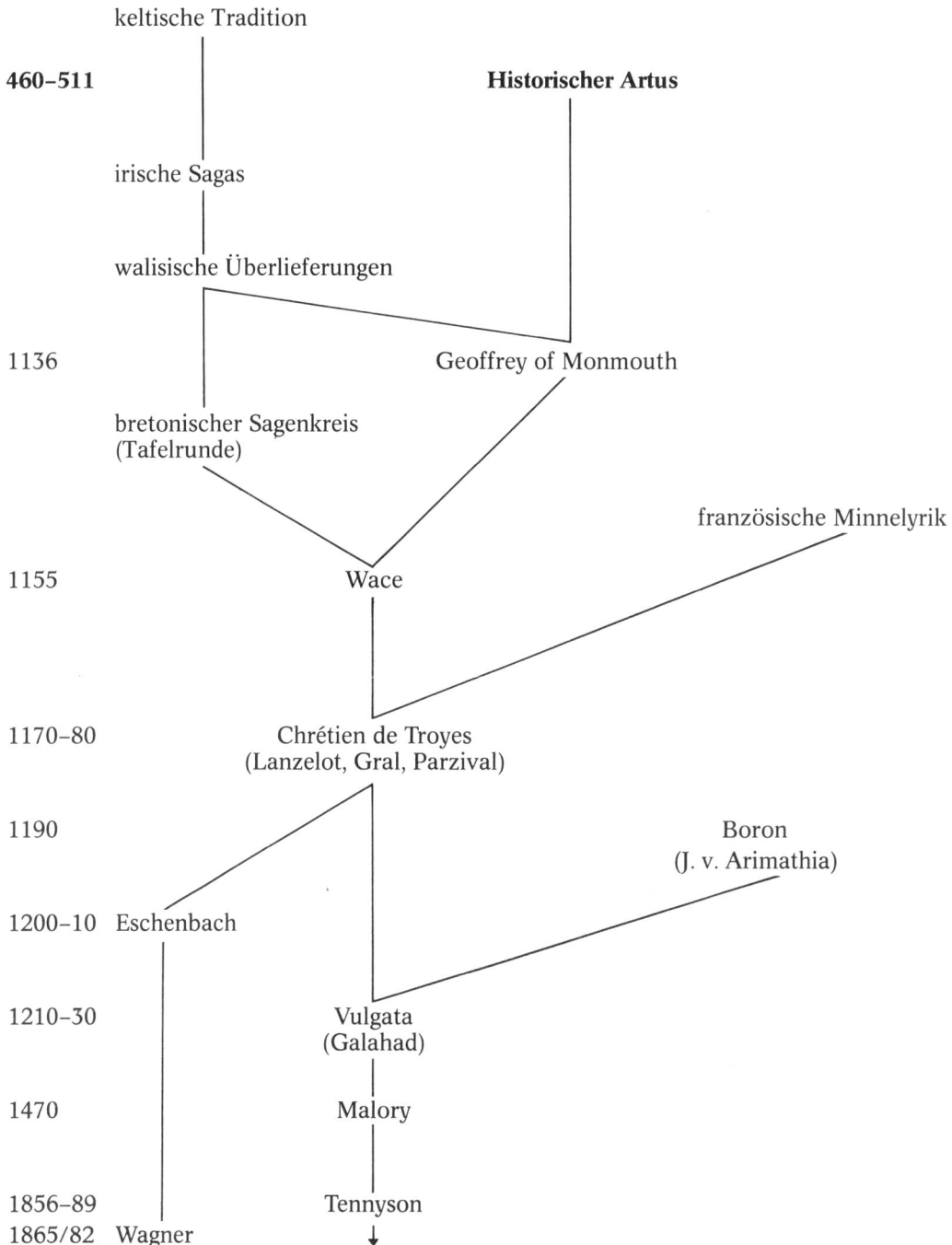

Ausgewählte Literatur

Die zitierten Werke wurden nicht noch einmal aufgeführt.

1. Historische Quellen
Giles, J. A. (Hrsg.), Six Old English Chronicles. London 1878
Bede, History of the English Church and People, hrsg. u. übers. v. L. Sherley-Price, Harmondsworth 1955
Gildas, Works, hrsg. u. übers. v. H. Williams, London 1901
Nennius, British History, hrsg. u. übers. v. J. Morris, Chichester 1980
William of Malmesbury, The Antiquities of Glastonbury, hrsg. u. übers. v. F. Lomax, London 1908

2. Texte der klassischen Artusdichtung
Barber, R., The Arthurian Legends: An Illustrated Anthology, Ipswich 1979
Faral, E., La Légende Arthurienne. 3 Bde., Paris 1929
Langosch, K. (Hrsg.), König Artus und seine Tafelrunde, Stuttgart 1980
Anonymus, Sir Gawain and the Green Knight, hrsg. u. übers. v. B. Stone, Harmondsworth 1959
Christian von Troyes, Sämtliche Werke. 5 Bde., hrsg. v. W. Foerster u. A. Hilka, Halle 1884–1932
Chrestien de Troyes, Perceval oder die Geschichte vom Gral, hrsg. u. übers. v. K. Sandkühler, Stuttgart 1929
Geoffrey of Monmouth, Historia Regum Britanniae: A Variant Version, hrsg. v. J. Hammer, Cambridge (USA) 1951
ders., Vita Merlini, hrsg. u. übers. v. B. Clarke, Cardiff 1973
Galfredus Monmutensis, Das Leben des Zauberers Merlin. Hrsg. u. übers. v. J. Vielhauer, Amsterdam 1964
The Works of Sir Thomas Malory, hrsg. v. E. Vinaver. 3 Bde., Oxford 1947
Thomas Malory, Dies edle und freudenreiche Buch heisset Der Tod Arthurs. 3 Bde., hrsg. u. übers. v. H. Lachmann, Leipzig 1923
Queste del Saint Graal: The Vulgate Version of the Arthurian Romances, hrsg. v. H. O. Sommer. 7 Bde., Washington 1909–16
Robert de Boron, Joseph d'Arimathie. Hrsg. v. W. A. Nitze, Paris 1927

3. Sekundärliteratur
Alcock, L., Camelot – Die Festung des König Artus? Bergisch Gladbach 1974
Ashe, G., From Cesar to Arthur. London 1960
ders., A Guidebook to Arthurian Britain, Wellingborough 1983
ders., The Discovery of King Arthur. London 1985
ders. u. a., The Quest for Arthur's Britain. London 1971
Barber, R., The Figure of Arthur. London 1972
ders., The Knight and Chivalry, London 1974
Bennet, J. A. W. (Hrsg.), Essays on Malory. Oxford 1963
Benson, L. D., Malory's Morte d'Arthur. Cambridge (USA) 1976
Birch-Hirschfeld, A., Die Sage vom Gral. Leipzig 1877
Borst, A. (Hrsg.), Das Rittertum im Mittelalter, Darmstadt 1976
Brogsitter, K. O., Artusepik. Stuttgart 1965
Bruce, J. D., The Evolution of Arthurian Romance from the Beginnings to 1300. New York 1927
Chadwick, N. (K.), Celtic Britain, London 1963
ders., Early Brittany. Cardiff 1969
ders., The Celts. Harmondsworth 1970
Chambers, E. K., Arthur of Britain. London 1927
Darrah, J., The Real Camelot. Paganism and the Arthurian Romances. London 1981
Ditmas, E. M. R., Tristan and Iseult in Cornwall. Gloucester 1969
Eggers, J. P., King Arthur's Laureate. New York 1971

Ennen, E., Frauen im Mittelalter. München 1984

Evans, J. (Hrsg.), Blüte des Mittelalters. München-Zürich 1966

Fairbairn, N., u. Cyprien, M., A Traveller's Guide to the Kingdoms of Arthur. London 1983

Fleuriot, L., Les origines de la Bretagne. Paris 1980

Frappier, J., Chrétien de Troyes, l'Homme et l'Oeuvre. Paris 1957

Halliday, F. E., A Concise History of England. London 1964

Hilton, T., The Pre-Raphaelites. London 1970

Jenkins, E., The Mystery of King Arthur. London 1975

Jones, W. L., King Arthur in History and Legend. Cambridge 1911

Keen, M., Chivalry. New Haven u. London 1984

Laing, L., The Archaeology of Late Celtic Britain and Ireland, c. 400–1200 A D. London 1975

ders., Celtic Britain. London 1981

Le Goff, J., Das Hochmittelalter. Frankfurt/M. 1965

Lindsay, J., Arthur and His Times. London 1958

Loomis, R. S., Celtic Myth and Arthurian Romance. New York 1927

ders., Wales and the Arthurian Legend. Cardiff 1956

ders., The Grail: From Celtic Myth to Christian Symbol. Cardiff u. New York 1963

ders. (Hrsg.), Arthurian Literature in the Middle Ages. Oxford 1959

ders., u. Loomis, L. H., Arthurian Legends in Medieval Art. London 1938

Marx, J., Le légende arthurienne et le Graal. Paris 1952

Matthews, J., The Grail. London 1981

Maynadier, H. G., The Arthur of the English Poets. Boston u. New York 1907

Millar, R., Will the Real King Arthur Please Stand Up? London 1978

Morris, J., The Age of Arthur. A History of the British Isles from 350 to 650. London 1973

Owen, D. D. R., The Evolution of the Grail Legend. Edinburgh 1968

Paton, L. A., Studies in the Fairy Mythology of Arthurian Romance. New York 1960

Pernoud, R., Aliénor d'Aquitaine. Paris 1965 (»Königin der Troubadoure«, München 1979)

Pickford, C. E., L'evolution du Roman Arthurien en prose vers la fin du moyen âge. Paris 1966

Radford, C. A. R., u. Swanton, M., Arthurian Sites in the West. Exeter 1975

Rees, A. D., u. Rees, B. R., Celtic Heritage. Ancient Tradition in Ireland and Wales. London 1961

Richmond, I. A., Roman Britain. Harmondsworth 1956

Ross, A., Pagan Celtic Britain. London 1967

Saklatvala, B., Arthur: Roman Britain's Last Champion. Newton Abbot 1967

Scott, J., The Early History of Glastonbury. Woodbridge 1981

Scullard, H. H., Roman Britain. London 1979

Sharkey, J., Celtic Mysteries. The Ancient Religion. London 1975 (»Die keltische Welt«, Frankfurt/M. 1982)

Sheldon, G., The Transition from Roman Britain to Christian England. London 1932

Starr, N., King Arthur Today: The Arthurian Legend in English and American Literature, 1901–1953. Gainesville 1954

White, R. J., A Short History of England. Cambridge 1967

Wilson, D. M. (Hrsg.), The Northern World. The History and Heritage of Northern Europe, A D 400–1100. London 1980 (»Kulturen im Norden«, München 1980)

4. Belletristik

Bradley, M., The Mists of Avalon. London 1983 (»Die Nebel von Avalon«, Frankfurt/M. 1983)

Bradshaw, G., Hawk of May. New York 1980 (»Der Falke des Lichts«, Düsseldorf 1982)

dies., Kingdom of Summer. New York 1981 (»Das Königreich des Sommers«, Düsseldorf 1983)

dies., In Winter's Shadow. New York 1982 (»Die Krone von Camelot«, Stuttgart 1984)

Canning, V., The Crimson Chalice Trilogy. Harmondsworth 1980

Morris, W., The Defence of Guinevere, and other poems. London 1858

Robinson, E. A., Merlin, a poem. New York 1917

ders., Lancelot, a poem. New York 1920

ders., Tristram. New York 1927

Stewart, M., The Crystal Cave. London 1970 (»Flammender Kristall«, München 1983)

dies., The Hollow Hills. London 1973 (»Der Erbe«, München 1983)

dies., The Last Enchantment. London 1979 (»Merlins Abschied«, München 1982)

Stucken, E., Lanzelot. Berlin 1909

Sutcliff, R., Sword at Sunset. London 1963

Twain, M., A Connecticut Yankee in King Arthur's Court. New York 1889 (»Ein Yankee aus Connecticut an König Artus' Hof«, München 1985)

White, T. H., The Once and Future King. London 1958 (»Der König auf Camelot«, 2 Bde. Stuttgart 1978)

Register

Bildnachweis

Archiv für Kunst und Geschichte, Berlin: S. 19, 82,
157, 181, 207, 225, 228 (2), 229, 230, 283, 293.
Archiv Gerstenberg, Wietze: S. 63, 171, 243, 256.
Bildarchiv Foto Marburg, Marburg: S. 47, 136, 145,
151, 288.
Bildarchiv Preußischer Kulturbesitz, Berlin: S. 71.
Historia-Photo, Hamburg: S. 211, 218, 269.
Image Bank, München / Foto Steve Krongard:
S. 100/101.
National Museums and Galleries On Merseyside –
Walter Art Gallery, Liverpool: S. 98.
Photographie Giraudon, Paris: S. 53, 75, 89, 102, 103,
104 (2), 117, 226, 227.
Tate Gallery, London: S. 99, 231 (2).
Westermann-Archiv, Braunschweig: S. 139, 140, 141,
158.
Wilfried Westphal, Bonn: S. 97 (2), 232, 315.